上海抗战与世界反法西斯战争系列丛书

淞沪

淞沪抗战史料丛书

第十一辑

沪战实录｜杨　纪　著
上海抗日血战记｜李剑翁　编
淞沪抗日之血痕｜詹宝光　著

上海科学技术文献出版社
Shanghai Scientific and Technological Literature Press

图书在版编目（CIP）数据

淞沪抗战史料丛书第11辑：沪战实录、上海抗日血战记、淞沪抗日之血痕 / 杨纪，李剑翁，詹宝光编著．—上海：上海科学技术文献出版社，2015.4
（上海抗战与世界反法西斯战争系列丛书）
ISBN 978-7-5439-6594-2

Ⅰ．①淞…　Ⅱ．①杨…②李…③詹…　Ⅲ．①八·一三事变—史料　Ⅳ．①K264.310.6

中国版本图书馆CIP数据核字（2015）第035689号

本书由上海文化发展基金会图书出版专项基金
上海市哲学社会科学规划课题资助出版

责任编辑：张　树　李　莺
封面设计：周　婧

丛书名：上海抗战与世界反法西斯战争系列丛书
书　名：淞沪抗战史料丛书第十一辑：沪战实录、上海抗日血战记、淞沪抗日之血痕

杨　纪　李剑翁　詹宝光　编著
出版发行：上海科学技术文献出版社
地　　址：上海市长乐路746号
邮政编码：200040
经　　销：全国新华书店
印　　刷：常熟市人民印刷有限公司
开　　本：889×1194　1/32
印　　张：13.875
版　　次：2015年4月第1版　2015年4月第1次印刷
书　　号：ISBN 978-7-5439-6594-2
定　　价：118.00元
http://www.sstlp.com

《上海抗战与世界反法西斯战争》系列丛书总序

徐　麟

伟大的中国抗日战争，是近代中国人民反对帝国主义侵略并且取得第一次完全胜利的民族解放战争，是开展时间最早、持续时间最长的世界反法西斯战争东方主战场。在这场历经十四年之久的抗日战争中，中国各族各界人民同仇敌忾、共赴国难，经过艰苦卓绝的浴血奋战，以巨大的民族牺牲，打败了穷凶极恶的日本法西斯侵略者，取得了辉煌的胜利。正如习近平总书记所指出的，中国抗日战争“为挽救民族危亡、实现民族独立和人民解放，为争取世界和平的伟大事业，作出了彪炳史册的贡献”。中国抗日战争是在中国共产党倡导的以国共合作为基础的抗日民族统一战线旗帜下进行和取得胜利的。以爱国主义为核心的伟大民族精神是中国抗日战争胜利的决定因素，中国共产党的中流砥柱作用是中国抗日战争胜利的根本保证，全民族抗战是中国抗日战争胜利的重要法宝。

上海抗战是中国抗日战争的重要组成部分。在中国抗日战争与世界反法西斯战争中，作为中国共产党的诞生地，上海这座具有反帝反封建光荣革命传统的英雄城市，发挥了独特的重要作用，作出了重大的历史性贡献。

20 世纪三四十年代，上海这座国际性的大都市，已经成为中国与世界各国通商贸易的主要港口，成为中国经济、文化中心和政治、外交副中心。同时，上海又是当时中国最大的军港和守卫长江的大门，具有重要的军事战略地位，因而始终成为日本法西斯军国主义觊觎的一个战略要地。1931 年九一八事变后，日本法西斯军国主义进而在上海挑起了一·二八事变，发动了对淞沪地区的武装侵略，驻守上海的十九路军和前来增援的第五军与上海人民奋起抵抗，给予日本侵略者以沉重一击，成为中国局部抗战历史进程中承前启后的关键性一役。九一八和一·二八时期的抗日武装斗争和民众抗日救亡运动，在世界上率先举起了反法西斯的旗帜，揭开了中国抗日战争和世界反法西斯战争的序幕。1937年七七事变后仅一个月余，日本法西斯军国主义又把侵略魔爪伸向上海，遭到中国爱国军民的顽强抵抗，形成了以上海为中心的一场气壮山河、震惊中外的八一三淞沪抗战。七七卢沟桥事变和八一三淞沪会战，标志着日本法西斯军国主义全面侵华战争的开始。在中国共产党的积极倡导和推动下，抗日民族统一战线正式形成，揭开了中国全民族全面抗战的序幕，也标志着世界反法西斯的第二次世界大战在亚洲的东方战场正式形成。在八一三淞沪抗战历时一百多天的日日夜夜，中国军队和上海人民以其鲜血和生命，筑成了一座民族自卫的血肉长城，谱写了一曲民族团结、共御外敌的壮丽史诗。上海沦陷后，上海民众在全国人民和全世界爱好和平的各国人民的声援、支持下，面对极其艰辛险恶的环境，仍然以大无畏的英雄气概，坚定不移地继续投身于全民族抗战的洪流，对日伪的法西斯统治进行不屈不挠的斗争。中国共产党始终高举抗日民族统一战线的伟大旗帜，发动民众，团结上海各界人士，从人力、物力、财力等方面支持抗日民主根据地和抗战大后方的斗争，冒着腥风血雨，迎接抗日战争的最后胜利。

两次淞沪抗战及上海民众在十四年中不间断的抗日救亡运动，构成了一幅幅上海抗战英勇悲壮的画卷，也铸就了上海在中国抗日战争和世界反法西斯战争中的重要历史地位：上海不仅是中国对日作战的一个坚强的军事战略重镇，也是中国抗日救亡运动的前期中心和中国抗战文化的发源地；不仅是支援抗战大后方和抗日民主根据地的重要基地，也是世界反战反法西斯人士和中外难民的庇护所，是世界反法西斯舆论战、情报战的东方主要阵地，又是中国联系国际反法西斯阵营的纽带和桥梁。更为重要的是，上海抗日战争凸显了其重要的历史意义：它在外敌入侵、民族危亡的关键时刻，全面地、全方位地弘扬了以爱国主义为核心的民族精神，折射了中华民族有同侵略者血战到底的气概、有在自力更生的基础上光复旧物的决心，有自立于世界民族之林的能力，上海抗日战争在中国抗日战争和世界反法西斯战争历史上树立了一座永不磨灭的丰碑。

今年是中国抗日战争暨世界反法西斯战争胜利七十周年。在中共上海市委的领导和支持下，上海学术界和理论界，经过多年的努力，联合推出了《上海抗战与世界反法西斯战争》系列丛书。这套系列丛书分为三个子系列，**一是上海抗日战争史丛书**，内中包括上海抗战史通论、一·二八淞沪抗战、八一三淞沪抗战、日军在上海的罪行与统治、上海人民抗日救亡运动、上海郊县抗日武装斗争、上海人民支援新四军与抗日根据地、抗战时期的上海经济、抗战时期的上海文化、上海抗战与国际援助等；**二是淞沪抗战史料丛书**，选辑和汇集民国时期有关上海抗战的具有代表性的通讯、纪实、回忆录及报告文学等鲜为人知的孤本、藏本影印重版；**三是上海抗战与世界反法西斯战争研究丛书**，其中包括：资料性著作：如记忆中的淞沪抗战、淞沪抗战中文报刊资料选编、淞沪抗战档案史料选编、上海抗战历史文献选编等；专题性著作：如中国共产党与上海抗战、当代学者论淞沪抗战、国外学者论淞沪抗战、一·二八淞沪抗战画史、八一三淞沪抗战画史等；工具性著作：如上海抗战与世界反法西斯战争大事年表、上海抗战与世界反法西斯战争事件人物录等；通论性著作：在上述论著的基础上完成一部通论性著作，即上海抗战与世界反法西斯战争全史。这三个子系列丛书各有千秋、各具特色，在集结出版后，更能起到互相参照、取长补短的作用。可以说，这套系列丛书是上海学术界和理论界研究上海抗日战争和世界反法西斯战争的一项重大的学术成果，是对上海抗日战争史研究的一个重要总结和一次集中展示，也是向中国抗日战争暨世界反法西斯战争胜利七十周年献上的一份厚礼！

“疑今者，察之古；不知来者，视之往”。历史是最好的教科书。《上海抗战与世界反法西斯战争》系列丛书的出版发行，更是为了向社会提供一部能够弘扬时代正能量、培育与践行社会主义核心价值观的好教材。让我们站在新的历史起点上，进一步铭记历史、缅怀先烈、珍视和平、警示未来，为实现中华民族伟大复兴而奋斗，为促进世界的和平和发展作出我们应有的贡献。

2015年3月

出版说明

《淞沪抗战史料》丛书充分利用上海图书馆馆藏资源，将已见或未见的关于淞沪抗战史料以影印的形式出版，内容涵盖两次淞沪抗战，即一·二八淞沪抗战和八一三淞沪抗战，力求比较全面、翔实和生动地反映淞沪抗战的全貌。

两次淞沪抗战，是中国人民伟大的抗日民族解放战争的重要组成部分，特别是八一三淞沪抗战是在中国共产党的抗日民族统一战线政策的指引下，以国共两党的合作为中心，全国各爱国党派团体、中央和地方各系抗日军队、各界爱国民众以及海内外侨胞，在抗日御侮、共赴国难的基础上发动和进行的，堪称民族自卫战争史上的伟业。它体现了中国人民血洒沙场、拼死抗战的决心和民族团结精神。在抗战胜利 70 周年之际，阅读这些史料，重温那段中华民族优秀儿女面对强敌、誓死抗争的精神，就是最好的爱国主义教育。两次淞沪抗战展示了中华民族奋起改变自己国家命运的伟大信念，爱国主义激发出全体中国人民的巨大力量，这种信念和力量，在今天仍然弥足珍贵，令人心怀激荡。两次淞沪抗战中那些大气磅礴、气壮山河的史诗故事，均在本套丛书资料中有翔实的记录和质朴的史料作为佐证。

由于各种原因，原书中存在着印刷错误，而且有些细节也与史料不符，对书中的一些观点我们也不完全赞同，为了给读者提供最原始的抗战史料，对上述问题未做任何处理，希望读者能够给予理解。

编者

2015 年 3 月

目　录

沪战实录　1
上海抗日血战记　155
淞沪抗日之血痕　301

滬戰實錄

楊紀編著

商務印書館發行

楊紀編著

滬戰實錄

商務印書館發行

張治中先生序

日本帝國主義者爲實行其大陸政策，始則發動九・一八「瀋陽事件」一舉而佔領東北四省，今又發動七・七「盧溝橋事件」更欲一舉而佔領華北五省，然後逐步南侵，以遂其併吞中國之志，其用心之毒辣，蓋已灼然共見，獨是每次發動戰爭，必以上海遙相呼應者，何也？良以上海爲吾國經濟中心，敵人欲使我根本喪失抵抗力量，以制我之死命，必先粉碎此東方市場以斷絕我物資之接濟，故一・二八事件乃繼九・一八而起，八・一三事件則繼七・七而起，此中步驟井然，如循軌轍，我爲爭取民族生存與國家人格，不得不奮起抗戰，而在上述兩次戰役中——一・二八及八・一三——我軍所表現之戰鬪精神及戰鬪能力，正足以向世界充分說明我中華民族確有保衛國土，拒止侵略之偉大力量，且日寇暴力之不足畏，亦於此得一實證矣。大公報記者楊紀先生，在一・二八及八・一三兩役中，爲執行職務，曾多次冒險奔走前線，實地觀察，茲就其所得，輯而成篇，將付諸梓，余以其論述具有獨到見解，足以激發國人抗戰情緒，益堅民族自信之心，爰書此贈之。

中華民國二十六年十一月張治中序於巢縣

胡政之先生序

民國二十六年「八・一三」的上海戰事，乃是這次中日大戰的序幕。我們經過了三閱月的奮鬬，樹立了抗戰必勝的信心，粉碎了敵人統治中國的迷夢。在這一百天的淞滬戰場上，我們不但遺留著無數量的亘古不磨的壯烈遺跡，並且得過了古今少有的軍事教訓，這不止在現代有忠實紀錄的價値，在將來尤其有悠久地參考的作用。楊紀先生刊行這本書，便是爲著這宗神聖的使命！

本來像這次的中日戰爭，動員了全中國的軍隊，不分南北，無間新舊，人人奮勇，个个當先，在最高領袖的統一指揮之下，大家肩摩踵接地步踏著戰友的血跡前進，與我們全民族的敵人——卽萬惡的日本軍閥——拚命，實在是中國數千年歷史上空前的奇蹟。我們讀著古人『人生自古誰無死，留取丹心照汗靑』的詩句，對於這些南北戰場上若干萬爲國捐軀的健兒們，轉不勝欣羡其幸運；就是在前方奔走於槍林彈雨之中的新聞記者們，以一個文弱書生，一樣地出死入生，憑著一支筆為國軍作抗戰實錄，執行槍桿與筆桿合作的大任務，其幸運也值得我們一般國民的羨慕。楊紀郎是此類幸運兒之一，我想凡讀此書者，當與我有同感。

楊紀少習軍旅，北伐時曾經於役行間，參與東征，後來脫離軍隊，從事丹鉛，「一·二八」戰起，又嘗載筆從軍頗有造述識者稱之。前年服務上海大公報，擔任外勤，同人祇知道他是一個富於情感長於肆應的人才，初不料滬戰爆發，他即請命從征，迭赴前線，調查採訪，出其卓越的素養，運以勇決的膽識，履險如夷，克盡厥職，而紀敘明晰，觀察精審，其文字也能曲曲達意，所以一文刊布，萬衆爭傳，楊紀之名，頗為讀者所屬目，這都是蓄之有素，却決不是憑幸運得來。本書所收的不過是滬戰紀錄之一部，現在抗戰方在進行，還須國人努力，楊紀從軍的志願，依然熱烈，我們很希望，在不久的將來，能夠給他以更好的機會，重赴前線，繼續其筆桿與槍桿合作的工作，我相信，其成績必定比本書的收穫還要好！

中華民國二十七年四月二十一日胡政之序於香港大公報館

目次

張治中先生序……一
胡政之先生序……三
一·二八之役
戰區鳥瞰……一
軍事回憶……三
壕塹之話……五
臺兵閑談……七
標語詮釋……九
停戰協定……一〇

救濟問題……一一
八月預言……一二

八·一三之役

滬戰揭幕……一四
司令部中……一七
前線將帥……一九
滬戰形勢……二三
蘇州河畔……二六
上海治安……二九
隔岸觀火……三一
西線戰事……三三

浦東情報……三六
夜行散記……四〇
羅店之戰……四三
突貫攻擊……四六
戰區遠足……五〇
整個戰局輪廓……五〇
敵軍戰鬪能力……五四
我軍戰術檢討……五七
我軍戰略檢討……六一
我軍政略檢討……六五
戰區興革諸事……六九
別張治中將軍……七二

滬戰一月記……七五
後發先至……七五
空軍處女戰……七六
步兵奇蹟……七七
殲戰……七八
翼攻擊……八〇
第一道防線……八一
敵將傷亡表……八四
滬戰二月記……八六
敵情大概……八六
緒戰……八八
運動戰……八九

陣地戰……九〇
將來如何……九一
大場必守論……九一
閘北退却記……九五
孤軍將領題名錄……九八
紙上談兵錄……九九
清算期的現勢……九九
全部敵情……一〇二
滬戰比較觀……一一二
步兵奇蹟……一一五
泰山鴻毛……一一九
南戰場日知錄……一二一

守上海……一三二
跋文……一三七

滬戰實錄

一・二八之役

戰區鳥瞰

中華民國二十一年一月二十八日晚上，駐在上海虹口的日本海軍陸戰隊鼓着由東北流來的餘波，蠻橫無理的開始向我防區內之第十九路軍襲擊。其初曾大言不慚的宣稱四個鐘頭內卽可解決我軍。及至交綏以後，共歷一千零四個鐘頭，我軍猶自沉着的固守在第二道防線。使全世界不能不對新興中國改觀！由於愛國心和戰鬬力上着實表現出不可侮的新精神；雖則戰區內無數的生命財產毀滅在日軍的鐵蹄之下，可是現代的國家的趨勢，誰不把基礎建築在鐵血上面。

東南戰場的廣大，包括着上海西東北市區、寶山、太倉、嘉定等三縣。常熟、青浦、崑山、吳縣、杭州等處也受着很大的間接的損失！人民死亡總要近千，財產損失估計要値數十億元。我軍陣亡官兵四千四百七十四人，受傷官兵九千八百三十八人。東南浩刼，又由日軍的侵略重演一回。

雖則我軍由於戰略關係，退守第二道防線。日軍亦因國內政局的劇變，停戰協定的拘束，從侵入區域逐漸撤回。但是上海等處元氣大傷！目前政府困難萬分，國民經濟早已瀕於破產，救濟問題已經束手，復興計劃從何談起？一方面被災的人民又急待拯救，刻不容緩！——因爲比較上閘北區域內有點機器工業者，其實這些經紀人並不是十足的資本家。就靠這點機器生產，這些笨重機器在猝然之間的日軍焚炸政策之下整個毀去，根本上就與其他中下居民一樣流爲失業。至於其他各地，完全是農人和小工商業者及自由職業者，房舍用具被毀，已是無力恢復，農產物遭了損失，生命上就致着重創！不是我居心來危言聳聽，其實受災的人都吃虧在忒窮！

此外：鐵道、橋樑、礮壘、學校、衙署、城池、其他一切公用事業的損失亦非常重大！不能輕易估計牠的數字。

軍事回憶

帝國主義者發揮獸性，本可不必藉口甚麼題目。而況日本軍閥又是慣於借用「保僑」這個名詞的。即如最近侵略東北用的這個，搗亂東南也用的這個。上海日僑本祇二萬餘人，大都集居在虹口一帶，閘北在地位上了不相關，偏偏日本海軍陸戰隊要作攻擊閘北的迷夢！從一·二八晚開始侵略之後，一再採用包圍戰略，把戰區擴大到寶山、太倉、嘉定等縣。陸戰隊不行，加上特別陸戰隊。還是不行，加上軍艦。軍艦無用，加上正規陸軍。陸軍戰鬬力薄弱，加上飛機。不惜以海陸空立體戰術的巨大威脅，加之少數的我國十九路軍及第五軍。更不惜發行八千七百餘萬金元的公債，變換成慘無人道的礮火，在熱愛和平的中華民族頭上擲放！最初的動機本爲表示帝國主義者的猙獰，結局竟爲爭一點虛面子。說起來是多麼可笑可憐！

「保僑」這個題目，照理祇能由工部局在虹口區域去做文章。日軍那裏保甚麼僑？抗日戰爭發生以後，日軍當局迫令日僑歸國。根本上就表露他的矛盾，祇十足的證明他們的野心！

我們站在軍事的立場觀察，所謂「皇軍」的臉，這次也丟得很夠了！我們祇看他在軍事上的大敗虧輸國際視線下出這一個大醜！從正面數度總攻都得不到勝利，老遠的在毫無日僑的中國土地上去偷襲，希圖由側面取包抄形勢，壓迫中國軍隊不能行使自衛的權力，這是何等無賴。

中國軍隊眞正參加作戰的祇十九路軍及第五軍，始終都取的守勢。以這些軍械比較陳舊，勦共之後又極度疲乏的軍隊，來當蓄銳十年的日軍，自然有人相信「四點鐘」的預言並不過於牛皮；但在閘北市街戰，吳淞河港戰，廟行壕塹戰諸役之中，充分表現中國軍的英勇，不爲海陸空立體戰術的威脅，不惜以血肉吸取日本的新兵器。反映出日本軍隊的腐敗；我曾問過一個軍官：「與日軍作戰比勦共何如？」他說「簡直兒戲了。」等到三月一日日軍在六浜口偷渡成功，我方感受到左翼的壓迫，纔安全的自動退入第二道防線。

由這次戰爭的經驗上的觀察，樂觀的說：中國陸軍的戰鬭力確比日軍強！雖僅持輕兵器猶能與敵人的劇烈礮火抗衡，這是世界陸軍中罕見的奇蹟！悲觀的說：中國江海國防一律忒差！海軍噸數和日本一比十尚嫌不足！空軍更極幼稚！軍事運輸上又感着最大的不便，盜賊和不團結尤其是抗日戰爭中最大的掣肘！不然的話，海軍雖不能與日艦在海上作戰，用之封鎖長江則有餘裕。那時停泊在長江上游的日艦自然一律變爲俘虜；後方的陸軍能夠如意的敏捷的調遣，前線加上生力軍的補充，恐怕停戰協定的條文還不是那樣寫法。

壕塹之話

我曾親到瀏河、楊林、七鴉等處，瀏河當然是後方的重鎮。而楊林、七鴉兩處江口尤其在軍事上感到重要！歷史上曾經告訴我們：日本入寇的史實在此等地方發現過不少！所以明朝的戚繼光在茜涇地方造有土城一座，以資屯兵，這是專門防倭的地方。清乾隆朝更加葺爲磚城，派戰守兵。直到宣統二年裁撤。而江浙戰爭的時候，更爲軍事上的要地；此處到楊林口僅九里，楊林口到七鴉口僅五里。沿楊林、七鴉一帶江堤均殘留着許多散兵壕。三月一日駐防此地的僅第五軍官兵三十二人，瀏河保衛團丁十餘人，總員不過五十八人。日軍聽見槍聲終於不敢登陸，竟偷襲距離七鴉口四里的六浜口，因爲此處沒有駐兵，——根本就想不到日軍要把「保僑」的問題擴大到太倉縣境來。同時更想不到日軍竟不光明的從側面偷襲，而不由正面進攻。——竟被日軍首先登陸二百餘人，其後續登約萬餘人。停泊在江心的日艦十餘艘如臨大敵的施放烟幕，隱藏在烟幕下更大放其礮仗，八十餘架飛機盤旋在江岸，而我忠勇的戰士以百分之一兵力突自支持三時間之久，可謂淞滬抗日戰爭尾聲上的嘎調！結果在此役爲國捐軀者二十九人，傷二人，在一日晨七時登陸的日軍直到下午二時半始得侵入茜涇，由於畏懼中國軍隊的心理，二日下午五時始敢侵入瀏河，那時前線我軍早已決定作戰略上的撤退，遂無暇把偷襲登陸的日軍整個殲滅。

從這些江堤所看見的散兵壕極其平淡無奇，差不多每距一二丈纔有一個。並且連交通壕都沒有，比起廟行一帶的壕塹簡陋得多！就是廟行一帶的壕塹亦無多大特別，僅僅能夠利用支撐點爲壕塹的基礎，表現着中國軍隊的一種學識和經驗。其實值不得日本軍人和日本軍事記者驚異的忖度。所謂「現代戰壕的結晶」，「已完全脫離中國式而爲某國式」——見日本報紙——這種遮醜的技倆，格外來得聰明而肉麻！

好在日軍自以爲「日本軍大勝」，也就趁此收場去了，如其要侵犯到第二道防線，也許可以領略具體的中國式的壕塹戰術的滋味；單說我所到過的常熟一縣而論：使有幾道極長的壕塹，如福山至崑城湖之線，福山至鹿苑之線。莫城至姚家店之線，楊舍至西塘橋之線，依稀可謂壕塹的傑作！這些壕塹的內容尚有保守祕密的價值，而這些壕塹曾費十三萬個人工。三萬餘元材料的代價，結果沒有機會造成一點奇異的戰績，一方面說來實在可惜！

自從火器發明以後，由立射戰術進爲伏地戰術再進爲壕塹戰術，入伍過陸軍小學的人也可以了然於壕塹戰術必須利用地形地物的。縱然不能學像中國軍隊的智勇雙全，而歐洲大戰距今也不過十幾年，東西戰場的遺跡尚未完全消滅，儘可供人參考。如其對於第一線中間簡易壕塹工程就假意嘆爲觀止，眞使人不信原來所取的攻勢精神何在？

臺兵閑談

中華民國十四年我們駐防在虎門的時候，虎門礮臺的形勢曾在我腦中留有一個不好的印象；而這次憑弔吳淞礮臺和獅子林礮臺，更加的使人奇怪起來！何以這些礮臺連一點防空設備都沒有？礮位好像幾十個仙女赤裸着沉醉在大自然的島上。

吳淞礮臺和獅子林礮臺全毀了！比較口徑大的礮已完全在日軍侵入後用溶腐物把礮的前身弄斷了！架座亦完全弄壞了！水泥碎石的礮臺完全粉碎了！長江的鎖已被強徒硬扯開了！

吳淞礮臺所有的四尊小礮。已被日軍搬去充戰利品了！其餘的礮身上很多刻着「大日本上海青年團」的字樣，這些侮辱，現代的青年如何受得了？

在獅子林。

臺兵甲乙曾和我們作簡短的談話：

臺兵甲說：「中國軍事領袖誰肯注意國防？祇曉得擴充陸軍，佔領地盤。外侮一來便沒有辦法；人家躲在鐵甲戰艦裏開大礮，難道陸軍可以衝鋒上去嗎？即如獅子林礮臺所有的礮，射程最遠的祇有十七哩。日艦有三十哩射程的礮，老遠的開來，整個礮臺便沒有用！」

臺兵乙持着哲學的態度說：「不經過這次的吃虧，恐怕政府也不注重海防的重要！」

覺悟了嗎？我們中國人都應該對於保護自己生命財產的國防政策撫心自問一下。

標語詮釋

在戰區內看得見中國軍隊所寫的或所貼的抗日標語，也看得見日本軍隊所寫的或所貼的異樣標語。

日本軍隊所寫的或所貼的標語頗爲費解！如像「日本軍大勝，」「逐驅中國的軍閥，實現和平的上海，」「上海的黑暗是由軍閥的搗亂來，上海的光明是由市民的自立來。」……。

這些滑稽東西本犯不着費筆墨，不過爲了以正視聽的關係，應該略加詮釋。

如像「日本軍大勝，」這正不知指的那一回事？指的一·二八三路襲擊之役吧？指的野村總攻之役吧？指的植田總攻之役吧？一概文不對題。因爲這幾次劇戰都是日本軍大敗。大約是指的白川偷渡之役了？殊不知白川偷渡成功的最短時間之前，我軍已決定自動撤退第二道防線，日軍隔了一天纔知道，了無生趣的侵入我軍退出的地帶，其他毫無發展，最近纔垂頭喪氣的敲着喪鐘回去，何「大勝」之足云？

「驅逐中國的軍閥，實現和平的上海。」誰是中國的軍閥？中國有軍閥連中國人都不知道？假設中國有軍閥，誰請日本的軍閥來驅逐？驅逐所謂「中國軍閥」來了眞正的日本軍閥，這就實現了「和平的上海？」這種理論祇有日本纔有。

「上海的黑暗是由軍閥的搗亂來，上海的光明是由市民的自立來，」我想這幅標語一定少寫四個字，全文應該是：「上海的黑暗是由日本軍閥的搗亂來，上海的光明是由市民抗日的自立來。」

停戰協定

上海停戰協定所經過的周折，報紙上已經發載得很多了。其初，人民以爲停戰協定即是喪權辱國的條約。其後，人民又以爲停戰協定另有第四號祕密附件。及至日方當事人在虹口公園被韓國志士一擊之後，繼之以外次郭泰祺之被毆。人民比較和緩的尚在懷疑，甚且出之反對。其實政府一再解釋停戰協定不涉政治問題，所以凡屬政治問題當然不在停戰協定範圍之內，如像日方宣傳的圓桌會議，政府已極力表示反對，很可使我們信任政府。再想政府何必定要出賣人民利益，作賣國的勾當？我們不能不有一種諒解。

停戰協定既然不涉政治問題，我們且從別的方面去估量牠的價值。比如嘉、太、寶三縣戰區內的農民大多是種植棉、稻、豆、麥的。停戰協定在五月五日簽字，ABC三區的日軍均已撤退。農作物的收穫不致受大影響，春熟上保存一萬萬元的鉅額，減少農人如是巨大的損失。進而言之：因爲停戰協定的關係，常、青、崑三縣不曾直罹戰禍，保全農產物更不在少！同時因爲日軍侵入的時間究竟不多所遭的一切損害比較的算少。如其停戰協定遷延不決，我方軍事上不能進展，農工羣衆及小市民所遭受的損失更當奇重！

救濟問題

勘災的結果，應該救濟的當分三個步驟：

第一：因爲日軍的燒殺。許多農人，工人，商人的房舍用具完全被毀了！甚且一家依爲生產者的人是被殺了！這種災情要算最苦！政府及慈善家應該施放賑米和賑款，建造平民住宅，訓導簡易小手工業使其不致轉乎溝壑，散之四方。

第二：關係民生的工廠、商場、金融業、政府應該扶助，並督促其恢復，橋樑。道路，及一切公用事業，政府應該從速復興。尤其是小學教員及一般失業平民要設法救濟。

第三：被毀的礮壘要重新建設、學校、衙署、城池至少要恢復舊觀。

這些救濟事業的用款，數字上暫時不能肯定，照理說，這應該看日本賠償的數目而定。

八月預言

日本軍隊除表現尖端的殘忍行爲而外，也透着一種盜賊式的風雅。凡是被侵入的區域，除値錢的東西橫遭刼掠而外、字畫、古董、裝飾品之屬，無一不被奪去。甚至隨便塗鴉的窗心紙也給揭去；接收瀏河時，黃家曾當着外國武官向日軍索還被刼的古董數件。

不但這個、日軍還有一種臨別贈言：「我們八月裏再見。」這句話，很多地方的老百姓都證實的。這不知是何意思?

中華民國二十一年「八月」雖已過去,但滬案並未解決。瀋案正在急轉直下;第二回中、日大戰的爆發,就是第二回世界大戰的前奏曲。中國的志士們!預備好了鐵和血吧!公理強權鬬爭的大武劇,恐怕在二十世紀中葉是不可避免吧!我們聽了這樣危言的恫嚇,不禁感覺到世界危機與中國前途所付託我們的責任的重大!(二十一年之秋參加江蘇省政府戰區救濟委員會調查團後寫)

八・一三之役

滬戰揭幕

虹橋事件儼如星星之火，而事之起因，在八月九日下午五時半，日本海軍陸戰隊大山中尉，齋滕一等兵乘福特篷車由虹橋路直衝虹橋軍用飛機場，經衞兵攔阻，日軍遽爾開槍，並將車駛入碑坊路，射殺保安隊隊兵時恭哲一名，保安隊乃予還擊，日軍當場身死，此事經過，經法醫之判斷，三人均爲被殺，事件眞相，原已大明，屈在日方，不言可知，九日下午十時，俞市長即以坦白誠懇態度，與駐滬日本總領事洽商，雙方均定採用外交解決，十日即行派員赴肇事地點，調查眞相，十一日檢驗保安隊兵屍體，日本軍官四人亦被邀在場，我方辦事之公允敏速，誠意萬分，事件正當依照常軌進行之際，是日下午日總領事竟向俞市長提出撤退保安隊，撤除防禦物等無理要求，當被正言拒絕，日領亦自認滿意，殊知是晚日艦日軍，竟如狂風暴雨而來，嚴重形勢，於以造成，由此可知虹橋事件，不

過日軍圖侵上海之一種策略而已

日軍抵滬之消息證實後，我方始在毗連租界之線，設置必要防禦，公共租界當局亦將毗連華界重要路口之鐵門關閉，萬國商團團員及英、美軍士多在門內駐守，愛而近路以北，業已斷絕交通，老靶子路以北，因日軍佈置工事，行人自行裹足，昨晚北四川路橋堍郵局對過上海琴行路邊之直角線上，日軍亦堆滿沙包，配備哨兵，如臨大敵，租界北區呈露嚴重之狀態，滬西區域稍爲和緩，閘北戰事，晨間在虬江路以北有市街戰，結果無大損失。午後六三花園有劇烈礮戰，車站等處均發生火警，全滬形勢以閘北迄楊樹浦一帶最爲嚴重，蓋日軍司令部設在彼處也。南市在軍事上非必爭之地，我方又有周密防備，或可倖免日軍之蹂躪，滬西暫時或亦不致波及，目下戰事如無特殊之發展，則其戰場屬於本市範圍者，將在吳淞、閘北之線，蓋此處有租界爲日軍之根據，彼將以爲進戰退守，運用可以自如，至於我方之種種措施，顯爲自衛而應戰，俞市長所謂「人不犯我，我不犯人」，即充分說明我方行動之目的也。

昨晨交戰前，閘北、江灣居民多已逃避租界，昨晨槍聲響後，蘇州河以北及殘留閘北等地之居民，均紛紛攜老扶幼，提篋揹囊，絡繹南行，入蘇州河南之公共租界內，車輛盈途，路爲之塞，自晨迄暮，擾擾不息，公共租界及法租界之大小旅館，多告客滿，有可召租之房屋，無不招貼租人，房金較平時漲價數倍，且有預收房金三月，逼訂承租契約一年者，稍有貲斧之人，求一容膝之地，祇得忍痛接受，一般窮苦大衆，各同鄉會多已辦理收容，至於鄉間逃來之貧民，露宿街頭巷尾及外灘一帶草坪內者，不下數千，爲狀之慘，如日本軍人稍有良心，必不忍見，除昨晚九時後紅十字會派由救護車赴滬東收容難民數千，暫時安置於法租界大世界外，各慈善機關，倘能設法處置，造福非淺，而租界當局亦應迅予禁止房東之投機增價，至於金融市場極爲穩定，糧食存底雖豐，奸商居奇操縱，殊爲可惡，昨日米價每擔由十二元四角至十八元四角，價格懸殊，一至於此，甚至有囤積頗多，而拒絕出售者，昨午海寧路、恆豐盛糧食店，即因此引起衆怒，遂遭搗毀，當此非常時期，固望商民激發天良，以義爲利，而租界當局如欲安定人心，對於糧食價格亦應迅予平價劃一，施行嚴格管理，此事在天津租界近固施行有效者也。（八月十三晚寫）

司令部中

記者啣社命，排萬難，於昨午赴我軍司令部，向各高級長官致敬，並聆其指示，當迂迴而至司令部時，所見沿途我軍鬪士，均戴德式鋼盔，荷精良武器，一種堅強之精神與體魄，實足代表新興中國之氣概，晤見記者，彬彬有禮，間有以前線消息見詢者，告以我軍昨已攻克敵海軍俱樂部，無不齊然色喜，旋於一矮屋疎檐之內，首先會見徐參謀長，徐氏以極誠摯坦白之態度，答復記者所問，在其答語中，顯然可知徐氏爲一優秀之參謀人材，彼蓋不特軍事學科有甚深之修養，卽於世界政治經濟，亦周知極詳，多以恰當之「軍語」概括其發言之大意，徐氏首謂軍人天職，在於保國衛民，吾人六七年來，含垢忍辱，其處境實與戰後之德意志人民同其困難，原欲師法德國，徐圖自力更生，殊不知日軍得寸進尺，不容弱國稍事蘇息，必欲迫之使戰，以求遂其大欲，此次上海戰爭，起於日人製造之虹橋事件，事發後既已聲明外交解決，又復遣艦增兵，肆意威脅，十三日晨，突以武裝日兵向我閘北駐軍挑釁，吾人爲執行其保國衛民之天職，不得不起而應戰，但此種苦衷，凡有國家觀念之文明國民，必能寄與同情吾人自一•二八以來，除蘄求和平以外，軍事上亦有相當準備，日軍縱令如何肆虐，我軍抱定焦土抗戰決心，與之周旋，最後勝利必屬於我，徐氏又謂近知日艦向瀏河方面進擾，煩君轉告同胞，吾國江防已非一•二八時之比，日艦如願作嘗試，必遭重大打擊，徐氏對我空軍失其控制能力後，遺彈炸傷人民事件，抱極大遺憾，彼謂此種遺憾，乃係發諸良心，而租界當局向我抗議，請求毋在租界上空作戰，殊屬昧於事理，所謂租界，其領土領空主權，原屬我有，我空軍在我領空作戰，他人自不應置喙，況我空軍作戰動機，係由日艦泊駐浦江，利用租界之特殊關係，爲日本一方之軍事工具，吾人既已迫而應戰，對於敵人之軍事根據地，不得不加以掃滅，租界既非日本一方所有，其他各國既願共同維持租界之和平，自應將其擾亂和平之根因解決，而督責日艦即駛離租界也，繼又會見張司令官，張氏在一•二八之役，早已馳名中外，近年治軍治學，卓著勛勞，此次復統大軍，與暴日周旋，本其學識經驗，必能造就抗戰史中光榮之一頁，張氏發言簡潔，純一儒將風度，對於此次戰略，氏謂上海既係市區，自非野戰可比，吾人本穩扎穩打之法，得一寸保持一寸，不求速效，但求確實把握，必使侵略者之範圍日削月減，吾人雖持久至三年五載，終須驅逐暴力於國境之外也，語至此，蘇州民衆代表李根源、張一麐諸氏偕至慰勞，其時座上客滿，彼此慰勉有加。李、張諸氏，以耄耋之年，不辭勞瘁，遠赴戰區，記者對之至爲振奮，此種軍民交織之熱情，實即赤忱報國之表現，諸長者，諸長官均能如此，吾輩青年敢不以生命能力貢獻國家乎，記者等告別離司令部時，諸長官均親送至門，握手而別。

記者離開司令部時，副官長劉一公特別囑向各界致意，軍中目下最感缺乏者有三，一爲各種車輛，二爲汽油，三爲糧食，上海附近公路縱橫，如有車輛汽油於軍事上實多便利，糧食關係軍食，閘北慘遭日軍猛烈礮火，廬舍爲墟，軍隊給養備極困難，幾於有錢無處買，如八字橋我軍在前日英勇抗戰中，枵腹一日，故同情國軍之各界人士，倘以物質援助，深盼多用上開三種，受賜良多矣云云，

（八月十六晚寫）

前線將帥

午後層雲蔽日，陣雨阻途，我英武之空軍結隊自西北騰拏而來，穿雲冒雨，飛向敵陣，將謀完成

其神聖的民族戰爭之使命，機聲軋軋，掠頂而東，一機前導，餘如雁行，勃勃雄姿，令人興奮，記者竊思中國創建空軍時僅數年，即已大露頭角，足禦強寇，而在甲午以前，海軍實力較日爲優，徒以將帥偷生，黃海會戰，一旦顛覆，四十年來，人進我退，迄無建樹，五年前一·二八之役，暴日以海陸空立體戰術，向我肆虐，而我報之者，在前線僅有血肉之軀，戰敗屈辱，當然之事，現在中國陸軍之進步，已使敵人驚異，空軍之精銳，尤令敵人喪胆，而海軍始終不與，記者固知海軍實力，敵我懸殊，十一之比，然在以國爲注之大時代中，如爲瓦全苟安，殊辱軍人天職，但記者深信海軍將士愛國決不後人，終有報國之術，內戚楊君，自幼即受海軍教育，六年前留英返國，遇於江右，彼意新中國之海軍，陳腐艦艇，早不堪用，欲求充實自衛力量，當謀潛水艇驅逐艦之大量建造，此事果獲實現，何至今日敵艦縱橫，升堂入室，試舉出雲一艦爲例，謀炸之難，即已如此，使人更信海軍在戰爭上之價值，蓋不能阻敵人於公海而欲禁敵人於國內，不亦難乎，說者每謂我無侵略之圖，又非工商之國，況値民窮財盡之際，欲建龐大海軍，實無此力，如有此力，應用於陸空軍之充實，期能自衛，此說亦有至理，當記者思潮起伏之際，此行之目的地已達，由衛兵之接引，在一茅舍內會見立於線前之我軍將領孫元良、馮聖法兩將軍，承其延見，並述軍事經過甚詳，擇其可以公表者，記之如下。

馮副師長在一•二八戰役中，曾任八十八師五百二十三團團長，廟行之役受傷甚重，創愈後以功升任現職，數年來國仇私恨，宜其勇敢逾恆，但馮氏之鎮靜的態度，系統的思考，令人一望而知爲一優秀之將才，年齡未逾不惑，其作戰經驗極富，爲專攻步科之黃埔軍校第一期第二隊出身，馮氏首述八十八師黃梅興旅長殉國之事，因其同窗情深，至爲悲悼，黃將軍十四日奉命沿江灣之線，向持志學院之敵出擊，在敵軍猛烈礮火下，奮不顧身，卒將敵陣摧毀，下午四時，正以電話向師部報捷，而敵彈橫來，擊中腹部，遂至隕命，孫師長接話未畢，遽爾中斷，知必有異，而殉國陣亡之報告踵至矣，晚間其遺體即已安運後方，忠魂寄於國土，黃氏之死可謂不朽，馮氏慨述黃旅長之一生，謂以「勇敢忠誠」四字可以包括其爲人行事，馮氏續語記者，閘北、江灣之敵，被我連日痛擊，死亡極多，我軍傷亡亦千餘人，八字橋一處，敵以坦克車衝鋒，得而復失者數次，此激烈之火線終爲我軍佔領，本午我軍已由愛國女學、粵東中學進軍，對虹口公園作包圍之勢，足下返滬，或可聞及攻克之訊也，予等語時，正值敵我空軍在上空作戰，機槍潑潑，震耳欲聾，馮氏笑邀記者偕赴其後園觀戰，師部四周堅固工事，赫然在目，予等撫松欹竹，極目雲表，則見高空中我機正由敵高射礮威力圈中，脫穎而出，上下升沉，迂迴作九十度角之飛行表演，我機漸遠，敵機三架突作側飛，擲下六彈，火烟頓起，侵略者如此殘酷，除報之以鐵血外，實無可理喻也。

孫師長公務甫畢，亦趨入後園，握手寒暄，記者昨日未及識荊，留友人書而返，孫氏即首以此事致意，在軍務倥偬之際，猶能憶及瑣事，其精細周到，迥異常人，孫氏為一·二八抗日名將，時任八十七師二百五十九旅旅長，廟行之役，屢建大功，近年駐防蘇省，地理形勝，早有成竹，此次復立國防前線，一週來夙夜勤勞，而精神煥發，佩中將領章，英武之氣，溢於四表，孫氏復邀予等入室，指示地圖，歷述作戰經過，結以我軍士氣必持之毋墮毋餒，目前如此振奮，將來亦必如此振奮，堅持到底，何敵不催，良以暴日侵我，數十年矣，現值歷史上之大清算期，我生及時，敢不努力云云，公忠衛國之志，令人肅然起敬，會談既畢，記者邀赴園中合攝一影為念，此時雲開雨霽，復現白日青天，我軍飛機三架，成一人字，又向東行，孫氏對於空軍作戰之英勇，極表敬佩，而民眾擁護軍隊之熱誠，尤為感激，記者告以閘特區同胞將赴前線慰勞之事，孫氏謙辭不敢，並謂現尚無功可賀，何能勞眾犯險，記者温語告知羣衆現時心理，已認定祇要能抗戰，便應該慰勞，而況我軍捷報頻傳乎，孫氏亦笑頷之，記者遂於槍礮聲中，與辭而歸。（八月十七晚寫）

滬戰形勢

七月七日盧溝橋之烽火既燃，全國的民族戰爭之鼓角乃起，敵軍於攻佔平津後，更分路侵略，津浦、平漢、平綏之軍，均已被迫應戰，敵被我三面包圍，此種形勢，與上海現情頗多相似，公共租界北區，如扇之柄，敵固久已作爲根據，閘北、吳淞、浦東之線，如扇之緣，敵又企圖以爲放射式的侵擾之的，南北地形，如出一轍，上海抗戰之幕既揭，戰場逐漸擴大，江浙京贛諸地，又已淪爲空戰漩渦，青島閩粵，敵復劍拔弩張，一觸卽發，北起長城，以至南海，戰線之長凡七千餘公里，數十年來東亞兩大民族間之一切糾紛，已至最後清算之時矣。

記者曾受一・二八日軍之荼毒，今又留居上海，目睹敵人肆虐，舊恨新創，併爲巨痛，懲前毖後，敢貢愚知，試舉五年前之滬戰，以證今日必勝之券，操之在我，再就連日戰場目擊，述其輪廓，以供讀者諸君之參考。

當一·二八之戰，敵初揚言四小時內儘可解決我軍，及遭我十九路軍及第五軍之英勇抵抗，共歷一千零四小時，我軍猶自沉着固守於第二道防線，僅持輕兵器之軍隊，已能發揮如此威力，何況時逾五年，我之銳氣已成，又當敵力分散之際，其勢何難前知，再據軍學專家於一·二八戰事之批評，敵軍有六優點：（一）兵器精良，（二）迂迴包圍，（三）聯絡確實，（四）不輕突進，（五）收容迅速，（六）射手優良，今都不能單獨存在，試舉（一）項，當一·二八時，敵機轟炸，我僅少數高射礮應戰，現在我亦有堅強之空軍，攻守咸宜，新式槍礮，應有盡有矣。再舉（二）項，敵何嘗不師法野村、植田、白川之故智，謀於吳淞、瀏河、楊林、七鴉諸口偷渡，但以五年經營之江防，當非楊林被襲時之容易，迂迴包圍戰術，範圍縮至公共租界之北區，殆亦無所施展矣。再舉（三）項，專家讚美之詞，係指敵兵前進，多帶電話機與後方聯絡，陣中動作，均用手旗輔助之兩事，此種小節，我已能之，（參證前線將帥一文中黃梅興將軍殉國事略。）再舉（四）項，我現本持久戰原則，穩扎穩打，敵欲突進，恐不得焉。再舉（五）項，如欲反敗爲勝，此法固亦有效，我已立於不敗之地，即已無用，況我軍業經整理訓練，此當然之紀律，何難做到。末舉（六）項，有一顯著之例，自十四日至十八日之五日間，擊落敵機三十二架，我機損傷不滿十架，誰之射手優良，可以立見。除此而外，軍學專家所見敵軍劣點有八，無不一一存在，故就戰術觀點而言，我軍實居優勢，雖然如此，我之高級長官亦頗虛心應變，如徐參謀長語記者時，即鄭重而言，對於敵軍實力，不可估計太低，而存誇大之心，亦毋須估計太高，致生畏葸之念，全軍智囊已如此審慎將事，滬戰前途，當可自信有爲矣。

記者在戰場親聆各高級將領之語，其見解完全一致，一語蔽之，即穩扎穩打，八・一三以來，表面觀之，似無突飛猛進之象，殊不知敵據虹口，有數十年之經營，雖各種商人建築，均可資爲要塞，市街之戰，非同野戰，一進一出，可以動輒數十百里，敵軍一線既摧，稍事轉移，又可據地以爲蔭蔽，門窗戶格，盡是礮壘，我軍步步爲營之戰略，實爲至善之計，況敵戰事既開，求速不得，欲罷不能，拿破崙征俄之敗，敵今又躬自蹈其覆轍矣，現時我軍陣地，北起寶山路，東迄楊樹浦，租界沿邊，我固牢守，而北面之線，突進之點尤多，任何一處得手，即可將東西之敵遮斷，而施以逐個擊破也，此爲租界戰區之大勢，浦東雖遭攻擊，我方駐有大軍，敵欲奪爲陸軍之根據，必不可能，縱使能之，隔一黃浦，亦無裨於虹口之頹勢，吳淞以上，鎮江以下，已施封鎖，此間江防之線，據徐參謀長之言，蓋已早有充分準備，觀於敵艦五艘十四日進襲瀏河，終不得逞，足知其言確鑿。敵既無機可乘，企圖迂迴包圍，終成泡影，將來決戰之地，必仍在虹口一區，至於南市、滬西敵不但無力進擾，且有事實上不可能者，況南市一帶，又無軍事上之價值，敵亦不致無謂犧牲，而敵機在此等處襲擊人民，轟炸建築物，不過暴露獰惡面目，使世界人士澈底認識日本帝國主義之真相而已。（八月十八晚寫）

蘇州河畔

虹口之敵，列長蛇之陣，東西兩端均置有司令部，第三艦隊「出雲」旗艦，則泊駐浦江，遙爲指揮，自南滿洲鐵路公司碼頭起，至黃浦碼頭止，大型船埠有南滿、平和、大阪、匯山、華順、招商北棧、公和祥、順泰、耶松、招商中棧、黃浦等十處，均可停靠大型船舶，其他廠家之小型碼頭更不計其數，敵軍均可資爲增援據點，其地理形勢並非不優，而自十三日戰事爆發以來，陸上之敵，已受我軍三面包圍，不但無所發展，其北面陣地，且被我軍突進數處，東西聯絡，隨時有被切斷之可能，前夕我軍少數部隊，一度奮勇攻進匯山碼頭，敵人受此威脅，無不喪胆，可能之理想，已有事實證明矣，我軍又以大隊固守浦東以擬其後，致令敵人增援退却，均感困難，目下形勢在虹口區域陸上之敵，直如甕中之鱉，早遲均須被我殲滅，倘真一旦瓦解，唯一求生之路，祇有潰竄公共租界南區，是故蘇州河畔之設防，關係界內數百萬人生命財產，租界當局爲嚴守中立，保障安全，均應努力從事，以完成其任務，界內居民亦宜儘量予以協助，免使精華所萃之地，同遭暴日之毒手。

蘇州河所負之使命既已如是重大，故記者連日均往南岸實地觀察，其形勢最緊之地段，爲外白渡橋至天后宮橋之間，計有外白渡橋、白渡橋、四川路橋、自來水橋、天后宮橋之線，即自外灘至河南路一段也，外灘以東，第三國艦艇殆已接受我國警告駛離福州路外灘以北，距離日艦里許，遙爲警戒，自艦艇至外白渡橋，輕兵器之射程均能到達，防禦力量可告無虞，北河南路以北，目下尚無敵蹤，我軍對於不被敵資爲軍用之租界地區，原自嚴格遵守其條約上之義務，一・二八及八・一三以來之事實，已爲有力的證明，故租界當局分其力量在滬西一帶設防，實爲不必要之舉動。

外白渡橋爲公共租界連繫南北之最大橋樑，鋼骨堅實，無異象徵工業時代之偉大成就，現其南北兩境均置有防禦工事，北岸由少數日兵駐守南岸則係英軍及萬國商團除東區難民南退時雙方均未加以攔阻外其餘車輛行人，概受檢查，昨午曾有武裝日兵數人，陸續進入橋南地區，立被英軍及萬國商團解除武裝，此種措置，完全合法，而在時局嚴重之上海，毅然執行，尤爲英勇，茲後同樣事件，必將不斷發生，尤望增加兵力，貫澈中立，更望捕房當局對於此等被解除武裝之日兵，予以適當處置，因彼輩既爲戰鬬員，當中、日兩國國民情感如此惡劣之際，引起社會不安之事，隨處可以發生也。

白渡橋北境，租界當局佈有鐵絲網，交通已被遮斷，北岸商市之門，多已加封上鎖，街面沉寂如死，無人往來，岸邊菜市棄置多數筐籃，想爲十三日事發後商民未及攜走者，南境堆置沙袋頗多，但無人駐守，民衆參觀空戰者，尙多麕集橋畔，來往自如。

四川路橋本較白渡橋關係尤爲重要，但實情反而鬆懈，橋面中段軟弱無力之鐵絲網架，橫贯其中，中間尙有一處洞開，交通似可自由，但無同胞來往，橋北上海琴行直角線上之沙袋尙未撤消，然已無日兵蹤迹，橋南雖置沙袋，亦無外兵駐守，自來水橋及天后宮橋，情形亦極相似。

綜觀南岸情勢，租界當局似僅頃其全力注意外白渡橋一處，但日方不誠不信之事，罄竹難書，租界當局想亦未能健忘，如照目前做法，恐去其國際的任務尚遠，故於重人之外，兼須自重，增防建壘，在目前情形下，實為必要之圖，否則敗兵如退水，一口既決，敵將氾濫而來，雖令大禹復生，合龍蓋已難矣。（八月二十晚寫）

上海治安

自十三日抗戰開始以來，我軍前線，疊有進展，而身負全市治安重責之上海戒嚴司令官楊虎，鞏固後防，鎮壓奸宄，使前線將士得以安心作戰，毫無後顧之憂，功績尤為卓著，楊氏原任淞滬警備司令，自十四日奉命兼任上海戒嚴司令官以來，不時馳赴前線各地，視察軍事，席不暇暖，偶一蒞滬，亦因處理公務，備極勤勞，今晨八時，記者竟得楊氏電邀，趨往奉謁，承其在戎馬倥傯之際，詳談戒嚴後之維持本市治安辦法，特誌如左。

楊氏不愧一革命健者，始終以坦白誠懇之態度，與記者接談，並邀司令部高級參謀吳氏共話，楊氏首述上海爲全國經濟中心，人口衆多，外僑亦復不少，敵我兩軍在市區內作戰，地方治安之維持，實爲重大之任務，余奉委員長命令，兼綰本市戒嚴之職，自當本其能力，期能毋負委任，對於戒嚴區域，當本戒嚴條例，嚴格執行，司令部在系統上直隸於軍事最高當局，本市所有治安機關及部隊，均由本部統轄，其於治安施行計劃，亦由本部制定實施，總之，戒嚴之目的，在於肅清後方奸宄，便利前方作戰，保衛地方人民，整飭後方部署之四點。

楊氏繼謂抗戰發生以來，每多假藉愛國名義，不軌非法之事，時有所聞，在此舉國對外之際，國民竟有如此喪心病狂之舉，誠不勝其痛心疾首，余對維持治安所抱之信念，首在肅清漢奸，出以決心，於最短時日內，必爲澈底之肅清，但於假借肅清漢奸爲名，而爲搶奪財物之實者亦必盡法懲治，不稍寬貸，楊氏語甫及此，而他客紛至，記者遂與握手興辭。

記者瀕行，以租界內假借打倒漢奸爲名而爲搶奪財物之實者，頗不乏人，司令部對此有何等措置爲問，高級參謀吳氏答稱，目下上海既入戰時狀態，普通法律自不適用，對於此輩奸人，司令部當設法引渡，盡法處治，此舉亦已獲得租界當局之同情云。（八月二十二日寫）

隔岸觀火

昨日午後四時，日水上飛機二架正在外白渡橋上空盤旋之際，記者挾優良之望遠鏡，登臨某屋高樓之巔，俯瞰全市，見此一片乾淨土，因日軍暴行，又遭浩劫，浦東之火現已熄滅，但不久即有日機一架，投一炸彈於東北銳角之地，響徹雲霄，惟未燃燒，而楊樹浦至虹口一線，火舌十餘處，雖在青天白日之下，崇樓傑閣之間，烈焰騰空之狀，仍然歷歷在望，據聞起火原因，多爲敵軍殘敗之餘，深懼吾軍乘勝追擊，自行放火，或迫使該地難民代其縱火者，其唯一目的，係欲趁烟火迷漫之勢，以亂吾軍追擊之目標，遲緩我軍前進動作，遂不惜出此，虹口一帶不僅人烟稠密，且多日人開設之商肆，楊樹浦一帶，爲規模宏大之工業區域，亦多日人經營之廠家，今遭一炬，可憐焦土矣。

持此精美之人工工具，直有縮地之方，數公里外目力所不及者，呈現於望遠鏡中，乃如近在咫尺，首先窺見日艦 Ohotole 泊於外白渡橋之東，似爲「出雲」前衛，其上堆置沙袋甚多，日領館之前，泊有日艦 Habusoa 其戒備之狀，一如前艦，日淸碼頭所泊者爲日商輪衣笠丸，正在起椗出口，碼頭上卸下木箱頗多，由日軍用卡車絡續搬運，碼頭左角設有防衛工事，沙袋堆積如城，往來之日兵甚少且均褐衣露首，工作頗形忙碌，此段浦江中有小型日輪三艘泊駐，汽艇數艘游弋其間，日旗艦「出雲」泊於順泰碼頭前二號浮筒附近，此發動上海暴行之日第三艦隊司令坐艦，除十四十五兩日被我空軍連續投彈爆破外，十六日又被我軍機械魚雷擊中，故彼之警戒特嚴，除礮座附近外，餘均裝置沙袋，後部甲板上尤多，瞭望台上之日兵，正持單筒望遠鏡向北窺伺。

英商公和祥碼頭之暗灰色彩，正足表明其處境，碼頭周圍闃無一人，亦無任何船舶停靠，大有老僧入定之概，招商局北棧碼頭上亦堆積木箱甚多，此兩碼頭間之後面，正有濃烟烈火，自迎面屋頂噴出，推其距離，似在兆豐路、百老匯路之間，吾軍已向百老匯路進軍之說，此火殆可徵實，匯山碼頭因房屋構造之位置，視線多為所遮，惟水泥鋼骨之迎送臺，則仍完好，碼頭上並無船舶停靠，亦無人往來，其外市街較遠處，火花四射，燃燒甚猛，大阪碼頭泊有日輪一艘，惟無人在碼頭活動，自此以東，視線全為高廈所阻矣，回視楊樹浦至虹口之正北一線，火尾毗連如鱗，昏黃烟霧，直干霄漢，在蔚藍天空中，裝點一片人工暗雲，下接市街，有如屏障也。（八月二十三日寫）

西線戰事

自虹口至楊樹浦一線，我軍分三路攻擊敵人在此線內，既可憑藉租界之特權，暢行軍事準備，又復以數十年苦心孤詣之經營，一切工廠船埠大型建築，遂無一不可資爲軍用，尤其是虹口日海軍特別陸戰隊司令部，全部水泥鋼骨，直同礮壘，又有永豐大樓、六三公園等處之堅固陣地，互爲犄角，西線中我軍進展之難，可以想見，況閘北地區爲工商櫛比之處，鄰近租界，人口稠密，市街之戰，損失必鉅，況遭一·二八日軍之魔手，迄今未能恢復元氣，創痍滿地，觸目皆是，且此處爲淞滬、京滬、滬杭甬鐵道之總站，如以資敵，受其威脅者當不止於上海一隅，一·二八之敗，楊林被襲，固一大原因，北站失守亦爲重要關鍵，八·一三戰事爆發前兩日，日軍艦隊甫經兩日海程抵滬，正當喘息未定之際，我軍後發先至，窮一夜之力，急馳來滬，執行其民族戰爭之神聖任務，抗戰以來，勝利消息多在東路，正北我軍亦已攻入數處，獨於西線戰事報道甚簡，故就戰略上推測，我軍係行翼攻擊，以謀將殘敵聚於一隅，加以殲滅，東路攻入之利，在於我軍後方概爲原野，便於作戰，又可控制浦江，斷絕敵入連絡，西線主計在守，而敵亦不敢進犯，故除北端一線，頗有激戰外，老靶子路以南，迄少發生劇烈之戰鬬。

西線作戰指揮，爲抗日名將孫元良將軍，彼帥雄厚兵力，保持江灣至閘北之線，待機進取，於北四川路底之日司令部，加以嚴密之監視，敵人作戰重心既被威脅。對於橫浜橋以北越界築路之北四川路地帶，運用尤爲呆滯，故在較寂之西線戰事上，我軍進展亦甚神速，在敵人槍林彈雨中，出生入死者，不下數十次，八字橋爲世人注目之地，但因地形限制，步兵攻擊雖易得手，然因一道如腸，保持極難，既經越橋衝鋒，加以佔領，但工事無從做起，敵用坦克車相逼，又祇得放棄矣，敵我兩軍計在此橋發生爭奪之戰，前後不下八回，現仍夾河對峙，無進無退，此橋在一·二八之役中，戰鬬亦頗劇烈，青雲橋、寶山橋諸地，則無大進出。

江灣正面自我十四日以猛烈攻勢，佔領持志學院，八十八師旅長黃梅興竟致陣亡殉國，十六日乘勝進佔愛國女學及粵東中學，十七日又佔海軍俱樂部附屬園，江灣正面在順利發展之下，已逐漸逼近日軍司令部矣。

今晨江灣我獨立二十旅向何家宅上海法學院方面佯攻，敵人異常恐懼，傷亡極鉅，我軍機關槍連連長李祝秋，孤軍深入，亦以身殉國，李氏爲湖南人，黃埔軍校畢業生，平生作戰最爲勇敢，而於暴日敵愾尤深，故一聞進攻命令，遂奮不顧身，不以試探之戰而稍懈，其忠勇之概，堪爲軍人之模範。

至於北四川路越界築路地帶，我軍雖時以哨兵游擊，但未加以佔領，記者深信該區域殘敵之掃滅，僅爲時間問題，我軍戰略完成之日，即係敵人畢命之時也。

綜合西線戰況，江灣正面攻擊，進展雖緩，但我完全居於優勢，長圍一合，日司令部縱有高城、深池、堅甲、利兵，亦必與整個頹勢，同歸於盡，江灣至閘北之線，集結兵力在一師以上，用此雄厚兵力，牢握敵人咽喉，亦完全居於優勢，全部情況，在西線一端，向敵屈曲攻擊，如用軍語說明，則正所謂「攻勢鈎形」也。

語者屢赴戰地，與西線官兵接觸之機會甚多，負此民族抗戰任務之健兒，同仇敵愾，英勇萬分，以指揮作戰之師部而論，即處於火線之中，孫師長以下，無不鎮靜異常，師部門窗已被流彈爆破，而工作人員仍處之泰然，稍近前線，則士兵作戰之勇，尤爲令人感動，彼輩衛國鬭士，槍口向外，屹立不倦，詢以感覺辛苦否？多露笑容而搖首否之。

今午記者與蕭參謀談，彼於作戰計劃，頗具卓見，尤對近來許多建設，毫無軍事價值，深爲扼腕，彼舉北站大廈一事爲例，謂該樓建築費數十萬元，高聳入雲，果有何用，徒供敵人瞰火目標，而不能資爲我軍據點，聞其工程甫竣，卽發現屋基某角與地面不在一水平線上，屋頂露臺平面每一平方公尺不能載重四百磅，徒具龐大之形，並無堅固之實，雖佔地理形勝，竟無大用，反視日軍司令部，彼則不尚外表，矮屋五層，直較民房爲低，四壁堅實，摧毀不易，彼意將來一切大型公私建築，務須兼合軍事上之要求，庶幾國防得一輔助，其言蓋亦可以發人深省也。（八月二十三日晚寫）

浦東情報

浦東之地，東濱東海，面對嵊泗列島，北連揚子，與崇明夾江峙立，西接黃浦，爲上海市之屏障，地形突出，有如半島，係川沙、南匯與本市接壤之區，就軍事觀點而言，如於錐角之上置有要塞，可爲揚子江南水道之鎖鑰，今既無此設備，遂一變而爲腹背受敵之地，況敵航空母艦泊於嵊泗列島及吳淞口外戰艦不斷在沿岸游擊，敵軍時有偷襲企圖，浦東實處於三面被脅之地，一·二八之役該地所以平安無事者，蓋敵於租界北區並無大敗，楊林偷襲又告成功，故未重視浦東一隅，八·一三抗戰以來，租界北區戰事敵人既受嚴重打擊，界內據點多被我軍摧毀，遂不得不擴大外線，於十四日以戰艦五艘偷襲瀏河，該處既不得逞，乃於十六日轉向浦東方面進擾矣。

敵軍未攻浦東之前，我陸軍礮兵第八旅已奉命由嘉興向該地增援，旅長蔡忠笏將軍之前鋒，以強行軍於十四晚即渡江到達目的地，十六日在三菱、三井、耶松等碼頭與敵發生遭遇戰，此時我僅步兵一團，礮兵一營，敵軍雖數倍於我，終被我築閘扼守，未能越出碼頭一步，迄晚我軍大集，施以猛攻，敵艦亦集中江岸，不下十艘，雙方礮火極烈，「出雲」以旗艦之尊，竟亦參加戰鬬，發射其二十生的之巨礮，以冀掩護陸上部隊，自是日起，我軍除以巨礮應戰外，復行白刃戰，岸上之敵，死亡枕藉，「出雲」尾部，亦被擊傷，敵軍始知登陸無望，遂又漸行放棄進擾浦東之計劃，至二十日止，殘敵一概肅清，目下浦東情勢，除少數敵機自二十三日起，連日飛往偵察投彈外，我軍實控制優勢，居於主動地位，該地現有兩師一旅兵力，均歸張發奎將軍指揮，防務鞏固，治安無虞，但據記者觀察，敵在租界北區之據點既多破壞，又受我軍重大壓迫，攻既不能，守亦無望，放棄虹口之說，終有實現之日，吳淞一帶之偷襲，連日與我軍激戰，我當不致再蹈覆轍，讓敵人盤據要津，在我後方威脅，昨起已有五師兵力，向該處登陸之敵邀擊，江右之戰，日內定可分曉，江左已有陳誠將軍統帥大軍，從事攻守，鎮江以上，敵又無從飛渡，將來敵祗有以嵊泗列島等處爲根據，而向浦東進犯之一法，故十六至二十日間之戰鬬，或僅爲浦東之緒戰也。

浦東之地既已如是重要，而蔡將軍又與記者爲多年舊交，故於昨午買舟東渡，面聆其說，以盡公私之誼，當在董家渡登人力車之後，敵機兩架即迎面飛來，低空盤旋，似在偵察我軍礮兵陣地，戀戀不捨，去而復來，當高度不及一千公尺時，若開機關槍，則記者定作犧牲矣，田間苦無蔭蔽物，敵機將至，祇得下車避於阡陌之間者，不下十次，終見一機投彈，爆炸於里許之棉田中，塵土飛揚，農作物受損不少，幸未傷人，而我之高射礮突然怒鳴，彈火爆於空際，成爲白色雲朵，敵機始暫東去，旋又復來，如是擾擾，終於送我而達旅部之門。

蔡氏年逾不惑，精神倍佳，生平毫放，純一軍人風度，保定軍校出身，精於槍礮之學，待人接物，備極誠懇，數十年來，始終未離軍隊生活，其治事之一貫精神，有如此者，北伐之役，記者與之同隸東路軍，即知其作戰經驗異常豐富，殆後錢慕尹司令警備淞滬，又成同僚，氏即駐防浦東，今又重履斯土，立於抗日前線，當可發揮所能，捍衛祖國也。

蔡氏聞記者至，趨出相迓，握手道別，殷勤可感，間述浦東戰況，及日人殘暴行爲，即爲切齒，對於投彈燃燒民房，殺傷非戰鬭員等事，指爲忍心害理之獸行，記者以氏爲槍礮專家，即以南京路爆炸慘案之疑點爲問，氏斷爲飛機所投之炸彈，其最大理由，即中、日雙方目下均未使用如此威力之大礮，而可以同時殺害數百人者，記者又詢以彈道落點並不作垂直線，投擲炸彈亦有此可能否，氏謂可能，蓋投擲時彈道之角度，空氣阻力，風向等關係，其落點均不一定必成垂直線也。

蔡氏生平之嗜，惟在麴蘗，故記者與辭時，詢以軍中有好酒否，氏笑曰無之，記者亦笑謂然則其待抗戰成功，予將於豫豐泰設慶功之宴，痛飲黃龍，其時或正菊黃蟹肥之時歟，相與撫掌而別。（八月二十四晚寫）

夜行散記

八・一三抗戰以來，記者因職務關係，亦與前線健兒同未安枕，昨晨治事甫畢，又啣社命赴浦東視察，黃昏始得返館，適獲一極巧之機會，而偕三十六師軍官至北面前線視察，車出楓林橋，迂迴前進，柳篩月影，波漾漁燈，道傍衛國戰士，正擎槍立於風露之間，勤於職守之精神，令人深爲感動。

在此大自然之懷抱中，白月當天，萬物可睹，呈現車窗中者，初爲租界西區之黑色輪廓，高聳霄漢之永安新廈，突立市街之間，有如鷄羣之鶴，其狀安詳，不因前午日人炸彈之毒手而稍改其態度，頗能代表中華民族堅忍獨立之特性，嗣見租界北區有數處火光接天，正不知爲楊樹浦之工業精華，抑虹口區之市民汗血，又遭暴日之毒手矣。

漸進而至我軍礮兵陣地，其前信號燈頻燃，一物升空，極強之光數點，隨之而起，擁有射程一萬五千公尺之巨礮數十門，遂因目標指示而發揮其威力，其中頗有無家可歸之東北健兒，佩白底藍字之「卿」字臂章，參加抗戰，九・一八切齒之仇，不圖今日能以打擊相報，其作戰之勇敢，自不待言，我軍礮火一發，響如迅雷，而敵陣閃電之勢，卽因之迸起；想見摧燬力量之猛，犧牲其下者，正不知有若干生命，日人與我，同種同文，彼輩因受軍閥愚弄，作此不義之戰爭，捨家捐命，獲此結局，豈不寃哉。

目的地既達，停車於楡林之下，此處爲南北兩戰場之中心，適如三角形之銳角點，機關槍，迫擊礮，在萬籟無聲之原野中，清晰可聞，其地房舍已爲日機轟炸，損毁殆盡，公共汽車數輛，亦如蜷伏之犬，貼地不起。

今晨一時許，前線救護車三輛絡繹而來，每車僅十人左右，傷勢均不嚴重，可證我軍損失甚小，據一步兵黃耀景言，彼在吳淞方面作戰，十時左右，因衝鋒陷陣，爲敵人機關槍射中，傷及兩臂，本欲繼續戰鬬，因迫於排長之命，始退下治療，彼言登陸日軍，並無多大戰鬬能力，均匿於江畔房屋之內，不敢挺身應戰，可見並無遠大之志，我軍已有兩師增援，江岸一線，敵在六處被我包圍，此地並無堅固據點，防禦工事亦難構成，登陸之敵，欲圖生還，殆已不易，此輩鬬士雖已負傷，竟無一人作呻吟之態，對外戰爭之能激發民性者如此，救護隊及童子軍在深夜中盡瘁服務，愛國熱情，亦不減於前線鬬士也。

越數里而至一地，在黯淡燭光下，會見八十七師師長王敬久，彼於十二日晨到達市中心區後，卽在楊樹浦一帶作戰，屢破敵人堅固陣地，誠虎將也。氏聞記者等往訪，趨出迎迓，態度和藹，以誠懇之言詞，敍述該師戰鬬經過，東北一線我軍確已攻佔岳州路、公平路、塘山路、百老匯路、熙華德路一帶，突進之點，亦已獲得聯絡，敵人決無發展可能，該線目下尚在相持中。

王氏旋又述及江岸一線之戰況，敵在張華浜登陸者約二千，已被解決，吳淞、礮台灣前晚登陸之敵，祇數百人，因有據點，故尙圖掙扎，但信不久卽可擊退，獅子林一帶，登陸之敵約一師團，亦被我軍包圍，卽可解決，昨晨並得司令部通報，我礮兵將泊駐吳淞口外之敵艦一艘予以擊沉云云。

記者等於四時遵原路返滬，則數小時前所見之礮兵陣地，已完全挪移，其運動之神速，至堪驚異，中國僅有六年準備，軍隊之進步卽已如此，記者深信長期抗戰之結果，必能使全世界對於新興中國改觀也。（八月二十五日寫）

羅店之戰

八・一三抗戰以來，敵在租界北區作戰部隊，均係海軍特別陸戰隊，除原駐上海東西兩司令部及各據點約六千之衆外，長江上游退滬及新由日本國內吳港開來者，爲數約近萬人，連前共約一萬六千之譜，自遭我軍嚴重之打擊，遂呈瓦解之勢，東北兩線，尤受重大之壓迫，東司令部公大紗廠已被我軍粉碎，其中殘敵被圍待死，北面我軍突進之點，敵亦無法抗拒，西線始終相持，江灣我佔優勢，綜觀全局，勝算確操在我，但敵憑藉堅固工事，盡力支撐，雖無反攻之力，然欲一鼓盪平，亦非經過相當時日不可，於是租界北區形勢，遂成黏性戰爭，敵方增援之正規陸軍，初在浦東登陸，企圖迂迴包圍，孰知脚甫貼地，立尙未穩，卽受浦東我軍之猛擊，遂又照抄一・二八老套，繞向吳淞、瀏河方面。

敵在張華浜、蘊藻浜、礮台灣、獅子林等處登陸者，爲數並不甚衆，多被我軍包圍掃蕩，該處似已不值吾人重大注意，惟羅店形勢頗爲吃緊，偷襲敵人約近一師團，瀏河登陸者亦復不少，如該方面失利，則不僅嘉、太、寶三縣難守，京滬鐵道亦有中斷之虞，淞、滬之軍，將陷孤立，一·二八之慘劇，必至再演，故關切時局者，應於北部戰況，更加注意也。

當記者報道所知之前，願先提供一可喜消息，即羅店之戰，據軍方今午確息，昨因我軍戰鬪序列之重新配備，該方面又有生力部隊增援，昨晚業將敵軍驅出羅店之東，目下已在月浦之線激戰，該處統帥爲國軍虎將陳誠將軍，彼爲主戰派之少壯軍人，現帥五師之衆，以當進退失據之敵，我之勝算，確有把握，記者於此更願申說一事，即一·二八之敗，病在後方無防，吳淞守將鄧振銓之逃，遂使敵人志驕意得，而翁照垣之守，亦未能發揮威力，但敵人終於不敢正視吳淞，故遠襲七鴉等處，僅遭遇我保衛團五十名之抵抗，敵以數萬之衆，乃得長驅直入，切斷我軍後路，迫使我軍退却，此爲一·二八戰役失敗之根因，故一般恐日病者，現聞敵人襲入江右各口，遂以爲一·二八之覆轍，今又蹈之，殊不知一·二八時，瀏河、羅店一帶，敵軍如入無人之境者，今有國軍虎將帥其五師，爲國干城，必使敵人易進而難退，況敵背水爲陣，軍需糧秣，輸送困難，原野作戰，又乏據點，敵我兩軍近如咫尺，敵機敵艦，亦無從施展其殘殺手段，諸種弱點，均聚於敵，勝負之數，不難前知，故就事實而言，現與一·二八情況大不相同，恐日病者，蓋可以休矣，再就心理而言，我既抱定長期抵抗之主義，須存寧爲玉碎之決心，焦土抗戰，分所當然，敵縱登陸，亦何所懼，軍民務須守此方寸，堅此自信，始能發揮民族抗戰之力量也。

茲再轉筆以述羅店之戰，根據材料爲我軍情報及搜獲敵軍陣亡高級軍官所攜之敵方軍用地圖，此圖註有「上海近傍二號」字樣，係三份連接，祇有羅店至嘉定等處，顯見其進擾目標，尙在嘉定，幸經我軍邀擊，將敵止於羅店之間也，今午經記者之研究，見其軍事配備，進攻路線，及部隊線號，敵情大概，卽已瞭然，據之推斷戰況，必無甚誤之處，蓋此圖爲二萬五千分一之空中寫眞測圖，由「上海派遣軍司令部」所頒發，並註明「用濟後燒却」者，圖上尙有數處染有該軍官之血跡也。

該圖於寶山縣屬川沙口，小川沙口江岸之外，繪有艦形符號三列，形如三字，最南一列，共有八艦，符號內字樣多已模糊不清，東端數隻，則「浦風」等字尙可認出，其他數艘亦係「風」字壓脚，查「雪月風霧」等字，均爲日本之一等驅逐艦，主艦均爲十二生的者，第二列四艦，有「大井」一艘字樣尙淸，則爲二等巡洋艦，第三列僅有一艘，東面註有「信號」二字，右傍註有「××時間二十號午前二時」其艦隊位置，在東端成一縱線，可知敵以滿載陸軍之戰艦十三艘，向我川沙口等處偷襲，其到達時間遠在二十日，而登陸時間據我方報告則係二十二日此三日間尚無法登陸，其戰鬪能力已可知之，據圖上標識依箭標之指示，敵登陸之地在川沙口及小川沙口之左邊，我軍第一道防線在史宅，趙家宅、朱宅三處，敵於史宅左翼，趙家宅右翼之線，似曾發生戰鬪，然後依塘工堤東西會合，向大村宅，川沙灣進擾，我軍第二道防線在湯宅，西花園宅，陳家宅三處，敵得手後始會合向川沙河之線，直逼羅店鎮，該圖在羅店鎮位置上繪有藍色重線箭標及一粗橫線，依軍圖慣例，粗重之線均係代表重兵所在之地，藍色爲我，紅色爲敵也，該圖所表示之情形，雖祇局部戰鬪之情況，而敵以大量艦隊及陸軍進襲，足見其重視羅店，目下該處之敵既遭擊退，茲篇所述亦不過追記過去情形而已。（八月二十六日寫）

突貫攻擊

今茲所述，雖僅爲追記上海抗戰史中光榮悲壯之一頁，但記者爲求蒐集此項史料，曾費無數周折，其事爲何，即八月二十二日我軍攻克匯山碼頭之眞相也，自攻克匯山碼頭消息傳播後社會反應顯然有二：一係熱情同胞，聞之欣喜欲狂，以爲此地一被佔領，敵即毋煩再攻，而可自滅者，迨後繼續消息漸少，終至對此鐵樣事實亦竟發生懷疑，一係缺乏自信之人，自始即不信任其事，兼爲刊布事後消息之外報所迷，其錯誤觀念愈加固執，蓋心理上已種恐日病根，自不信任我軍能有如此威力也，記者由於此事之教訓，斷爲社會之所以發生懷疑，實由吾人未能克盡職責，詳爲報道，致使客觀事實陷於模糊，故其罪責應由吾人坦白自負，良以軍事行動，瞬息萬態，一刻之前如此，一刻之後遂未必仍如此，所謂勝敗乃兵家之常，故軍事家祇重視戰爭之結果，並不十分重視一時之成敗也，惟吾人爲新聞記者，時間觀念應較諸一般人爲重，儼如自動紀錄氣象之機械，隨時依溫度之升降，爲正確之記載，提供最後之確據，以盡報道之責，如僅持一時狀況，認爲一成不變，不肯繼續探索其發展動向，甚且閉門造車，嚮壁虛構，毫無情況作爲根據，即濫事判斷，紙上談兵，以爲想當然耳，故在二十二日匯山碼頭得而復棄後，尚在傳播我軍以該處爲根據而向兩翼擴展之消息，此眞貽誤事機，淆亂聽聞矣，故吾人必須把握時代，不能稍涉怠惰，否則予社會影響之惡劣，殆有不堪設想者，萌斯一念，遂決竭其棉薄，而於旬日以來，出入戰場，期能補過，今再以攻克匯山碼頭之歷史提供讀者，除爲證明我軍之犧牲精神及戰鬬能力，俾堅民族抗戰之自信外，並將籠罩心理上之暗雲，爲之吹散，使此一頁光榮戰史，亦得以昭明於世焉。

先是暴日侵滬之勢既成，駐防蘇州之師，首先奉命馳赴吳淞、江灣之線警戒，十一日下午九時二十五分開拔之命令到達，即以急行軍於十二拂曉進抵目的地，十三晨戰幕既揭，該線我軍屢與敵戰，確察敵軍戰鬬力薄弱，遂決進攻之志，駐防西安之師，亦奉派增援，於十六日到達，我軍戰車隊亦於十八日由保定開來助戰，滿擬一舉而可廓清界內殘敵也。

軍學上有一術語，凡對敵正面之一部行突擊貫破，以分斷敵線者，謂之「突貫攻擊」，或稱「中央突破」，我攻匯山碼頭之軍，所採戰略，即係如此，自二十日我西路軍由天德路挺進以來，屢有擴展，二十一日下午九時，我軍下令總攻，沿天寶路、公平路、舟山路、兆豐路等縱線向岳州路、東有恆路、鄧脫路、塘山路、百老匯路等橫線推進，東路軍亦沿華德路橫線向百老匯路突入，擬會師於怡和路一帶，進佔匯山碼頭，完成突貫攻擊之任務，沿途我行威力搜索，屢遭敵軍頑強抵抗，均被我軍奮勇擊破，二十二日上午三時，我軍以戰車五輛前導，步兵三營跟進，分頭向匯山碼頭突擊，戰車發其精銳之平射礮，連燬敵人機關槍陣地數處，並燬其工事頗多，步兵尤爲英勇，以血肉之軀，吸收其重機關槍彈，前仆後繼，向百老匯路敵陣猛擊，終將其槍手射殺，並奪獲重機關槍一挺，三時前即確實進入匯山碼頭陣地，傷亡慘重，而仍將該處敵人完全肅清，達成攻擊任務，日軍公然自讚之日、俄戰爭時之奉天大會戰，其悲壯激烈，不及此役遠甚，其時岸上之敵雖潰，而泊駐江面敵艦則紛向虬江碼頭一帶下移，至其礮火有效射程內，開始向我進入之軍轟擊，同時百老匯路東西兩端之敵，以楊樹浦及北四川路司令部爲根據，向匯山碼頭夾擊，我軍鏖戰良久，敵艦以燒夷彈射來，房屋着火燃燒，敵機又以巨彈投擲，我軍損失頗重，燬戰車二輛，有兩連長陣亡，三輛受傷衝回，步兵一營生還者，僅數十人，三營長身負傷，內有一連官兵，均被燒夷彈焚死，尤爲奇慘，此役犧牲十分壯烈，迄今追記，於英勇抗戰之傷亡健兒，猶寄無限之欽佩與同情也。

記者此稿久已寫成，因求眞實，遂一再與參加此役之高級將領斟酌修改，惟彼此均在忙中，茲篇所記，不過述其崖略，翔實信史，自有將來專修戰史之人負其責，記者亟爲發表之故，特爲篇

首所發之感想，耿耿於心者亦已旬餘，如鯁在喉，必以一吐爲快也。（九月三日追記）

戰區遠足

整個戰局輪廓

八·一三抗戰以來，記者足跡所至，多係前線，對於我軍各部隊作戰之局部的戰略戰術，業已陸續介紹矣，抗戰迄今已逾一月，局勢演變，漸趨嚴重，記者爲求忠於本職，亟欲明瞭整個戰局之輪廓，特作戰區之遠足，訪問戰區最高軍部當局，對所欲知之問題，已獲得相當答案，此種問題，殆亦讀者亟欲明瞭之事，現就其可發表者，略舉若干事，以作報道，就中人名地名，因格於功令，未便指實，然一事一語，皆非出自記者臆造也。

當記者決作遠足之行，爲求縮小敵機目標，增加行駛速率，以三日之期待，始獲一暫充機器脚踏車之司機人，其人或精於修理而拙於駕駛者，記者危坐車後，不禁心旌搖搖，前夕昏暗中竟即翻車於虹橋路上，記者雙膝着地，破皮五處，昨午再度翻車於阡陌之中，傷鼻甚劇，血流如注，握之急行，吸呼窒息，血奪口腔而出，煩悶之情，實難描畫，經半里許，始遇軍醫官，為施手術，注止血針，慰藉有加，並許為「勇敢之人」。心境稍快，然因流血過多，不覺頭昏耳鳴，幸有談笑風生之彭參謀出而招待，彼索題紀念之言，遂書「流無代價的血，遇有趣味的人」為贈，由玆一事，使記者深感業新聞者，除備普通知識外，各種應用技能，亦不可不習也。

行前曾口占一絕以言志，並倩夏小姐書於手册中，詩云，「民族抗戰八・一三，不殺倭奴誓不還，自信書生能報國，但憑禿筆斬樓蘭。」此册繼經多人題詠，張總司令書有「成功成仁，義無返顧，」黃副總司令書「抗戰到底，」徐參謀長書「有敵無我，有我無敵，」侯參謀長書「且把碧血鑄長城，」孫師長書「長期抗戰，必須堅毅強韌，爭取最後五分鐘的勝利，」柳處長書「『漢賊不兩立』是好男兒便當殺賊，」莊副處長書「為民族求生存而戰」全軍將領所提示於吾人者，何等慷慨激昂，國人於此，應知所奮發矣。

前夕既抵閘北，宿於蕭參謀處，是日午後，租界內卽有關於閘北之謠言，謂為我軍業自閘北退却者，現已證明為絕對無稽矣，因此一事，記者又萌感慨，夫閘北一地，為全線之軸，絕無放棄之理，吳淞、楊行方面既已撤退，楊樹浦至蘊藻浜之線，深受左翼威脅，始奉命爲戰略上的撤退，守兵尚不肯卽行，延至十一日晚間撤至江灣之線，與左右兩翼啣接，化突出陣地爲一直線陣地，節省兵力，反較有利，而國民不察，頗多鰓鰓過慮，此殊嫌於軍事上認識不足，敵於十二日晨七時起，仍猛烈轟炸我退出之陣地，直至十一時始發覺已無一兵，空費彈藥射擊四小時之久，我軍此次抗戰，確抱與敵偕亡之心，萬無輕易撤退之理，寶山守城之兵，未奉撤退命令，苦撐三日，全營殉城，至死不退，可爲明證，日人宣稱三星期可了滬戰，現已延長月餘，彼用十萬大兵，結果不過如此，其前途已可想見，當茲兩國並命之際，國人應三復「開勝不驕，開敗毋餒」之語，然後方可擔當大時代之使命也。

日軍在滬作戰之實力究竟如何，此一問題，恐正縈繞於許多人之心中，茲據記者所得解答，卽正規陸軍十個旅及一工兵團，海軍陸戰隊一萬人左右，軍艦及裝甲商船百餘艘，飛機二百餘架，如此龐大武力，經一月之時間，表現之成績，僅攻入我江岸東西不及五英里，南北不及十英里之地，合之不過五十平方英里之地，已使用其全國陸軍兵力四分之一，海軍兵力三分之一，空軍兵力十分之一，目前戰局尚是膠着狀態，如照目前情況推算，吾國擁有四百萬平方英里之大地，傾全日本之人，亦祇能擾亂我五萬平方英里之地，由是以觀，日本誠不足畏矣。

現在上海作戰之敵軍，除海空軍外，正規陸軍中，據俘虜及諜報所知，其番號長官，有如左表。

第三師團二十九旅團	旅團長	伊東正喜
第五師團二十一旅團	旅團長	吉木貞一
第六師團三十六旅團	旅團長	谷壽夫
第八師團十六旅團	旅團長	中路直三
第九師團六旅團	旅團長	秋山義兌
第九師團十八旅團	旅團長	井田宣時
第十一師團	師團長	多田駿
第十二師團十二旅團	旅團長	山田乙三
第十四師團二十七旅團	旅團長	末松茂治
第十六師團工兵十一聯隊	聯隊長	兒玉支雄

以上各部隊中陣亡之聯隊長（團長）已有第六師團第六聯隊長倉永辰治，重傷之聯隊長已有三十四聯隊長加藤守雄，六十九聯隊吉澤忠勇，及鷹森孝等四員，官兵傷亡約萬餘人。

敵軍戰鬬能力

日軍之戰鬬能力究竟如何，此一問題，可舉新近覓得日軍頒發各部隊之「對華作戰要點」一中之大意，以窺其奧，該要點除儘量誣衊我軍之榮譽外，並列舉作戰時應行注意事項，歸納之可為四點，（一）進攻華軍陣地之前，先以強大火力行密集射擊後，始用步兵出擊，（二）步兵應儘量使用自動武器，以減少步兵之數量，增加步兵之質量，（三）每一次出擊，應力求海陸空軍之協同，（四）華軍最怕新式裝備，故不必一定獲得戰鬬效果，亦應儘量利用此等新式裝備，以為威脅，以上四點，證之一月來敵軍所行戰術，即以此為根據，先舉八月三十一日再陷吳淞之役，敵先使用軍艦二十餘艘向我長約三千公尺之吳淞沿江一帶線的陣地，施行猛烈轟擊，軍艦每艘如以主礮四門計算，至少有重礮八十門，其主礮多係二十生的之口徑，有效射程至少有十五公里，吳淞沿江敵設之工事，自在其礮火射程之內，依照射彈散佈之被彈面公算，每一百平方公尺之面積，祇需平均分布礮彈四十發，卽可殺傷毁壞此面積內之生物或建築物，敵於此役，自上午九時起射，直至下午五時始停，中歷八小時之久，如以每十分鐘發礮一次計算，敵艦是日所發之礮當在四千發以上，依照被彈面公算，可毁一萬平方公尺之面積，吳淞陣地長祇三千公尺，自已被其威力所征服矣，而敵更使用水上飛機三十餘架，擲彈數百，以塡補礮彈不及之罅隙，我軍陣地之絕難保全，可想而知，故該線守軍六十一師之一團，不但不能尋求敵之步兵作戰，根本尙未望見敵人，卽已損失殆盡，敵之步兵遂安全登陸，宣告佔領吳淞矣，再舉九月五日敵軍偸渡沙龍口之役，其時敵軍原祇四百人左右，惟所挾武器，均係自動機關槍，以兩三人管理一挺，此一挺機關槍因放射速度增高，直等於步兵一排（三十餘人）之兵力，且其彈道凝集，近距離之威力，更非步槍所能及，日軍配備每中隊（連）原祇六挺，今竟全部挾此武器登陸，故人數雖祇四百，而戰鬥力竟在四千步兵之上，其勢之銳，自不可當，難怪防守該線之九十八師，不能阻其進至寶楊公路也，至於出擊時之協同動作，及利用新式裝備爲威脅等，其事誠不勝枚舉，綜觀日軍戰術，自表面而言，敵據有大量精良武器，純粹利用科學工具以臨我軍，而我軍所以抗之者，除血肉之軀外，復何所恃，此或「恐日病」者致病之原，殊不知戰爭之道，首重士氣，次問戰鬥效果終究如何，暫時得失與一瞬即變之戰略戰術，與全盤戰局所關甚微，日軍自鳴得意之現行戰術，就其本身而言，絕無可畏之處，試就上開四點分別解說，（一）密集射擊，我軍固有損失，試問此密集射擊，究需付出若干費用，究可獲得多少代價，吳淞一線，固已被其粉碎，但四千發礮彈及數百枚炸彈之價，粗爲估計，至少應值百萬以上，日本國民付出百萬以上之血汗代價，僅由日兵暫時佔領業經粉碎之吳淞，此種消耗，究有何等價值，（二）精兵主義固可逞一時之威力，然其武器之放射率愈高，消耗率自亦愈大，以四百人行四千人之消費，日本財力絕難持久，（三）陸軍不能脫離海空軍單獨作戰，且需海空軍先行掃除困難，然後出擊，誠不知陸兵之功能何在，如一旦處於海軍勢力所不及之地，或空軍喪失制空權後，試問陸軍尙能從事戰鬥乎，日軍之所謂「協同」可知不過是陸軍必須倚賴海空軍之門面語，（四）新式裝備，施於初見世面或毫無自信之人，其始或可生效，然純以恐嚇爲目的，必欲使人始終畏懼，蓋亦難事，即以記者而論，初睹敵機轟炸，固有戒心，經見既久，遂萌不過爾爾之念，以手無寸鐵之書生，已作如是想，乃欲用此等手段加於精忠報國之鬥士，直爲不可能之事矣，總而言之，日軍所可稱道之戰鬥能力，與其譽之爲富有重大威脅性，毋寧直接呼爲鋼鐵火藥之大浪費家，然以日本之貧乏，此種物資，從何而至，言念及此，不禁寄與愛好和平之日本平民以無限同情，彼輩胼手胝足，勤勞終歲，血汗所得，竟遭軍閥壓榨，浪費於不義之侵略戰爭，豈不寃哉，反觀我軍一月來所表現之事實，就士氣而論，再接再厲，寶山有殉城報國之官兵，虹口有不甘作虜之飛將，以視滁州日空軍之跪地乞降，淞滬日陸軍被攻至急時之舉槍納命，可證是非公理之激發作用，尙能表現於兩軍士氣之中，再就戰鬥效果而論，日軍目前所採之戰術，如此浪費，不但日本軍需供應難乎爲繼，其國民在負擔上亦吃不消也，故言日軍之戰鬥能力，無論從任何方面看，均一紙糊老虎耳。

我軍戰術檢討

我軍之戰術究竟如何，此一問題，須先涉及我軍之戰鬥精神及戰鬥能力，然後可以闡明我軍以前雖處於極爲不利之戰術中，而表現於戰鬥精神及戰鬥能力上之成績，實爲光榮偉大，溯自甲午以還，日本軍閥不念千年來受我文化薰陶之德，乘我內憂外患，屢次趁火打刦，二十一條，山東出兵，九・一八事變，一・二八事變，侵佔平津，無不明目張膽，對我恣意壓迫，必使同文同種之善鄰，在其窮兇極惡之政策下，窒息苦惱而死，以遂其併吞中國領土之野心，中國國民，焉有不義憤填膺，攘臂而起，以求國家民族之生存，七月七日盧溝橋之烽火既燃，八・一三上海之釁端又起，必迫中國出而應戰，此種咄咄逼人之氣燄，已使全中國之國民不能再忍，況負保國衞土重任之鬭士乎，故在心理上言，我有理直氣壯之師，以拒彼內疚神明之衆，士氣之旺，可以想見，至於軍隊訓練，其成績亦爲人所共喻，無論爲調整師，整理師，或剿匪部隊，其裝備均屬簡陋，空軍之協同甚少，海軍之協同根本沒有，以當敵人海陸空立體戰術之威脅，此次參加抗戰之陸軍，無不咬緊牙根，至死不屈，世界任何國家之陸軍，恐亦不能有此奇蹟，此非誇大之言，試以一・二八中日軍每日用爲宣傳之「肉彈三勇士」現役中吳淞戰線之所謂「肉彈六勇士」爲例，彼十萬人中祇有寥寥數人，點不畏死，即引以爲榮，而我軍之犧牲精神及戰鬭能力，配備於淞滬戰場視死如歸之健兒，殆無一不是肉彈勇士矣。

我軍對於此次戰爭，既已明確認識其神聖之意義，又本其數十年之實際教訓，發揮實力，故雖以簡陋之武器，其始猶自採取攻勢，飛機轟炸，重礮射擊，人類遇之即成悲境者，我軍視若無睹，不辭任何犧牲，在重重礮火中，奮勇突擊，閘北沿租界之線，八月二十一日曾攻入北四川路，虬江路，江灣沿租界之線，八月二十二日曾攻入匯山碼頭，楊樹浦沿租界之線，先後由華德路攻入齊齊哈爾路、華盛路、遼陽路、大連灣路、舟山路、公平路，明知敵人挾持新式武器，又在租界內以數十年經營之據點，在一百處以上，其抵抗力之強，不言可喻，然我軍既已迫而應戰，初試鋒鋩，不覺情緒高漲，其勢難遏，以血肉之軀，抵擋敵人新式武器，凡此諸役，除攻匯山碼頭之役外，其餘諸役，多行白刃衝鋒，此種戰術，用於敵有據點之市街戰，原難收得效果，但竟達成任務，我優敵劣之勢，即已盡情暴露，蔣委員長平昔教育官兵「精神勝過物質」一語，亦從事實證明矣，但行此種戰術，用之於最後五分鐘之主力戰，必收莫大之利，前此兩軍緒戰之時，即行使用，或將認為不值如此，其實此亦另有意義，蓋我軍雖有十年戰場經驗，但從未與新式裝備之敵國部隊接觸，所以採取攻勢，即欲獲得實際效果，用堅將士作戰之自信心，就另一方面言，敵雖憑藉新式裝備，亦不足阻我出擊之軍，使敵重新認識新式裝備之不足恃，有此兩種結果，我軍之士氣自然旺盛，敵人之戰意必致沮喪，此在兩軍心理上之影響，於我至爲有利也。

租界北區之敵既已受此嚴重打擊，不能向外發展，遂自十六日起，以增援之敵偷襲浦東、瀏河、羅店、吳淞、張華浜、蘊藻浜、沙龍口、虬江碼頭諸地，陣線逐漸外擴，我之戰術亦一變而爲守勢防禦，其間陣地幾出幾入，我軍傷亡雖重，敵亦傷亡萬餘，因其努力奉行「對華作戰要點」，使盡平生氣力，儘量利用飛機大礮，結果所費不貲，以助成我消耗戰之目的，我軍則漸趨穩健，不予輕易出擊，八月二十八日王師接得確報，張華浜之敵陣地確已動搖，始予總攻，九月八日楊行前線楊團增援後，第一命令，即爲「節省子彈」，可見我軍盡量儲蓄實力以應付將來之主力戰，此種戰術，當無可議之處。

九月十一日我軍自動撤至第一道防線後，仍採守勢防禦戰術，逐漸脫離敵海軍礮之威脅，陣地工事有月餘之經營，相當鞏固，敵機轟炸，亦無所懼，敵之陸軍出擊，此在我軍求之不得，因除敵海空軍外，其陸軍誠不堪一擊，此非輕予嘲笑，實其戰鬬力之估價，祇能如此，故我進入預定陣地後，找出敵人缺點，便可隨時出擊，九月十五日一鼓而收復羅店，卽為明證，現行之戰術，不但可以節省物資，並可保全人力，敵如以攻勢姿態向我進犯，其犧牲自必較我重大，消耗戰之任務，今茲始漸達成，綜觀全盤戰術，初用猛烈攻勢，以挫敵人之鋒，現行守勢防禦，以儲我軍之力，始終由我主動，勝利之把握，其在此乎。

我軍戰略檢討

我軍之戰略究竟如何，可分為三時期而言，自八月九日虹橋事件發生後，敵於十日起卽陸續在滬增兵增艦，上海市長俞鴻鈞向日本駐滬總領事岡本質問，彼初則謊言「增兵無妨」，繼卽提出「撤退保安隊，撤除防禦物」等無理要求，侵略上海之舉，已是勢在必行，其時敵駐滬兵力除原有之陸戰隊及長江上游退滬之陸戰隊外，並由吳港陸戰隊增援數千之衆，合之亦將近萬，敵艦則增至二十六艘，本其以陸軍控制華北，海軍控制華中華南之一貫的政策，欲用迅雷不及掩耳之勢，以威脅我保衛上海之三千保安隊，殊不知我於虹橋事件發生後，卽已窺破敵之陰謀，駐防上海附近之八十七及八十八師，奉命以急行軍進至閘北、江灣、楊樹浦一線陣地，中經數小時之運動，十二日清晨，以上各線卽佈滿我抗戰鬬士，此種「後發先至」之動作，實予敵人當頭一棒，兩軍之戰陣既列，日軍如眞有勇氣，當不待我軍喘息早已出擊，而事實則並不如此，記者是日遍歷閘北及北四川路一帶觀察，我軍已據工事，作預備放之姿式，而敵人則在北四川路底一帶奔走擾攘，來往不寧，不知數日部署，所作何事，尤可笑者，敵既欲以威脅加我，使我「屈膝」而我表明抗戰決心展開實力以後，素無信義之敵，忽又高談法理，在共同委員會席上，竟責我破壞「淞滬停戰協定」，當經俞市長指出日軍去歲向該協定規定日軍必須退出之八字橋一帶地點侵入，協定已由日軍先行破壞，安能獨由我方遵守，岡本始俯首無詞，而日軍亦自知勢成騎虎，十三日上午九時十五分始以便衣隊向我市區警戒線內衝入，淞滬戰幕遂正式揭開，而敵之威脅政策亦宣告失敗。

第一時期之我軍，純取攻勢的戰略，自八・一三至二十二之十日間，由閘北沿江灣至楊樹浦一線，我軍全在外線作戰，將陸上之敵包圍，東西夾擊，行「攻勢鈎形」戰略，多已收效，東面先後進佔華德路等地，西面進佔虬江路及海軍俱樂部附屬園，敵之公大紗廠及北四川路底陸戰隊司令部等東西兩司令部，均受我軍威脅，尤以二十二日前所行之「突貫攻擊」戰略，竟建大功。二十二日上午三時前我軍由敵陣中央突破進佔匯山碼頭，一度將東西之敵切斷，此爲我軍在取攻勢時戰略上之成就。

敵在租界北區作戰既告失敗，乃由正規陸軍增援，遂於十六日轉向浦東進擾，當經我軍擊退，又於二十日拂曉偷襲川沙、石洞諸口，進犯羅店鎮，行「翼攻擊」以爲牽掣，亦被我軍施以包圍，此後敵陸續偷渡瀏河、吳淞、蘊藻浜、張華浜、沙龍口、虬江碼頭諸地，使我軍陷於內線作戰，我軍始以「逐個擊破」之戰略，將敵分別包圍，苦撐二十餘日，彼此傷亡均重，敵之新式武器漸次濫行使用，我因陣地凸出部份甚多，又以戰術上之種種不便，乃自動於九月十二日退入第一道防線，第二時期之我軍所採戰略，遂成「守勢防禦」。

今後我軍除在主力決戰之時，當傾全力予敵人以致命打擊外，現似將不出於「守勢防禦」之一途，敵如進犯，自須付更大代價，侵略之難，迥非敵始料所及，故近衞首相原言三星期可了滬局者，已於九月十日公開向人宣稱滬戰本年底亦不能了矣。

我軍現採「守勢防禦」之戰略，其優點可以言者約有兩端，一爲陣地化爲直線，工事敷設較易，無論採用線的陣地或面的陣地，均可運用自如，所生戰術上之效果，改白刃衝鋒爲壕塹戰術，可以節省人力物資，對於陣地之保持亦易，陷敵於膠着狀態，欲速不得，欲罷不能，以完成我持久戰之目的，一爲地形上所予之便利，可使部隊增加戰鬬能力，前此部隊之行軍、做工、作戰、在敵軍控制制空權之情勢下，我軍祇能工作十小時，敵則二十四小時內均可工作，現我既已步入穩紥穩打之途，祇顧作戰，毋煩再事運動，在時間上即已增加三分之二，况敵海軍礮有效射程漸遠，將來進入湖沼地帶作戰，敵之所謂「泥足」，即可見諸事實，歷史上在湖沼地帶作戰而獲得勝利者，祇有興登保一人，然而我非一敗塗地時之帝俄殘兵，敵之統帥如長谷川、松井、永野等等，安能妄擬興登保，歐戰時東戰場之奇蹟，絕無再造之機會矣。

綜觀我軍所行戰略，無論攻勢守勢，都已達成任務，而運用之靈活，措置之適宜，尤可謂卓著成績者也。

我軍物力雖不及敵人，一月以來之上海抗戰，論戰術並未失敗，論戰略則已成功，且於整個國家之命運，發生一新的好轉，大時代對於吾國之賜與良非淺鮮，世人每以戰爭爲苦者，被壓迫之中國，反由抗戰中自力更生，此非故作樂觀之言，依大勢觀察，敵我兩方於上海之戰後在政略上所發生之結果，優劣之勢，判若天壤，今舉六點以爲證明。

（一）敵初以爲祇用恐嚇手段，不費一矢，卽能壓迫我保安隊退出上海，視上海亦如東北之垂手可得者，結果適得其反，自遭我軍英勇抗戰以來，所受無形有形之損失，有非想像所及者，其一貫的如意算盤完全打錯，是其政略上失敗之第一着，抗戰以後，姑不論敵傷亡慘重元氣大傷，卽就被其侵入之江岸五十平方英里之地而論，除市政府之少數堂皇建築外，寶山、羅店、吳淞等處，無不因抗戰而變爲一片焦土，敵以極大代價，得此焦土，不知派何用場，戰區人民，鑑於敵軍姦淫燒殺之獸行，盡已逃避一空，眞使日軍踏入「無人之境」，一記者獲睹東京朝日新聞所載敵軍侵入羅店之照片，其聯隊長和知鷹二，以愁眉苦臉之表情，蹩其隻脚，立於羅店鎮瓦爍之場，又寶山入城之敵，雖揮旗舉槍，故作狂態，然其照片背景，盡係斷壁頹垣，此種堅壁清野之策略，實予敵以重大打擊，使其軍事佔領之地，完全無所利用，而造成清野之實者，又係敵之飛機大礮，付出最大代價，獲此「石田」全是蝕本生意，敵在政略上的失敗，此其一。

（二）敵之常備正規陸軍，原祇十七師團，而用於鎮壓國內反動，防止殖民地革命運動，應付東北義勇軍，至少應使用六個至八個師團，七月七日華北抗戰事發，敵在津浦、平漢兩線作戰之部隊，據知已達六萬，其番號爲第十，十四等師團，平綏一線作戰之部隊，據知已達五萬，其番號爲第四，第十九等師團，合之約近六個師團，上海抗戰事發，海軍勢窮力蹙，不得不由陸軍增援，使用於上海之兵力，又逾五個師團，是則日本之陸軍，在目前即已竭其全力，將來戰區再一擴大，敵即絕難勝任，其所以不敢在青島尋釁，並非日軍閥愛惜其商民二十萬萬元之投資，實無能力再釀事端，增其擔負，而近日擾亂閩粵者，祇是敵之海空兩軍，陸軍竟無聞焉，可見其捉襟見肘，窘態畢露矣，日本向來之假想敵，爲俄、爲美，陸軍對俄，海軍對美，成爲一貫之國策，今以侵略我國之故，竟將陸軍兵力使用殆盡，尚未能征服中國，誠不知假想之敵一旦見諸事實，則將憑藉何種力量以圖自存，敵在政略上的失敗，此其二。

（三）日本已成債務國，此次侵華軍費，兩月之內，竟已兩次要求追加，第一次「北支事件費」一總額十三萬萬元，第二次「支那事件費」總額二十萬萬元，合之爲三十三萬萬九千二百六十七萬一千元之巨，第二次追加之支出內容如左。

陸軍費	一、四二二、七一三（千元）
海軍費	三四九、九五八
預備費	二五〇、〇〇〇
共	二、〇二二、六七一

此等費用殆將完全用於消耗戰上，而日本人民每人即須增加負擔四十元以上之戰費，況其對華作戰後，對華貿易即幾完全停止，軍閥黷武，不惜大肆搜括，以作下本不生利之事，結果必致民窮財盡，無怪日本財閥已有反戰之醞釀，故就經濟立場言，敵在政略上的失敗，此其三。

（四）東北事變後，日本退出國聯，已成孤立之勢，侵略華北後，又遭舉世詬罵，不但不自反省，更加一意孤行，再犯上海，引起世界之反對，以上就國際關係言，敵在政略上的失敗，此其四。

（五）上海抗戰後，敵竟疑神見鬼，以爲中國必須依賴軍火進口，始能作戰，竟以大量海軍，違法封鎖中國海岸線，不但欲使上海成爲死港，敵據伶仃洋、東沙島等地，並欲威脅香港，殊不知此舉除予第三國以打擊外，對我並無多大之影響，反之卻使沿海密集人口流入內地，工業資本亦漸向中部遷移，爲我保存抗戰實力不少，敵在政略上的失敗，此其五。

（六）中央以精銳主力在華北及上海抗戰後，國內之統一益見鞏固，日本數十年所行離間分化之陰謀，現已盡失效用。促成統一運動，主觀上固在我軍事各領袖之澈底覺悟，客觀上實由日本製造之形勢所促成，是敵欲斃我者反而利我，敵在政略上的失敗，此其六。

以上所舉，不過犖犖大端，敵不惜使用武力，以求貫澈其侵略主義，結果如此，前途亦可想而知矣。

戰區興革諸事

由上所舉敵我雙方之種種分析，合之得一結論，卽我軍於上海抗戰之前途，確具勝利把握，然此勝利之因素，除作戰部隊仍須以始終如一之堅決的自信心及英勇的戰鬪力，完成其神聖的任務外，其他方面之助力，亦爲成功因素之主要部份，今請略論目前有助於抗戰諸事，並向關係方面建議，以爲本文之結束。

首須述及一可敬可風之事，卽上海童子軍及青年戰地服務團等組合在戰事上之貢獻，實爲偉大，彼等沐風櫛雨，或出入陣地，任救護運輸之工作，或留守後方，維持秩序，服務之勤懇，行動之純潔，使人感到新興中國之勢力，實爲雄奇瑰麗，記者愧未調查，不知工作人員究敷分配與否，如其不能，則曾受軍訓之大學生及公民，亦應挺身而出，分擔其事。

上海市民對於作戰部隊之物質上的援助，可謂能盡捐輸之責矣，登一廣告徵求，所需無不立至，國民之熱情義舉，誠可欽佩，然此有兩問題急應注意，一爲物品之運送，務須力求敏速，如非前線所需，根本不必送去，既係所需，焉可遲遲不送，前此送赴三十六師之麵包，即因延宕日久，多已發霉，不能供作果腹之用，此中原因，或因手續周轉忒多，以後如由一機關統籌辦理，收到時即交各部隊之上海負責人，並設法撥給相當車輛，由其自運，既無積壓之虞，自可迅速到達，庶能於事有濟，一為勸募捐款，此中流弊層出不窮，軍費應由政府統籌統支，有力者最好是認購國家發行之救國公債，愛國團體之經費應自行籌措，不能依捐款為來源，為求防止假借名義以圖自私之輩，不宜再以團體或個人名義募捐。

軍隊運動和給養輸送，需要良好之道路及車輛，以增加其效率，記者親見市區各路凸凹不平者已多，甚至礮彈炸彈之洞，經月不塡，黑夜行軍，生出許多危險，如組成若干義務勞役之戰區工程隊，如此簡易工事，自屬輕而易舉，茲事原有身負專責之工務局，望能注意及此。

前線官兵之健康，在戰事上有直接之影響，目下醫藥界祇注意事後之治療，忘記事前之防治，如能動員全市醫生和醫科學生，本國民之天職，醫生之仁心，踴赴前線，為我保衛祖國之鬭士，行必要之防治手續，並由製藥家配送相當急救藥物，則較之等人死後送花圈之辦法，人道得多，又傷兵醫院似應由統籌機關多派人員，隨時嚴格考核，對於怠職之醫生及看護，苦進忠告，勸其毋以人命爲草菅毋以做傷兵醫院之醫生及看護爲時髦，必須熱心服務，對於傷兵之管理，尤望各部隊之上海負責人少開會多去照料，至於戰地衞生，各地衞生行政機關在此時尚不發動實力，眞爲不可原諒之事，對於屍體之掩埋消毒等等，望能卽有一種戰時組織去工作，以防止瘟疫之發生。

上海抗戰中證明五年來軍事上之準備，相當成功，而政治上則仍待加緊努力，例如保甲工作，卽缺乏成績，以致漢奸活躍，民團警察，至少應做分段肅清漢奸工作，戰區人民，應加重其連保戶口異動陳報等責任，並可科以協同搜索之責，以安定後方。

戰區之黨員既奉有「先人民而犯險，後人民而退息」之命，切毋顚倒其詞，逆行其事，庶幾平日掛在嘴邊之宣傳言詞，處於亂世，以實踐爲人民作榜樣，毋效崑山黨務特派員朱學典，甫於八月五日召集民衆團體舉行報國宣誓，六日卽遁於上海，一去不返，其祕書楊維熊亦率同職員逃避一空，以致民衆失所領導，記者亦爲黨員，對此偷生畏死之徒，實覺羞與爲伍，不知我森嚴之黨紀，對於此類誤國瀆職之事，能爲懲一儆百之制裁否。

人民本於愛國熱忱，對於戰時動態，自是十分注意，新聞政策，切不可忽視，上海戰場縱橫數十里，戰鬥單位如是之多，軍方應設法使各種情報集中，以迅速之方法供給報館，介紹國人先入爲主，以杜敵人之謠，並求其內容確實詳盡，不致自欺欺人，一掃新聞界雜亂矛盾之現象，以澄清國民之視聽，對於願赴戰地採訪之正當記者，尤宜諒其愛國熱情，予以便利。

凡此諸種問題，均係記者身經目擊，積鬱五內者，今茲舉出梗概，乃出於純潔之動機，期能於上海抗戰之實際行動，有所裨益也。（九月十九晨寫完）

別張治中將軍

本日午後，愁人之秋雨迄未停止，記者仍御兩輪機器脚踏車，踏上預期之第二次戰區遠足的征途，不意在泥濘道路中先後翻車三次，最後一次且將左脚掛入輪邊，受輪盤支柱之劇烈磨擦，裂鞋穿襪，傷及左踝，乃致不良於行，滬戰以來，記者因赴戰區採訪，至此已爲第四次之受傷，雖將原定計劃打破，但亦獲得一極可紀念之機會，蓋承第九集團軍總司令張治中將軍於其離部前三小時，與記者在後園接談，回憶滬戰初發，記者於八月十五日以報人身份，首先在南翔軍次會見張氏今又適逢其會，於淞滬戰區爲最後之惜別，斯亦因緣巧合也已！

張氏雙臂交抱面容清癯，與記者分坐園中，雖覺每次晤對，均見其益形瘦削，然始終不足以掩蔽煥發之精神，氏以誠摯言詞，首爲自述彼亦愛讀本報之一人，對本報之言論向所重視，並於記者之意外遭遇，深加慰勉，氏云「君傷脚來訪，誠爲『勇敢之人』，余雖至忙，故亦不能不招待也。」其時侍從連來催飯，氏顧謂之「請彼等不必候我，我可言我有客人在此談要緊的話，」其待人之熱情，使記者深爲感動，記者且知是時朱總司令初到，宋、王、孫諸軍長亦遠道來送，爲儘量節省時間，故僅發問關於張將軍個人之事，以期獲得辭職眞相，告慰讀者。

「總司令因病辭職，已獲批准，其詳可得聞否。」

「余自今春辭去軍校教育長職務，原擬出國養病，嗣以中、日局勢緊張，未能如願，八・一三之前夕，奉命綰軍淞滬，此爲余生平第五次參加戰役，本期稍盡軍人天職，然以病魔纏繞，如再勉爲其難，則犧牲個人事小，貽誤軍機事大，現値戰局已步入一新階段，陣地漸臻鞏固，前途較可樂觀，故始以病請辭，奉命與朱總司令對調負責，回京供職，此余辭職及赴京之原因與經過也。」

「總司令之辭職理由，吾人爲珍惜國家人才，自應深切同情，不知今後以健康關係，仍須出國療養否。」

「國家至此地步，余已絕出國之念，但對新職恐仍不勝繁劇，回京後擬向委座面陳辭意，如蒙邀准，當在京中養疴，身體稍事復原，尚可再來前線努力，余對抗日工作，始終均願立於第一線，如不因健康之不許，則決無退休之意也。」

語至此已近十五分鐘，林間細雨，沾衣欲濕，記者不忍再擾，遂起立致惜別之詞，並祝其健康早復，張氏情意殷殷，邀於便中赴京續談，竊念瀕行無以爲敬，因將新輯「上海之戰」原稿一册捧呈，藉作今次紀念，並說明原擬攜來奉請教正者，不圖已無餘暇及此矣，張氏則謂作序之事，回京後可以寄來，並應記者之請，題「持必死之心，堅必勝之念」兩語於手册，終於綣戀情懷中相與鞠躬而別。（九月二十三晚寫）

滬戰一月記

後發先至

自七月七日盧溝橋事件發生，日軍在北方挑釁得手，乃決擴大範圍，向滬用兵，八月九日適有虹橋中日軍衝突之事，日本小題大做，故作張皇，除原駐上海之海軍陸戰隊六千人而外，並加以長江上游退滬及暗由吳淞調來之陸戰隊共約三千，連同在鄉軍人合之即已逾萬，軍艦駛入黃浦江者二十餘艘，十一日下午日軍以爲藉此可以大肆威脅，遂向市長俞鴻鈞提出「撤退保安隊，撤除防禦物」等無理要求，當經正言拒絕，我方從而察知日軍侵滬之舉，勢在必行，遂有八十七、八十八兩師調滬增防之緊急對策，該師等窮一夜之力，以急行軍達成任務。十二日清晨，閘北、江灣、殷行、吳淞一帶，已佈滿我頂盔執銳之士，在我領土內執行其軍人天職矣，反視日軍張皇紛亂，部署不周，延至十三日晨，始以少數部隊向我江灣、閘北陣地出擊，八、一三戰幕遂以揭開，此一陣線至今仍爲我軍扼守，軍學家認爲理想雖高事實難行之「後發先至，」我軍竟能儘量發揮其功能，由此一着，關係一月來之戰局，蓋非淺鮮，否則租界之敵早已正面進軍，無勞繞道侵犯江岸之線，而作苦戰矣。

空軍處女戰

一·二八之役，制空權全在敵手，八·一三抗戰之第二日，五年來我政府人民共同育成之國防新勢力，始伸其銀色雙翼，以英勇之姿態，展露於浦江上空，市民歡欣狂悅之情，實難描畫，我空軍與敵在現役中，均爲處女戰，敵之數量優於我，我之質量優於敵，而空軍鬬士之勇敢，敵則望塵莫及，我有不甘作虜擊敵求死之空軍壯士閻少尉，敵有降落滁州跪地乞降之航空員，由此可證敵我之戰鬬精神，相去天壤，十四日起，我空軍屢次穿越敵之高射砲圈，轟炸出雲，其沉着勇敢，尤爲中外人士所欽佩，敵機以台灣北部及淞口洋面爲根據，向我京、杭、贛、皖等地襲擊，據軍政部發表，自十四至十六日之三日間，被我擊落者，已有三十六架，敵司令官長谷川清，二十七日報告日政府之數字，則爲被我炸燬及失蹤者四十二架，受重傷者十六架，輕傷二十二架，合爲八十架，九月十日又據南京正式發表，截至八月三十一日，我軍已共擊落敵機六十一架；九月一日以後，發見報載被擊燬之敵機亦有十餘架，祇此損失，敵已使其人民負擔三千餘萬元之巨，加之敵機無的放矢，濫肆轟炸，不僅我無辜平民慘被殘殺者不下數千之衆，且於八月二十六日在滬錫公路距上海一百公里之地，襲擊代表英國之外交官員許閣森大使，似此狂暴行爲，不但遭中國全體國民之憤恨，且已失去凡有正義感國家之同情。

步兵奇蹟

八·一三之戰，敵以海軍巨砲，空軍轟炸，協同其陸戰隊作戰，久而無功，遂以正規陸軍增援，我除少數空軍應戰外，餘均步砲兩兵種抗敵，砲兵數量甚微，步兵裝備亦簡，而造成之奇蹟，將使世界驚異，茲舉三個實例，一爲二十二日攻佔匯山碼頭之役，除五輛坦克稍近機械化外，餘爲步兵三營，衝入敵人數年來經營之壁壘，傷亡雖衆，仍攻擊不已，卒將該碼頭一度佔領，殆至敵艦集中火力，封鎖匯山碼頭至天德路、華德路一帶連絡線，東西之敵，又從兩翼夾擊，我進入之軍，在此重大威脅之下，猶不肯退，甚至有一連官兵，全部被敵燒夷彈焚死者，此種攻擊精神，宋希濂將軍喻爲歷史有名之日、俄奉天會戰時，日人之犧牲精神，其壯烈亦遠不及此，一爲九月五日寶山守城之姚子青將軍，以一營之衆，當敵海陸空立體戰術之威脅，苦撐三日之久，乃至全營殉城，此種成仁取義之泱泱大國民風度，非有悠久文化及崇高德性所培養之軍人，曷能臻此，一爲九月九日敵以戰車五輛猛衝我春江路陣地時，我軍兵士二名，身裹炸彈，橫臥公路線上，任其戰車爬進，轟然數聲，彈爆車裂，我忠勇之鬬士亦以身殉，是役計毀敵戰車二輛，該線竟得轉危爲安，一·二八敵屢作宣傳之「爆彈三勇士」一視此眞瞠乎後矣，以上所舉，僅步兵奇蹟中之三例，至於各部隊在陣地效死不去之攻擊精神，重傷兵尚能鼓其餘勇殺敵四人之事蹟，均足證明我軍戰鬬能力，高敵一等。

砲戰

敵恃以攻擊我軍者，非官兵對於戰爭動機之正確信念，亦非慷慨就死之攻擊精神，乃憑藉其數十年刮削國民膏脂所造成之新式武器，觀其一月以來敵機敵艦之濫肆轟炸，展出消耗戰之恣態，其結果於我無大損害，於其民窮財盡之日本國民，則將迫之於經濟自殺之末路，本月初日本臨時議會通過之對華戰費追加預算，每月支出已逾二萬萬元，以其本土人民平均分擔，每人每月須納三元之巨，此種艱難困苦之血汗代價，盡由日軍輕鬆容易加以浪費，以攻擊寶山一城而論，爲欲消滅我一營兵士，以敵艦數十艘集中火力，敵機三十餘架之不斷投彈，窮三日之力，城固爲毀，而槍砲彈藥之費，所費不下千萬元矣，其攻擊吳淞之戰術，亦係如此，進犯沙龍口等處，則採所謂「精兵主義」，質而言之，化步兵爲自動武器之機關槍手，其放射子彈之速度愈高，其財政負擔當然愈大，日本非富有之國，如此闊少作爲，近衛欲支持至本年年底，恐亦無此精力矣，至於純就戰術而論，敵艦雖有二十生的以上之大砲，射程雖遠，但須減去泊駐點至江岸之距離，又因我軍固守壕塹之線的陣地，其能加我之損害已少，況我空軍屢予轟炸，及精銳砲兵由浦東撫其背後，敵艦砲火威力，殆亦相當減少，我之陸軍礮射擊準確，彈無虛落，此固博得最佳輿論之事實，以少敵衆，尤爲難能可貴之精神。

翼攻擊

八・一三我軍控制租界北區毗連之線後，十三日敵既首先挑釁，我軍遂採攻勢，佔領陣地頗多，一度行中央突破，進入匯山碼頭，敵之正規陸軍不能不向滬增援，先後計有六個師團之衆，其戰略亦有變更，不由閘北、楊樹浦之線出擊，而師法一・二八故智，向吳淞一帶江岸之線進犯，行其翼攻擊的戰略，欲在揚子江右岸得手後，包圍我前線之軍，然而五年前之教訓，吾人自未健忘，敵甫犯我江岸，即遭我守軍痛擊，後雖改擾浦東，亦於十六至二十之五日間被我完全擊退，此後戰事重心由吳淞移至瀏河，又移羅店，再移吳淞，敵固傾其全力，我亦增援十餘師之衆，現在沿江各陣地時作緒戰，主力接觸尚在醞釀，打來打去，亦未打出白川義則之老套，不過進展十二里之地區而已，我方整理陣地，穩紮穩打，已有充分準備，由瀏河至閘北之直角形陣地中，迄今作戰已有一月，彼此仍無多大出入，完全陷於膠着狀態，日軍揚言「三星期」即可解決之滬戰，已與一・二八「四小時」一解決我軍同成笑柄矣，就目前趨勢觀察，我軍已改攻勢爲攻勢防禦，雖處於極爲不利之地形及戰略上，上自統帥，下至員兵，殆均不肯放棄寸土，而求軍事上之便利，故目前我困陷於苦撐之局面，敵亦難獲無代價之勝利，縱令敵獲進展，將來之困難，更將予敵以不堪設想者，此非故作誇大之言，蓋敵決不能遠離敵艦，孤軍深入，況由淞滬西進，無論我有充分準備，即以縱橫密佈之湖沼而論，我之衞國鬥士，勝於帝俄之軍，而敵軍焉有統帥如興登堡其人者耶？（九月十四日寫）

第一道防線

八・一三抗戰以還，經一月之苦戰，我軍始於九・一一自動撤至第一道防線，所謂第一道防線，去我五年來所經營之國防陣線尚遠，僅爲右自閘北之軸起，經江灣、劉行、羅店、而至瀏河，此中敵人所據之地，東西不過五英里，南北不過十英里，就地形而言，全爲江岸凸出之低窪地區，我據之因無海軍外障，遂爲三面受敵之地，敵據之受我南北密接之兵，絕難再進，記者此次奉社命作戰區遠足之行，曾以此事詢於高級司令部之某某兩參謀長，彼之解釋爲前此作戰，純爲一種決心的表示，在戰略及戰術上均無必要，明知不能抵抗之地，亦行意外之抵抗，所以不顧犧牲，實欲予侵略者以迎頭打擊，使其嘗試焦土抗戰之滋味，凡欲奪我寸土，必須付給相當代價，斷不能使其以爲必得，卽可輕易得之，此次撤至第一道防線，在戰爭原則上，始稍近理想云云，今玆所述，卽係闡明此義，但爲記者個人之觀察，以供動盪時代中同胞之參考。

當八・一三抗戰事發，我軍在閘北、楊樹浦之線者，不足兩師，敵出擊後，我卽報以攻勢，先後佔領陣地多處，二十二日且被我一度攻入匯山碼頭，由此一役，堅定我軍自信，激厲我軍士氣，誠不在少，其後租界之敵，在我攻勢鈎形之包圍中，陣地之利，全在於我，敵艦於十四日試襲劉河，以冀牽掣我軍，但爲擊退，始以正規陸軍增援，十六日至二十日之間，進犯浦東不得，仍師一・二八故智，沿江進攖吳淞左右一帶地區，我軍亦增援應戰，戰區漸形外擴，敵又竭其全力，以海陸空立體戰術向我威脅，終至虬江碼頭、張華浜、蘊藻浜、吳淞、沙龍口、獅子林、月浦、劉河口、均被登陸數旅之衆，復以精銳之久留米師團犯我羅店、此時形勢，我已迫處內線作戰，三面受其攻擊，戰略遂變爲攻擊的守勢，初尚企圖恢復陣地，先後連作壯烈之犧牲，作戰單位亦增至十餘師之兵力，統帥江灣至閘北之線者，爲張治中將軍，統帥吳淞至劉河之線者，爲陳誠將軍，南北一線，曲折如帶，實爲兵家所忌，不特難於固守，卽連絡亦感困難，九・一一後，始退至現在之線，化突出陣地成一直線，至少有四種便利：（一）直線陣地，較前可以節省兩倍以上之兵力，以前所使用兩倍以上之兵力移轉配備於一直線陣地上，並不增兵而實力立見雄厚。（二）使敵人化零爲整，減少我行逐個包圍戰略之兵。（三）直線陣地無論線的陣地或面的陣地，均較容易聯絡呼應，部隊之運動亦便，此一線之工事事先已有準備，固守較易。（四）逐漸可以脫離海軍礮之威脅，更得堅壁清野之實，誘敵深入，而行陸軍之決戰，故目前之戰略，又改行純粹守勢矣。

如以目前陣地爲有利，前此動作亦自有其特殊之意義，第一可以表明抗戰決心於中外，以促起同情者之實質的援助，第二可以試探敵人之實力，而把握其缺點，以供決戰時一舉殲滅之準備。第三，可以消耗敵人人力物力，使其欲罷不能，欲進不得，減少其決戰時之力量。第四，可以增加官兵對於抗戰之各方面的經驗。

徐參謀長曾語記者，現守之第一道防線，至少可以支持三月，將來縱令退至國防陣線，至少亦應支持一年以上，蓋國防線外，不止一道防線也，我軍因於事前已有準備，以後每線之工事，愈退愈堅，敵人之耗費力量亦將大量累進，以日本財政之枯窘，絕不能負此重擔，故所謂長期抵抗之持久戰，須傾全力於最後之決戰，目前區區進退，誠不足計也。（九月十九日寫）

敵將傷亡表

上海之戰，敵軍損失奇重，官兵死亡甚多，截至九月八日爲止，僅二十六日之戰鬥，已擊斃其校官十三員，擊傷將官一員，校官六員，校官階級以下，不計其數，茲將業經查明之傷亡官佐，探誌如左。

姓名	軍職	官階	傷亡地點	傷亡時間	傷或亡
片山理一郎	三師五混成旅長	少將	羅店	八月二十八日或二十九日	傷
倉永辰治	三師五混成旅六團長	上校	羅店	八月二十八日或二十九日	亡
加藤守雄	三師二十九混成旅三十四團長	上校	羅店	八月二十八日或二十九日	傷
鷲森孝	八師十六混成旅團長	上校	吳淞	八月二十七日	亡
飯田七郎	不明	上校	引翔	九月八日	亡
小田島重	不明	上校	吳淞	八月三十日	傷

眞木盛平	十一師山礮十一團長	中校	吳淞	八月二十九日	傷
淺間義雄	三師四十三團長	上校	獅子林	不明	傷
恒岡小文吾	十一師營長	少校	張華浜	八月二十八日	傷
小島三郎	一師十一混成旅營長	少校	吳淞	九月一日	亡
藤田菊治	三師騎兵團長	少校	吳淞	九月一日	傷
矢住政之	不明	少校	羅店	八月二十八日或二十九日	亡
大洞?	不明	少校	吳淞	九月一日	亡
高木?	六師十一混成旅營長	少校	吳淞	八月二十五日	亡
森德源吾	十二師十三混成旅參謀長	不明	不明	不明	亡
三好明源	十二師團副	不明	不明	不明	亡
佐藤四郎	九師十八混成旅主計長	中校	不明	不明	亡
大島繁吉	十八混成旅副官	不明	不明	不明	亡
丸安得心	六師十一混成旅副官	不明	不明	不明	亡

滬戰二月記

全面抗戰開始後，南戰場淞滬戰線之戰事，至今已歷兩月，敵尚膠着於我第一道防線之前，時間上較一·二八之役多消耗二十八天，使用兵力則多至四倍，而侵入地區尚不及一·二八時三分之一，足證我軍抗戰實力之強，我軍初時行運動戰戰術，因取攻勢，傷亡較多，然藉此掩護，使後方部隊在國防陣線之前，築就前衞陣線數道，以利戰守，至九月十一日撤至第一道防線，始改行陣地戰戰術，以逸待勞，逼敵處於被動地位，故九·一一實爲淞滬戰線劃時代之時期，當本報漢口版於九·一八刊行之時，記者曾將淞滬戰線九·一一以前戰況，爲文揭櫫，現屆二月，特將戰況綜合，提要記述，以供讀者之參考。

敵情大概

敵在南戰場遭遇我軍英勇之抵抗，傷亡慘重，先後增援已達四次，現據我軍情報，本日敵又有一師團之衆來滬增援，五次增兵，其番號共佔十師團之多，計第一師團一旅團，第三師團兩旅團，第五、第六、第八等師團各一旅團，第九、第十一、近衛等師團各兩旅團，第十二師團一旅團，第二十師團一聯隊，第九、第十一師團中各附有騎礮工輜等特種兵共四聯隊，又兩大隊，卽台灣北部守備隊，礮兵旅，亦已調滬使用，另有野戰重礮，獨立山礮，化學兵，機械化兵等兵種各一聯隊，海軍陸戰隊一萬，兵員總數在十五萬以上，配備於吳淞、劉行者最多，約五萬以上，羅店四萬以上，閘北二萬以上，敵集結重兵於此三區，顯然一路由羅店攻嘉定以略南翔，一路突破蘊藻浜進犯大場、廟行，以拊江灣之背，一路攻閘北正面以進佔京滬鐵道，前兩路均係戰略包圍，後一路則係正面攻擊，目的均在攻略京滬鐵道，而圖利用鐵道進攻沿線各地也，敵之空軍在滬作戰者，陸軍飛機約一百五十架，其番號爲第三、第六兩航空聯隊，海軍飛機約二百五十架，其隊號有木更津、鹿屋、館山等三個航空隊，及鳳翔、龍驤、神威、能登呂等航空母艦，飛機總數約四百架，海軍方面各種艦艇一百餘艘，二十生的以上之主礮合之至少二千門，敵之統帥爲前海相永野修身大將，陸軍司令爲松井石根大將，海軍司令爲長谷川淸中將，如此實力，不可謂不強，然羅店、廣福、江灣、閘北等處之攻略，處處碰壁，均告失敗，現又企圖猛犯大場，其手忙脚亂，毫無主計之現象，實足令人齒冷也。

緒戰

虹橋事件既起，我軍後發先制，八十七、八十八、三十六等師，均以急行軍來滬，配備於閘北、江灣等沿租界北區之線。八・一三敵既向我挑釁，我即報以英勇之攻勢，予敵重創，當時在閘北之軍曾攻入北四川路、虬江路一帶，江灣之軍曾攻入匯山碼頭，楊樹浦之軍曾攻入華德路一帶，敵公大紗廠及靶子場東西兩司令部及中央陣地，均受我軍重大之威脅，是爲租界北區緒戰時代我軍之傑作，十六日起，敵欲進據浦東向我遙擊，又開始浦東之緒戰，經過五日之惡鬥，登陸之敵，終於被我全部肅清，租界北區之敵屢戰屢北，始又照抄一・二八刻板文章，西向川沙口偷襲，直攻羅店，敵軍既入羅店，乃展開江岸之緒戰，其後沙龍、吳淞諸口，均有敵軍登陸，陣地南北綿延二萬米達，我軍處處行包圍戰略，使用兵力甚多，終以敵人礮火猛烈，受有相當傷亡，此一時期我軍之犧牲雖大，但培育官兵之抗戰自信，增長對敵之作戰經驗，均有極可寶貴之收穫，敵既遭遇我軍嚴重之打擊，其輕視我軍戰鬪力之心理，亦已爲之一變，影響今後戰局之發展，實爲重大。

運動戰

自緒戰至陣地戰之前，我軍所行全係運動戰，予敵之損失固屬不小，而我自失制空權後，陸軍之活動即感種種不便，敵機既濫肆轟炸，我之部隊舉凡作戰，行軍諸種運動，均於黑夜行之，工作之時間大爲減少，於是出擊，增援都感遲滯，然而陸軍之戰鬥精神反從而發揚光大，羅店之爭奪，吳淞之苦戰，寶山有全營殉城之軍，閘北保軸心不搖之勢，敵以海陸空立體戰術加之於我，我僅憑陸軍苦撐，已能造就如此光榮戰史，實爲奇蹟，敵在運動戰時期中，最爲有利者，莫如攻佔羅店之役，其時敵以倉永、鷹森、和知等三聯隊，由軍艦十三艘掩護，於八・二二在川沙口登陸，實施翼側攻擊，牽製我軍，是爲敵犯沿江各口之開端，惜此點被其盤踞，久未肅清，乃致全局形勢，爲之一轉，敵既於江岸得手，確握外線作戰之利，我始於九・一一結束運動戰，而進入陣地戰之階段，在運動戰時期中，我軍一面攻擊以遏敵人之攻，一面做工，爲持久抗戰之計，陣地工事經月餘之經營，相當構成，立即反攻爲守，局勢誠如秋雲之變幻無方也。

陣地戰

我軍由滬太公路之羅店、劉行、在唐橋穿過蘊藻浜，沿江灣至閘北，構成第一道防線，除江灣之葉家花園，萬國體育場等地稍形突出外，陣面業已化成直線，工事相當堅固，遂於九·一一爲戰略的退守，事後敵尚未知，於九·一二猶以重礮猛擊江灣我已放棄之陣地，直至四小時之久，無的放矢，殊爲可笑，此後敵既不能罷手，祇得勉強進攻，受極大之犧牲，始獲劉行、顧家宅一帶，西進之軍，現尚阻於廣福，中央突破企圖，全然無望，又謀生事右翼，抽出江灣之衆，以攻閘北，數度接觸，始知市街戰之苦味，不及一週，又將此項計劃放棄，改由蘊藻浜偷渡，欲行戰略包圍，使用一師團之兵力，初攻浜南左翼，圖犯大場，現已膠着於蒋村塘河汊地帶，後攻右翼以擬廟行，在嚴家灣遭遇我軍主力之打擊，竟至潰不成軍，背後攻擊計劃，再成泡影，種種部署，盡是庸人自擾，結果仍膠着於我第一道防線之前，無法進犯，足證我軍陣地戰之得計，自我遂行陣地戰戰術後，敵處攻勢，傷亡較多，敵機、敵礮、效果均爲大減，第一線所造就之成績，蓋已如此矣。

將來如何

南戰場之事，決無可萌悲觀之理，敵在未設防之江岸登陸，經過二月，尙屬無法進展，今後步步進入艱途，由現陣地再西，已非水田地帶之容易運動，河汊爲天然之防禦物，敵以二月始能攻佔水田地帶者，恐四月不能攻佔河汊地帶也，自彼處再西，更爲湖沼地帶，形同天塹，尤難進取，此尙就地勢關係而言，我軍在第一道防線後，步步爲營，直至國防陣線，其間防線不下五道，隨處皆可固守，況經二月之支撐，敵已勢窮力竭，昨日增援之兵，盡屬後備役中徵來者，未經戰陣之徒，亦配備於前線，安能達成如斯艱巨之任務，故以軍事立場推斷，將來之事，無可悲觀，且自滬戰發生，日人惹起之世界性的糾紛案如山積，一旦各國眞以實力助我，前途更可樂觀矣。（十月十三日寫）

大場必守論

滬戰爆發後，敵初受圍攻困守租界，及至援兵大集，乃以海軍圖犯瀏河失敗，轉攻浦東亦不得逞，竟沿川沙口突入羅店，又渡沙龍口進佔寶山吳淞失陷，劉行不守，江岸要點盡歸敵手，其中尤以爭奪羅店，三進三出，展開兩軍之惡戰，敵所以猛攻羅店者，不外欲沿嘉羅公路以犯嘉定，或遵滬太公路北攻瀏河，南下大場，一以擴大外線，分散我軍兵力，一以戰術包圍，圖行翼側攻擊，幸賴我軍增援頗重，固守有方，終使敵人企圖成爲泡影，羅店膠着後，敵以重兵取得劉行、顧家宅，再西向廣福鎮之線，仍欲攻略嘉定，廣福我軍抗戰極力，敵終不得逞，於是抽出市中心之軍，分向兩翼增援，一度進攻閘北，遭我打擊後，未敢再犯，而其右翼之軍，則沿蘊藻浜、嚴家灣、陳家巷之線南渡，猛向大場壓迫，旬日以來，戰事重心遂西移於蘊藻浜之線矣。

敵所以欲得大場者，其動機不外有三。（一）敵自掀起滬戰後，增援五次，勞師曠日，並無多大發展，原欲師法一·二八老套，擴大外線，以威脅我軍者，反因陣面開展，使用兵力過多，處處遭我嚴重抵抗，傷亡慘重，遂欲縮短戰線，集中兵力，突破一點，寧可放棄攻略嘉定之戰略包圍，捨遠求近，行戰術包圍以圖大場，然後利用地理關係，迅使我江灣、閘北之軍受其背後攻擊威脅，逼使必行戰略的撤退，即可以收攻佔上海之名，含糊了事，雖明知並無軍事上之眞正價值，亦聊以聳動聽聞，趁此收場。（二）敵犯上海後，久攻不下，所謂「三星期可了滬局」，「十月十日可佔上海」，「十月十五日可佔上海」，結果均未兌現，不僅引起國際嘲笑，甚至搖動其自己國民對於軍隊之信心，於是不得不講求「速戰速決」之手段，圖謀一可以迅使滬戰告一段落之方法，遂形成猛攻大場之事實。（三）最近國際形勢於日本最爲不利，尤其以行將揭幕之新遠東會議，係日本在國際關係上之一重要關頭，日本欲在會議中取得發言憑藉，必須有其所謂「既成事實」，故在會議舉行以前，南北兩戰場之敵，均儘量謀一可以動人之事，故敵旬日以來猛攻大場，亟欲用爲根據，將上海附近佔領，以便其宣傳員在國際會議作爲欺人之口實。

大場四週公路縱橫，北至蘊藻浜僅四千米達，東連市中心僅九千米達，西通南翔亦九千米達，南抵眞茹僅四千米達，繞赴閘北僅六千米達，居於江灣、閘北之銳角點，亦眞茹、南翔之通道，在地形上成爲各要點之樞紐，如此處一失，敵據之進攻，可依爲用兵之軸，雖不進攻，亦可威脅我前方後方，故大場一地，我軍必出全力以守，蓋保住大場，即所以保住江灣、閘北，亦即所以保住上海，能保住上海，則敵種種有利企圖，均可使其莫由實現，故大場之得失，較之羅店、寶山、劉行、顧家宅等孤立據點，誠不可同日而語矣。

敵犯大場，其步兵係分三路出擊，依十九日之情況判斷，我右翼之敵，南止於沿浜之嚴家灣、東北沈宅之線，敵雖由市中心西攻廟行，亦被阻於麥家宅一帶中央沿滬太公路之敵，雖附以機械化部隊，亦僅進佔不及二千米達之陣地，現尚對峙於俞家宅，高家橋宅之線，我左翼之敵自突過葑村塘後，橫越河汊數道，進展至陳家宅、小池園之線，沿浜向南擴展陣地幾至三千米達，如再突進，則大場即有側面受兵之危，敵對攻略大場，誠係全力以赴，日來並以大隊飛機在大場一帶轟炸，目的當然欲阻我增援之軍，及破壞我軍工事，以掃除其步兵前進之障礙，敵礮亦猛烈射擊，無時或輟，敵之技倆，不外實施礮空協同，掩護其步兵前進耳。

由於地圖上之現示，顯然可見我右翼之軍抗戰得力，中央陣地亦無大慮，至左翼一線，雖有河汊可憑，而被敵突進距離南大公路祇八百米達之地，倘南大公路一斷，大場之守勢將被打破，蘊藻浜十日間之血戰，即盡付流水，左翼鬪士乎，君等所處地位之困難，吾人自當深諒，然全盤戰局之關

鍵實由君等把握，爲民族國家之利益，不能不切望君等善爲努力也。（十月二十日寫）

閘北退却記

滬戰爆發前一日，記者在閘北區域乍遇我軍鬭士，横搶阻途，英勇之氣，不可一世，使人回憶一・二八閘北失陷情景，誠不勝其悲喜交幷，八・一三之後不圖僅撐七十五日，大場忽焉失守，閘北、江灣之軍，遂被迫而作戰略上之退却，五年前之悲劇，不幸今又重演，記者在現役中旅居閘北，甫二十日遽爾於秋月蒼凉之夜，隨軍西走，當時萬感叢集，儼如中山路上之軍馬，喘息返館，不能自已，因拉雜爲記。

大場在軍事上之關係，記者業於二十日著論闡明，且期其必守，蓋此處一失，閘北、江灣即成四面受敵之地，故欲保守閘北、江灣，必以保守大場爲條件，惜大場守軍朱耀華部抗戰不力，如此重要鎖鑰地，竟爾輕輕放棄，致使本月九日以來蘊藻浜南之血戰，盡付流水，第一道防線之守勢，亦因而打破，全在內線之閘北、江灣，其守軍不能不行戰略上之退却矣。

二十六日之晨，大場不守之消息傳到，閘北駐軍無不悲憤塡膺，正午卽奉「死守閘北」之命，全軍歡聲雷動，滿擬拚將頭顱，同作壯烈犧牲，不意下午九時又來「立卽撤退」之命，雖然命令如山，究竟人係感情動物，何況血性男兒，衞國鬬士，眼見此苦守數月之大好河山，卽將再受敵人鐵蹄蹂躪，豈不悲從中來，記者對於滬戰向抱樂觀，及遇如斯情景，亦不自禁而感慨唏噓矣。

深秋夜涼，下弦之月，遲遲不上，記者與偵察地形之參謀數人，繞道沿光復路向西徒步，隔蘇州河則租界燈火如晝，市聲漸息，以視吾人於黑夜摸索，喘息不寧者，誠如天堂地獄，其時蘇州河北岸已有載滿輜重之舟，咿啞夜航，余等得乘艒艒船三艘，排水前進，過廣肇山莊河面時，淸晰之槍礮聲自波上飄來，流彈掠頂而過，墜入租界爆炸者，不計其數，河邊哨兵，荷槍露立，深暗之人體輪廓，由於遠處火光反映，呈出雄偉渾奇之姿態，實足表現我軍沉着勇敢之精神，余等在火車港登岸，展轉始入交通路，時我部隊正陸續向西移動，在敵礮壓制之下，寂然穩步，大有不動如山之概，倘非素質優良，在退走時決難獲得如此成績也，既折而南，入中山路，敵礮數枚射落左近田間，炸聲甚鉅，適我空軍飛至掩護，敵之高射礮，信號槍，探照燈，竟鬧成滿天星斗，惟敵礮則停止射擊，避我發現目標，致受轟炸，我機繞飛數週，在眞茹附近投下照明彈數枚，指示行軍目的地後，瞬卽飛去，地下部隊在任何環境下，仍用齊一步伐埋首前進，此種精神，實爲中國復興之徵象。

記者因職務關係，至大西路時不得不與同行之參謀告別，獨入租界，趕回館中報告，惟因脚傷未癒，步履艱難，時已午夜，租界因戒嚴關係，均經闔戶，僱車不得，踽踽於途，幸遇一九三號西捕，深表同情，截送記者至靜安寺路雲飛分站，得一貼有通行證之車，風掣而歸。

回憶閘北於一·二八失陷時，敵獲之可利用漢奸胡立夫等進行傀儡組織者，此次閘北之難民均已跟隨部隊全數退走，決無胡立夫之流再生，敵在政治上得閘北毫無用處。

閘北市區已受敵數月轟炸，幾成焦土，敵今晨侵入時，又縱火搜索，房屋被燬，損失不貲，據點喪失殆盡，敵在軍事上得閘北毫無用處。

閘北經數月之轟炸，夷爲瓦爍之場，工廠堆棧之貨物，如非運盡，早卽敗壞，敵在經濟上得閘北毫無用處。

記者今晨再赴租界沿邊遙望，則閘北火舌四起，黑烟彌天，其中尙有槍礮之聲，顯係我軍掩護部隊尚未退盡，以致再起巷戰者，入夜烟火之勢，直干霄漢，焦臭之氣，數里可聞，嗚呼閘北，誰其使汝受此荼毒者。（十月二十七晚寫）

孤軍將領題名錄

二十六日第一線奉命撤退時，擔任掩護閘北部隊退却之八十八師五二四團一營之衆，官兵計共三百九十八員名，於其任務完成後，自身已不及跟退，困守光復路四行倉庫五日，屢經暴敵環攻，英兵勸走，均不肯放棄陣地，及至三十一日始奉到長官命令，全師而退，此種沉毅果決之精神，慷慨從容之氣概，實為我國軍隊增加無上之榮譽，博得世界人士之讚美，茲將指揮作戰之長官姓名，錄誌如下，以表敬佩。

職務	姓名	別號	年歲	籍貫	出身
副團長	謝晉元	中民	三五	廣東蕉嶺	軍校四期
第一營長	楊瑞符	節卿	三二	河北務海	軍校六期

第一連長	上官志標	昇平	二八	福建上杭	軍訓一期
第二連長	鄧英		三二	廣東鶴山	武漢分校
第三連長	石美豪				
機鎗連長	雷華		三二	湖南常寧	武漢分校

紙上談兵錄

上海之戰，現已進入第三階段，且正急激發展，此種發展究能產生如何結果，端在吾人對於過去事實能否正確認識，如其能之，則本此認識以謀把握現在，創造將來，庶幾可於泛濫洪濤中收正本清源之效。記者因職務關係，久在戰區，既經二月餘之體驗，爰就觀感所及，本研究精神，客觀態度，先舉六個核心問題，略抒所見，以就教於讀者。

清算期的現勢

甲午以還，四十餘年間日本施於我國之壓迫，使吾人忍受至於現在，實已不勝痛苦，盧溝橋事起，激成全面抗戰，沿海沿江各省，如非深受敵軍之蹂躪，卽已慘遭敵機之轟炸，海岸線亦被非法封鎖，文化中心，經濟重鎭，均已牽入戰爭漩渦，時僅三月，已成泛濫之局，此誠吾國對日之總淸算期，抗戰結果，將來不外兩途，如非打倒強權，重新做人，卽須淪於亡國之悲境，是故戰況之發展，關係吾人以及子孫後世之命運，不能不澈底明瞭，俾國民克盡其應盡之義務，茲爲便於敍述起見，假定以揚子江爲界，劃分全國爲南北兩戰場，其中再分若干戰線，此種區劃之理由，歐戰時卽有顯例，以歐戰範圍之大，亦僅劃爲東西兩戰場（自波羅的海至黑海爲東戰場，自北海至瑪因河爲西戰場，）蓋依政略及地理之關係，並就作戰目的而定之也，每一戰場中再劃若干戰線，在北戰場中似可分立三戰線。

冀魯戰線（或稱東戰線。）

察綏戰線（或稱北戰線。）

晉北戰線（或稱西戰線。）

南戰場中似可分立兩戰線。

淞滬戰線（或稱東戰線）

閩粵戰線（或稱南戰線。）

此則純依地理關係而言，舉歐戰之例，則「西格弗里戰線」是也，該戰線為興登堡所經營，故聯軍又目之「興登堡戰線」，是則且以人名為名矣。

就全局而言北戰場為敵主攻之地，此實田中奏章以來之一貫政策，南戰場之事，殆已出敵意料之外，初欲略加威脅卽可使我望而却走者反致玩火自焚，釀成如此嚴重之局面，吾人推斷南北兩戰場之相互關係，在戰果上言，敵生事南方，原欲牽掣我增援北方之兵力者，因我竭力抗戰，使敵勢成騎虎，不能不分兵南犯，自削北侵之力，我據主動地位以逸待勞，不獨造就無限光榮之戰蹟，且使敵人疲於奔命，不遑兼顧，可證南戰場在全面抗戰中所處地位之重要矣。

北戰場之事本報同人已言之屢屢，茲篇所述，僅為南戰場淞滬戰線之事，簡括而言，自八・一三抗戰以來，我始行運動戰，本成圍攻敵巢之勢，迄至二十二日羅店初失，戰局外延，九・一一始改行陣地戰，十月六日敵大舉偸襲蘊藻浜，經二十日之惡戰，不幸全線鎖鑰之大場，突告失守，二十六日深夜，我軍始自動退守第二道防線，現在扼守蘇州河（吳淞江）沿河東連租界，西至姚家渡，折向北行，以迄瀏河之線，此陣地業已奉命死守，保衞上海之計劃，始終堅定執行，局勢正在急激發展之中。（十一月一日寫）

全部敵情

「知己知彼，百戰百勝。」

吾人祇知抗戰，而不詳究敵情者，蓋盲目之工作也，玆就各種諜報綜合編成左表，俾明敵所使用之兵力究有若干，而供我應付之策，其間倘無眞知，則寧付闕如，以待查明補正，惟軍事一道，瞬息萬態，目下情況或已變化，但信大體尚不差也。

南北戰場敵使用之陸軍，其番號已經發現者，計有近衞、一、三、四、五、六、八、九、十、十一、十二、十四、十六、二十等十四個師團，及各種特科部隊，特種部隊，海軍陸戰隊，人數估計至少在五十萬以上，超過其公表之常備兵額一倍有餘，使用於南戰場者約十五萬人，北戰場約三十五萬人，其配備如左：

北戰場

司令官　寺內壽一（前陸相）

東戰線（冀魯）

第八師團長　前田利爲

一七聯隊長　奧龜六助

三二　阿部規秀

第十師團長　磯谷廉介

三九聯隊長　治田德重

四〇　長野義雄

一〇　上野勘一郎

六三　中井重義

騎十　恆憲王

第十二師團長　山田乙三

一四聯隊長　鈴木員一

二四　中村明人

第十六師團長　中島今朝吾

三三聯隊長　野田謙吉

三八　助川靜二

二〇　土橋永逸

西戰線（山西）

第一師團長　河村恭輔

一聯隊長　十川次郎

四九　竹內寬

騎一	中山保留
第五師團長	板垣征四郎
十一聯隊長	上月良夫
四一	山田鐵二郎
騎五	小嶋是繁
第六師團長	谷壽夫
二三聯隊長	岡本鎮臣
四五	神田正種
騎六	猪本近太
第十四師團長	土肥原賢二
二聯隊長	石黑貞藏
五九	坂西一良

以上兩戰線尚有河邊、高木、川岸、山下、小林等兵團，及野戰礮兩旅團攻城礮兩大隊。

北戰線（察綏）

司令官　植田植吉（關東軍司令官）

第四師團長　松井命

三七聯隊長　武藤桂太郎

六一　倉永忠一郎

第十四師團長　土肥原賢二

十五聯隊長　豐田範正

五〇　遠山登

騎十八　安田兼八

此外尚有酒井、鈴木、千田等兵團，六泉、十河、坂倉、一宮等混合隊，獨立礮兵一大隊，礮兵兩旅團。

【附記】北戰場之敵，計共陸軍二十三聯隊，騎兵九聯隊，礮兵兩旅團又三大隊，混合隊四個，兵團八個。空海兩軍兵力不明。

南戰場

司令官　永野修身（前海相）

東戰線（淞滬）

陸軍司令　松井石根

近衛師團長　飯田貞固

近一聯隊長　關原六

近二　土屋兵馬

近三　森岡皐

近四　原田熊吉

第一師團長　河村恭輔

三聯隊長　湯淺政雄

五七　山口直八
第三師團長　藤田進
六聯隊長　（已陣亡）
六八　長吉澤中勇
三四　加藤守雄
十八　中澤三夫
騎三　篠田菊治
第五師團長　坂垣征四郎
二一聯隊長　粟飯原秀
四二　天谷直次郎
第六師團長　谷壽夫
四七聯隊長　飯塚慶之助

十三	岡本保之
第八師團長	前田利為
五聯隊長	井上貞衛
三一	西原貫治
第九師團長	吉住良輔
七聯隊長	青木重藏
三五	富士井末吉
十九	下枝金之輔
三六	永野信一
騎九	森吾六
山礮三	芹山透
工九	野中利眞

輜九	三田村之助
第十一師團長	多田駿
十二聯隊長	本鄉義夫
二二	田北惟
四三	淺間義雄
四四	和知鷹二
山礮十一	眞木盛平
工十一	山內章
第十二師團長	山田乙三
四六聯隊長	藤高堂英
四八	小島三郎
第二十師團長	川岸文三郎

八十聯隊長　　鈴木謙二

此外尚有臺北守備隊佐村重沉兩聯隊、及臺北倉本礮兵旅團，野礮、山礮各一聯隊，化學兵、機械化各一聯隊。

海軍司令　　長谷川清

轄第十、十一兩戰隊，第五水雷戰隊，艦艇總噸數爲三萬九千六百八十噸，海軍陸戰隊約一萬人，航空母艦有鳳翔、龍驤、神威、能登呂等四艘。

空軍之陸上機約二百一十架，屬第三、第六兩航空兵團，水上機約一百八十架，有木更津、鹿屋、館山等三個航空隊，航空母艦載機各十六架至四十架，飛機總數約三百九十架。

【附記】東戰線之敵，計共陸軍三十聯隊，騎兵兩聯隊，礮兵六聯隊，工兵、化學兵、機械化各一聯隊，南戰線（閩粵）情況不明。

綜觀敵軍兵力，似屬南多於北，實際配備於北戰場之兵力，殆不至此，且其新編之「兵團」多轄兩個以上之步兵聯隊，或配合機械化部隊或戰車隊，故其戰鬥力較現役建制部隊爲強，日本竭

澤而漁，使用如此龐大兵力，以侵略我國，經四月之苦戰，局面猶未決定，足證我軍抵抗之力矣。（十一月二日寫）

滬戰比較觀

淞滬戰局迄今已歷八十三日，侵入之敵，其正南陣地尚膠着於上海市區之蘇州河沿岸至姚家渡之線，正西陣地仍膠着於北起太倉縣屬之瀏河口，經寶山縣屬之羅店、廣福、嘉定縣屬之南翔，以連上海市區之眞茹，接至姚家渡之橫線上，其間南北之長不及五十五里，東西之闊不及四十里，總面積不及二千二百平方里，較之九・一一我軍扼守第一道防線之前，敵進展雖將五倍，然以之比較一・二八之役，在時間上我已多抵抗四十八日，被佔面積則僅三分之二（一・二八時我軍曾自動撤至距離租界沿邊二十基羅米達之地）種種得失，由於比較之觀念，即可確證我軍抗戰意志之堅強，戰鬭力量之雄厚，茲以現役爲主，分析各種數字，臚列如左：

作戰時間比較

一·二八　　三十五天

八·一三（今天止，以下一律）　　八十三天

比較增加　　四十八天

（現役中我行運動戰時間共三十天，守第一道防線共四十五天，守第二道防線至今日已有八天。）

被佔面積比較

一·二八　　三二九七平方華里

八·一三　　二二〇〇平方華里

比較減少　　一〇九七平方華里

敵使用陸軍數比較

一·二八　　七七〇九〇人

八·一三　　一五〇〇〇〇人

八·一三之役　　一一三

比較增加　七二九一〇人

敵使用空軍數比較

一・二八　二〇〇架
八・一三　三九〇架
比較增加　一九〇架

敵使用海軍數比較

一・二八　不明
八・一三　三九六八〇噸

【附記】一・二八噸數不明，艦艇總數約三十艘，航空母艦三艘。

敵官兵傷亡數比較

一・二八　二四一三人
八・一三　四〇〇〇人

比較增加	三七五九八

【附記】一・二八數字係日本政府公佈者，八・一三數字係記者個人估計，此種估計係依敵一再增撥數目以爲判斷，然兩數均不一定可靠。

敵侵華軍費比較

一・二八	一四八百萬元
八・一三	三三九二百萬元
比較增加	三二四四百萬元

【附記】各數均包含整個侵華軍費在內。

綜觀以上數字，足見現役中敵軍使用之力量，實已超出一・二八數倍，而得到之結果，反不及一・二八也。（十一月四日寫）

步兵奇蹟

日本此次侵略我國，使用兵力既有五十萬，則已超過其常備兵額一倍有餘，恰如一八一二年拿破崙征俄之數，我國使用兵力雖在百萬以上，但不及常備兵額二分之一，兩軍合計共在一百五十萬以上，較之一九〇四年日俄奉天之戰，超過一倍有餘，然日俄奉天之戰，二十餘日即告結束，現役竟已延至一百二十餘日，反有繼續擴展趨向，足見情勢嚴重之一般，所以能造成此種嚴重情勢，端在我軍抵抗力量之堅強，但我軍在現役使用之兵種，實以步兵為主體，而步兵之裝備既不完備，兵器尤復缺少，在物質上全居劣勢之軍隊，倘與敵易地而處，早已完全瓦解，然終能表現如此成績者，蓋以我軍上自統帥，下及兵佚，無不深切認識抗戰工作在歷史上之神聖的意義，衛國軍人，自以保衛國土存續國運為職志，大義所在，不屑逃死，尤以各級指揮官確能服從領袖，運用部屬，而實踐「精神勝過物質」之教令，全軍將士均持堅定不移之意志，以赴成仁取義之大節，期立功於後世；求無愧於祖先，人人本此抱負，一往無前，直使世界驚奇，國人愛戴，此種心理戰勝之事跡，頻添歷史之佳話也。

在淞滬戰線上，如上之例，殆已不勝枚舉，記者於滬戰一月記中即以三事為證，茲再轉誌本文，以明我步兵作戰之勇。

（一）八月二十二日攻擊匯山碼頭之役，除五輛坦克稍近機械化部隊外，餘爲步兵三營，衝入敵人數十年來經營之壁壘，傷亡雖衆，仍攻擊不已，卒將該碼頭一度佔領，殆至敵艦集中火力，封鎖匯山碼頭至天德路一帶連絡線，東西之敵又從兩翼夾擊，我進入之軍在此重大威脅下，猶不肯後退，甚至有一連官兵全被敵之燒夷彈焚死者，此種攻擊精神，宋希濂將軍喻爲歷史有名之日俄奉天會戰中日人之犧牲精神，亦遠不及此。

（二）九月五日寶山守城之姚子青將軍，以一營之衆，當敵海陸空立體戰術之威脅，苦撐三日之久，乃至全營殉城，此種成仁取義泱泱大國民風度，非有悠久文化及高尚德性所培育之軍人曷克臻此。

（三）九月九日敵以戰車五輛猛衝我春江路陣地時，我軍兵士二名，身裹炸彈，橫臥公路線上，任其戰車爬進，轟然數聲，彈裂車燬，我士兵亦以身殉，是役計炸敵戰車二輛，該線竟轉危爲安。一·二八敵屢作宣傳之「爆彈三勇士」，視此眞瞠乎後矣。

以上三例，一證我軍攻擊精神之旺盛，雖踏湯赴火在所不辭，一證我軍抱誓死守土之決心，確具臨難不苟免之氣節，一證我軍抗戰之英勇，願以血肉之軀，吸取敵軍之新兵器，此種步兵之造就，雖翻遍戰史，亦無能望其項背者。

十月二十六晚，我軍退守第二道防線，閘北擔任掩護任務之步兵一營及一機關槍連，奉命扼守四行倉庫，不及退却，遭敵包圍，環攻四日。均拚命抵抗，其間英軍兩次勸其安全撤退，概被婉辭，苦戰之第二日，在敵軍飛機大礮威脅之下，竟於倉庫屋頂升國旗，佈礮位，尤爲英武果毅，四日間斃敵近百，陣地無恙，三十日奉到撤退命令，始全軍而退，其守也奉命而守，以達成其任務，其退也奉命而退，不爲沽名釣譽而逗留，始終在「軍人以服從命令爲天職」的鐵樣紀律下動作，實足爲世界軍人之模範。

吾國步兵素質之優秀，實爲奇蹟，茲篇所舉，不過聞見所及之犖犖大者，可傳之事，必已遺漏甚多，所以言此，一以堅我步兵之自信，一以堅我國人之共信，所信爲何，即中華民國之步兵，已足與日本海陸空軍立體戰術之威脅單獨作戰矣。（十一月五日寫）

上文中列舉淞滬戰線上吾國步兵之奇蹟，固爲歷史增光不少，然傷亡之慘重，則亦毋容諱言，良以物質上全居劣勢之軍隊，又遭敵人極殘酷之魔手，不但飛機大礮肆意轟炸，即文明人類所禁用之毒氣，達姆達姆彈，敵均不顧一切，濫行使用，結果之慘，可想而知，但吾人仍能繼續抗戰者，其心理上之關係，實有不可磨滅之價值，記者敢於斷言此種心理擴展一日，則抗戰進程必愈趨愈烈，而吾人理想之最後勝利，亦必由於此種心理所促成，茲特略爲抒論其事

當記者涉足戰區，每值受傷將士搭乘自前線載回病院之車，雖則血肉狼籍，竟乏呻吟號叫之人，又遇不及搭車者，縱使肢體破殘，仍多掙扎道上，毫無怨懟之色，而最前線之鬬士，在敵軍巨大威脅下，均能從容抵抗，視死如歸，一奉出擊之命，更屬英勇無敵，即在運動中之部隊，千萬人行軍行列，竟亦鴉雀無聲，啣枚疾走，當我軍退守第二道防線時，中山、眞北兩路，大軍如牆，而秩序絲毫不亂，試思曷克臻此，除以訓練有素爲答外，心理上之關係蓋難漠視，而此種心理自不能不要求歷史爲之

解釋，日本施予我國之種種侵略，凡具血性者，無不疾首痛心，每當讀史至於黃海喪師，遼東割地以還，對於前人之懦弱無恥，誰不突萌憤懣湔雪之心，及至國民革命運動勃發後，日本公然乘我新舊交替之餘，國基未固之際，短短六年中，搶去東北，侵犯華北，一再向淞滬挑戰，田中義一之夢想侵佔東北，再及華北、華中、華南，以至整個吞併中國，置東方文明古國於其鐵蹄之下，四萬萬五千萬人盡爲彼之奴隸，日本軍閥則圖加緊實現，吾國雖弱，眼見日寇蠶食鯨吞，不旋踵即將兆亡國之禍，豈無從容就義，慷慨赴難之士，吾人雖愚，焉有不知台灣、朝鮮諸國滅亡後之慘，前車未遠，此生及時，大時代付與吾人之使命，端在今茲一戰，以確立國家之命運，創造歷史之新頁，故不論曾受高等教育乃至目不識丁之官兵，一經參加作戰，無不同德一心，與日寇誓不兩立，此種心理之形成，實由日本自食其數十年來對華侵略政策之惡果，

軍人既欲完成歷史之任務，抱必死之心，堅必勝之念，對於「死得其所」一語，尤須念念毋忘，人孰不死，「死得其所」，實爲一生最難得最可貴之機會，對於此種機會之選擇，攸關其人一生及子孫萬世之榮譽，豈可不慎，疆場臨下，同一死也，竟有泰山鴻毛之分，試問衛國鬬士不能轟轟烈烈，

效命疆場，而徒老死牖下，則何益乎，故姚子青將軍寶山殉城之事，舉世同深敬仰，而朱耀華師長自戕謝罪之事，則難爲人示範，因吾人所望於衛國鬬士者，乃在守衛國土，保持陣地，陣地存，人固存，陣地亡，人豈屑獨存以同一之死，不死於負責之時，而死於棄責之後，雖曰明恥，殆亦晚矣，如上兩例，不僅記者個人之認識如此，社會心理亦如此也，因掬誠敬之忱，寄語抗戰將士，三復領袖「精神勝過物質」之言，如遇報國時機之來，愼毋輕鬆放過，以汚令名，以誤國事，死有重於泰山，亦有輕於鴻毛，吾人豈不能由兩者間抉擇其最有價值者耶。（十一月七日寫）

南戰場日知錄

八月十三日

敵沿租界北區於上午九時十五分向我市區警戒線進犯，滬戰於是揭幕，下午我封鎖長江江陰段江面。

八月十四日

國府發表自衛宣言。

空軍上午在黃浦江開始激戰，圍攻敵旗艦出雲。

八月十五日

敵機大舉襲擊京、滬、贛，被我擊落三十一架，木更津、鹿屋兩航空隊精鋭盡失，鹿屋隊長石井義江切腹自殺，上海日本總領事館海軍武官室被我機轟炸命中燒燬。

八月十六日

敵在浦東登陸，被我獨立礮八旅痛剿。

下午我封鎖黃浦江十六鋪段江面。

八月二十日

浦東登陸之敵，全部被我肅清。

八月二十一日

敵機轟炸上海南市難民列車，死傷千餘。

八月二十二日

我軍攻入虹口匯山碼頭。

敵在川沙口登陸，侵入羅店鎮。

八月二十三日

敵控制制空權。

吳淞被敵襲入。

八月二十五日

敵海軍發表「遮斷中國海岸線宣言」，自本日下午六時起，封鎖自北緯二十三度十四分，至三十二度四分，東經一百十六度四十分至一百二十一度四分之中國海。（按即北起南通毋南沙，南至潮梅之海南灣。）

八月二十六日

英國駐華大使許閣森由京赴滬，在距滬一百公里途中，被日機故意襲擊致傷。

羅店戰線敵聯隊長倉永辰治被我擊斃，鷹森孝負傷。

八月二十八日

中蘇不侵條約公表。

八月三十日

敵軍礮隊擊中泊駐黃浦江之美國旗艦奧加士打號。

八月三十一日

敵機初襲閩、粵、

淞滬陸上之敵總攻，吳淞再陷。

九月五日

敵襲沙龍口，入楊行。

敵海軍宣佈擴大封鎖中國海岸線，北起秦皇島，南至北海港，

九月七日

寶山陷落守軍九十八師五八三團第三營姚子青將軍所部全營殉城光榮戰死。

九月十一日

我軍退守北起瀏河南至閘北之第一道防線。

九月十八日

我空軍大舉來滬夜襲，先後轟炸虹口敵陣八次。

九月二十日

敵機五十架於上午十時兩次襲擊首都，被擊落五架，下午四時襲蘇州，轟炸難民列車。

九月二十二日

敵潛艇在廣東海面擊沉我國漁船十二隻，香港海軍專家赫爾拔脫證明確鑿。

九月二十三日

吳淞閘北線最高指揮官第九集團軍總司令張治中因病辭職，朱紹良繼。

九月二十五日

敵機九十六架，上午九時至下午四時半五次襲京，被擊落五架。

十月一日

市中心區之敵撤向兩翼增援，沿滬太公路進犯蘊藻浜。

十月三日

敵艦五艘載陸戰隊襲佔小橫琴島（在珠江口，距香港數里。）上海之敵使用毒氣及達姆彈。

十月六日

蘊藻濱之敵突過濱南，襲入嚴家灣、沈家灣、西六房。

十月十日

愛國青年分隊在租界作有秩序之示威遊行，宣傳抗日救國。

十月十四日

閘北我軍向敵突擊，步礮協同甚力，一度攻近北四川路。

十月十九日

意大利駐華大使館武官利比森由滬赴京，在蘇州被敵機襲擊。

十月二十一日

淞滬戰線我軍於夜間全線反攻。

十月二十六日

十八師朱耀華部抗戰不力，大場鎮失守，江灣、閘北我軍乘夜退守蘇州河南岸之線。

十月二十七日

八十八師五二四團第一營擔任掩護閘北退却任務，不及跟退，困守四行倉庫，苦戰四日。

十月二十八日

朱耀華引咎自殺。

十月二十九日

敵礮兵攻擊滬西我軍，礮彈落入租界，死英兵三名，傷六名。

十一月一日

敵突破蘇州河，盤據吳家厙一帶。

十一月五日

敵艦載兵在杭州灣金山衛偷渡，攻入全公亭。

十一月八日

金山陷落。

我軍自蘇州河撤至青浦。

上海市警察局長蔡勁軍與五十五師一六五旅張彬將軍所部協力防守南市。

十一月十日

敵對南市總攻。

青浦，嘉善相繼陷落。

十一月十二日

黃浦江封鎖線破壞。

嘉定陷落。

十一月十四日

常熟、太倉陷落。

十一月十五日

崑山陷落

十一月十六日

國民政府移駐重慶。

十一月十八日

嘉興陷落。

十一月十九日

常熟、蘇州陷落。

十一月二十日
吳江及福山礮臺陷落。
敵設置大本營。
十一月二十一日
乍浦、平湖陷落。
十一月二十六日
長興陷落。
十一月二十九日
江陰、宜興陷落。
十一月三十日
廣德陷落。
十二月一日

溧陽陷落。

十二月二日

金壇陷落。

十二月三日

丹陽、郎溪陷落。

敵在上海租界遊行，愛國志士在南京路擲彈擊傷敵兵數名。

十二月四日

溧水陷落。

十二月五日

句容陷落。

十二月七日

宣城、灣沚鎮陷落。

十二月九日

蕪湖、鎮江陷落。

十二月十一日

浦口陷落。

十二月十二日

美國礮艦巴納號載運南京外僑駛至安徽省境，被敵機炸沉。

十二月十三日

南京陷落。（十二月十四日補寫）

守上海

蘇州河東段，鏖戰已逾旬餘，黃浦江中游，敵騎突又進襲，日來朋輩蹙額相詢者，多爲敵我形勢及上海安危，立談之傾，苦不能盡，因爲此文，稍舒所見。

在毫無江防之半島地形上，徒運用陸軍以盡保衛上海之重任，原爲備極艱難之工作，今竟支撐三月，良非容易，我國陸軍戰鬬力之強，業經博得世界之公認，衞國鬬士對於民族戰爭所盡之責，將來自有史家敬致褒揚之紀述，玆可不贅。現所提出者爲「上海應守乎」「上海能守乎」之兩問題。

一·二八之役，吳淞、獅子林等礮臺被毁，淞滬停戰協定又拘束我於上海附近二十公里內不得駐兵，於是我在此區域內無法搆築防禦陣線，敵則從容增強其侵略工事。八·一三之役，我軍應戰於此半島之上，明知租界北區敵有數十年經營之百餘據點，然終捨死鬬攻，明知敵有優勢之海空兩軍協同，然終扼守第一道防線共歷四十五天，扼守第二道防線亦已十二天（算至今天止）所以如此者，非謂上海在軍事上有何等必爭之價值，實基於左列三種理由而作戰。

（一）吾人爲獨立自主國家，領土主權不可侵犯，今既一再受日本軍閥任意蹂躪，國民多悚於國難之嚴重，已自羣起同仇，衞國鬬士，自應率先立於最前線，以盡軍人保國衞民之天職，發動全面抗戰，以爭國家之自由，上海一隅既係我國領土，吾人當然竭力保衞，俾其完整。

（二）上海爲中外薈萃之商務重鎮，人口三百萬，更兼密邇首都，綰京滬，滬杭甬兩路之交叉點，極佔地理形勝，此處之得失，在軍事上雖非絕端重要，而影響對外貿易，關係國際視聽，妨礙重要交通，實具有重大之意義，故我軍雖處不利之形勢，亦必全力以守，俾能阻敵輕入內地。

（三）上海抗戰，適值敵軍正在華北大肆侵略之際，敵於南戰場狹小地區，使用巨大兵力，一切均不順手，又當國際視線集中之處，殊難暢所欲爲，我軍控主客勞逸之勢，運用持久戰，致敵於疲敝之地，一以消耗其整個實力，一以分散其北侵力量，誠屬計之至得。

上海應守乎，試思具有以上三種理由，豈能謂其爲不應守。

如何始能守上海，吾人自應完全信賴領袖，服從領袖，軍事機微固不應多所置喙，然人人能見之事，亦有可得而言者三。

（一）十月二十六日我軍退守第二道防線後，敵經五日之部署，集其主力以攻蘇州河南，仍師蘊藻浜故智，集中突破一點，一突右翼周家橋，再突中央北新涇，均遭我軍主力之打擊，三突左翼吳家厙，遂又造成二十一日前後蘊藻浜戰役之形勢，現被攻佔廳頭、虞姬墩、田肚宅、姜家宅、張宅、蔡家宅一帶，成一縱深約六十米之弧線，僅此成績，已費十二日之經營，其精銳主力第三師團第五旅團之第六及六十八兩聯隊，傷亡殆盡（根據五日本報所載敵軍班長石黑榮一遺物「陣中日記」）。此線屹然不動，其原因在我中央及右翼全係主力部隊，左翼有重兵及堅固工事相配合，故能扼守至今，始終膠着，敵知必不可犯，遂又異想天開，本月五日繞由杭州灣之金山嘴偷渡，逕趨松江，實際不過二三千人，竟用汽球標語誑稱「已有一百萬人登陸」，試思蕞爾海濱，詎能容納百萬之衆，豈不彼此軋殺，自欺欺人，眞乃無恥之尤，然其企圖則顯欲切斷滬杭甬鐵路，以行背後攻擊，稚此處之敵，前阻黃浦，與我隔江對峙，後被乍浦出剿之軍，浦東回師之衆，東西夾擊，斷其歸路，眼看欲以背後攻擊謀人者，竟將自食其果，不徒無損於我蘇州河戰事，且正投張發奎將軍之所好（根據郭沫若所記「到浦東去來」張氏答慰問隊之語云「我需要日本兵拿給我打，請你們給我多多備來。」）張氏向率鐵軍，名震遐邇，今爲一方統帥，必能大展經綸，此吾人認爲能守之一。

（二）我軍南防禦陣地在黃浦江之北，主陣地在松江城之南，北防禦線主陣地在蘇州河之南，蘇州河寬度不及五十米，已能扼守十餘日而不動，黃浦江寬度在六百米以上，且有浦東生力軍擔任防禦之責，必不致立墜敵人背後攻擊之毒計，雖云現代戰爭因兵工之改進，戰具之發達，渡河並無何等之困難，然河汊仍不失爲據點之支撐部，土耳其韃靼韃爾之役，卽係明證，浦東我軍撤退之議既明，十六鋪之封鎖依然有效，敵不致再事蔓延，黃浦江之局，亦不過蘇州河之另一相，此吾人認爲能守之二

（三）上海一地關係之重要，既如前言，故我防守此線之若干大軍，早奉有須與陣地共存亡之命令，而三百萬市民所期望者亦如此，能撐一日，必盡一日之力，倘眞一日不守，毋寧全部犧牲於陣地，以較另一損失，豈不更有價值，蓋吾人以弱敵強，不經長期抗戰，焉能獲得最後勝利，所謂最後勝利，不必期其及身而成。我能抗戰愈力，則最後勝利之來，反而愈速，因之全軍將士無須注意後此之事，本身卽在現陣地與敵拼命，此卽勝利之根因，如斯信念，日來記者所接觸之官兵，所言無不相同，心理戰勝，實已發揚無遺，人人既抱必死之心，堅必勝之念，自能運用現局，尋出敵之弱點，予以重大打擊，而完成抗戰之神聖的任務，此吾人認爲能守之三。（十一月七日寫）

跋文

一·二八之役，余適在江蘇省政府服務，奉命參加戰區救濟委員會，隨顧主席等結成考察團遍歷淞滬戰區，考察所得，曾就個人觀感所及，爲文發表於文華畫報，時逾五年，又逢暴日侵滬，造成八·一三之役，因受本職驅使，出入戰場，直至上海陷落，社命派赴香港工作，始與我軍絕緣，回憶三個月來目擊我軍抗戰之英勇，茲經再檢所記諸篇，自愧未能表彰其偉大精神悲壯事蹟於萬一，前因朋輩慫恿，曾將別張治中將軍以上二十二篇，命名上海之戰，一度付梓問世，時僅三日，初版即已告罄，而索者紛至，苦無以應，足見國人對於抗戰之熱情，因再增收在滬漢兩地大公報發表之滬戰一月記等九篇，擬予再版，時值滬版大公報拒受日軍檢查，自動停刊，原稿亦告遺失，事乃未果，然爲保存五年前之教訓，及此次抗戰之初期紀錄，俾爲長期抵抗作一參考，乃窮兼旬之力，再爲蒐集，期得刊行廣播，使國人能熟憶此光榮燦爛之淞滬抗戰的偉大歷史，其中原有不便發表之處，現既時過境遷，無再祕密之必要，亦爲逐一補正，庶幾稍存抗戰史蹟之眞象。

南戰場之事，自淞滬抗戰至南京陷落，誠可劃一階段，由於上海之戰，在時空上所給吾人之寶貴教訓，有不應忘者六事。（一）作戰計劃不定，決心忒少，尤其缺乏旺盛企圖，以致常立被動地位，此為戰略上失敗之關鍵。（二）指揮官缺少指揮大部隊之實戰經驗。（三）一師兩旅之編制，不合抗日之用，因其步兵忒多，礮兵忒少。（四）總預備隊忒少。（五）指揮官能直接指揮之基本軍隊忒少。（六）指揮上多不統一，各兵種不能發揮協同的效果。余為擁護抗戰，謹掬至誠，抒其所見，供諸將來之參考。

本書承張胡兩先生惠賜序文，對於後進如此奬掖，當更竭其棉薄，期以工作答謝盛情。又除本書而外，余尚寫有滬戰祕話一種，可為本書之輔，至余在淞滬戰線之工作經過，則以長文自白，命名兩極，現方在大風旬刊發表也。

楊紀跋於香港大公報館

中華民國二十七年五月

中華民國二十七年七月初版
中華民國二十八年五月再版
(93631)

滬戰實錄一册

每册實價國幣肆角伍分
外埠酌加運費匯費

編著者　楊紀
發行人　王雲五　長沙南正路
印刷所　商務印書館
發行所　商務印書館　長沙、重慶、成都、西安、金華、梧州、昆明、貴陽、香港、汕頭、福州、

(本書校對者林懷民)

中G二九六二

上海抗日血戰記

軍事新聞社出版

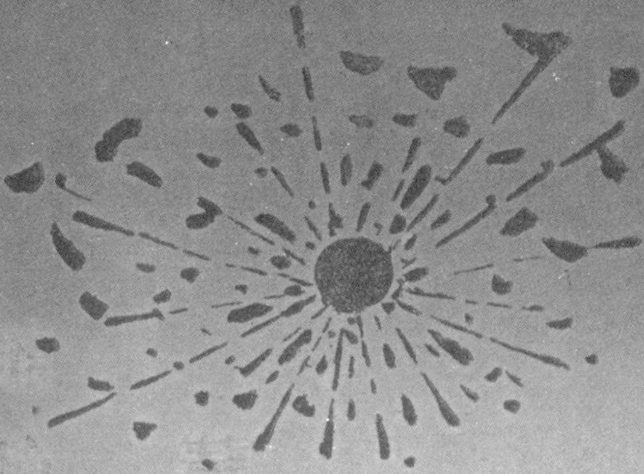

暴日的賜予！

我們的創痕！

誰敵人？

請認清，

將國仇，

深記心！

上海抗日血戰記目錄

圖照

國聯調查團之效果（諷刺圖）
暴日蹂躪淞滬一覽圖
各軍政領袖之題字
我國抗日血戰之諸將領玉影
蹂躪淞滬之暴日四惡魔
日海陸隊之荒謬布告
措詞妄謬之日司令布告
我軍出發時受蔡軍長訓話
蔡軍長在前線指揮督戰
我軍前線之大刀隊
我軍以手溜彈擲擊敵人
我軍瞄準高射砲射擊敵機
我軍沉着以機關槍掃敵
我農民自動爲吾軍服務開掘戰壕
日軍無辜捕俘吾良民
日軍鹽澤野村及便衣隊司令會商攻擊閘北
日海軍來滬之出雲號旗艦
日軍出發時先行默禱之情狀
閘北虬江路口之日軍嚴陣
日海軍陸戰隊向靶子路進攻
日軍之重炮隊
日兵特鐵甲車掩護衝鋒
日兵在江灣縱火焚教堂
寶山路民房被日軍轟倒
我良民被日兵慘殺之情狀
日機在閘北擲彈全市大火蔓延

日軍以小鋼炮轟擊我市屋
日機重量彈紛投閘北成深潭
日機投地未炸之巨彈
吳淞要塞炮台全景
戰區難民擁擠碼頭搭船回
戰區救出被難婦孺
上海北車站全圖
商務印書館全圖
上海學生義勇軍出發前線
同德醫學院之救護傷兵隊
美國三藩市華僑募捐救國之踴躍
愛國青年之割腐血書

文字

十九路軍戰史
釀成上海流血之前因後果
我軍淞滬抗禦日寇記
日軍殘殺侮辱中西人士之真相
我方當局抗議日軍暴行之經過
各國輿論批評之一斑
英美領事團商勸停戰之無効
十九路將領誓死殺敵之表示
軍政黨領袖響應抗日到底
各界名流紛起通電救國
各公團擁護抗日戰士堅決奮鬥
國內海外同胞踴躍輸將共濟國難
各界士女熱忱戰地救護工作
戰後之失業與損失之統計
國際聯盟處理中日糾紛之經過
滬變後日本最近國內之狀況

國聯調查團之效果？

請看破碎的河山，

還有幾片乾淨的土地？

敵人的屠刀已加上我們的頭頸，

唯有鐵與血纔是自救的生路！

暴日蹂躪淞滬一覽圖

第四路總指揮
何鍵題字

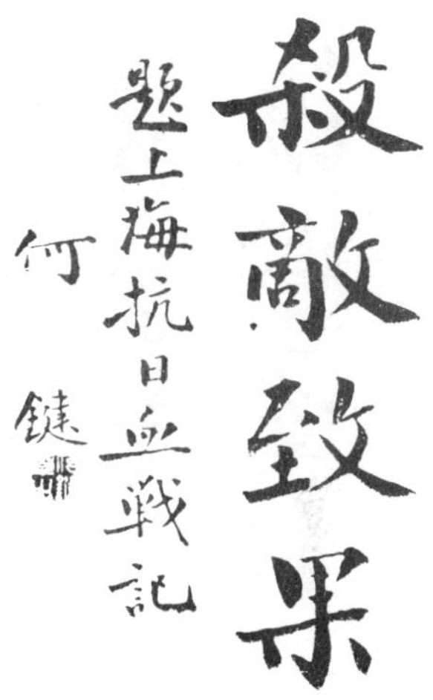

四川省主席兼廿四軍軍長
劉文輝題字

川陝邊防督辦
劉存厚題字

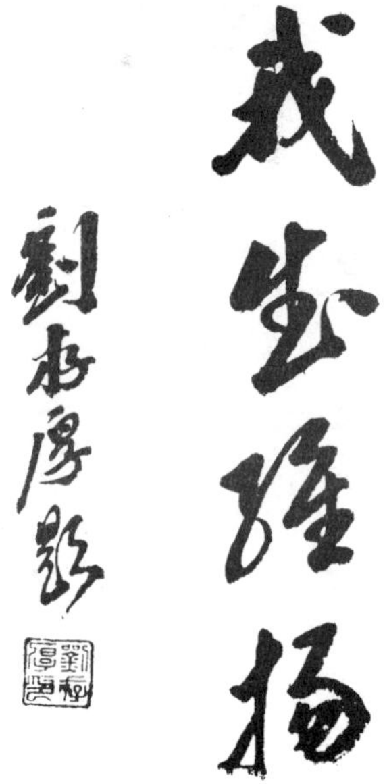

陸軍第十七師師長
孫蔚如題字

騎兵第一師師長
劉鳳岐題字

陸軍第四師師長
張枚新題字

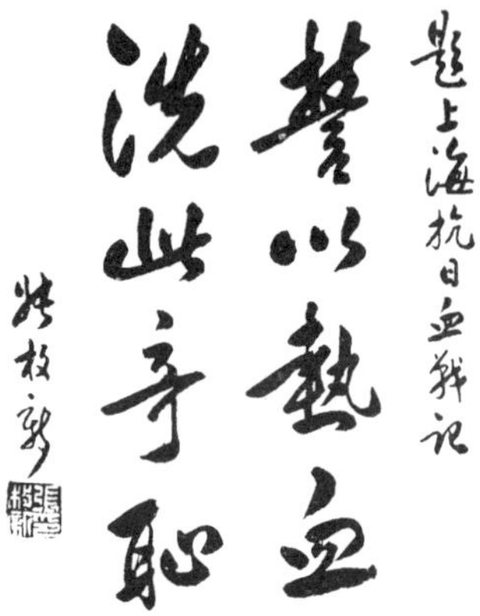

陸軍第五師師長
張達題字

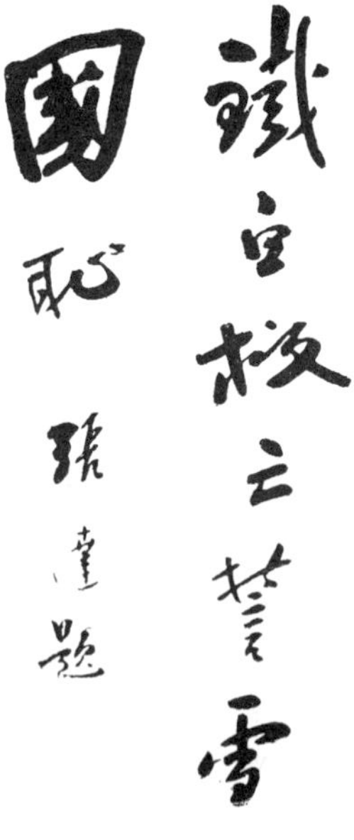

陸軍第卅四師師長
覃連芳題字

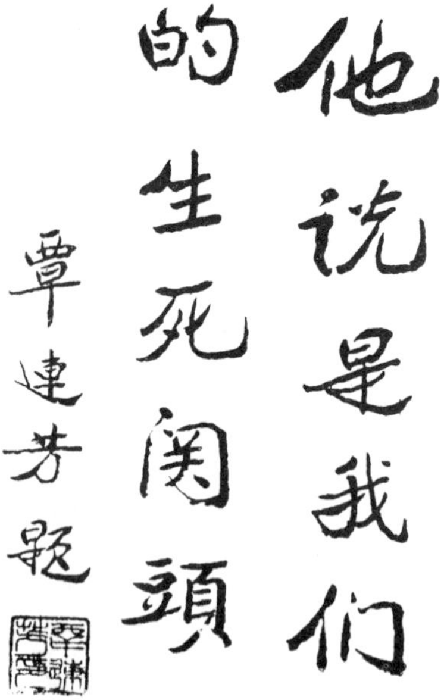

廣東財政廳廳長
馮祝萬題字

驚心怵目

馮祝萬題

青島市長
沈鴻烈題字

上海抗日血戰記題詞

精誠衛國

沈鴻烈

汕頭市長
黃子信題字

上海抗日血戰記出版紀念

士氣磅礴
凜烈萬古存

黃子信題

漢口市長
何葆華題字

為公理和平而戰
雖粉身碎骨何辭

何葆華敬題

第六十師師長
沈光漢題字

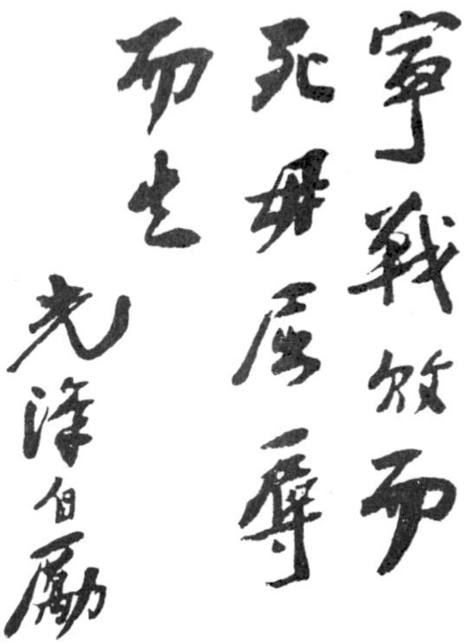

第一百五十六旅旅長
翁照垣題字

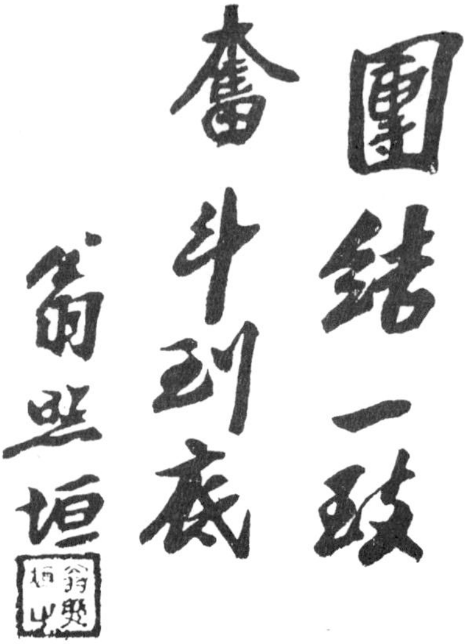

第一百二十一旅旅長
張勵題字

第二十軍第三混成旅旅長
楊漢城題字

我國抗日血戰之諸將領玉影

第十九路軍軍長
蔡廷楷

第五軍軍長
張治中

第十九路總指揮
蔣光鼐

淞滬警備司令
戴戟

吳淞要塞司令
譚啓秀

第七十八師師長
區壽年

第六十一師師長
毛維壽

第六十師師長
沈光漢

十九路一百五十六旅長
翁照垣

第八十八師師長
俞濟時

蹂躪淞滬之暴日四惡魔

暴日蹂躪淞滬第一任司令

鹽澤少將

暴日蹂躪淞滬第二任司令

野村少將

暴日蹂躪淞滬第三任司令

植田中將

暴日蹂躪淞滬第四任司令

白川大將

日海軍陸戰隊之荒謬布告

大日本帝國海軍陸戰隊佈告
為佈告事。本陸戰隊今次行動者，根絕抗日會為目的，決非傷害良民，但而敵視本隊或者擾亂治安，照軍律加嚴罰，無所許容矣。全市民衆明解本隊真意，勿妄虛動，安居樂業可也。此佈
昭和七年一月廿九日
大日本帝國海軍陸戰隊

措詞妄謬之日司令布告

日華兩邦　同文同種　本極親善　毫無嫌隙
斯年以來　過激之徒　組織僞黨　教唆良民
排外抗日　無所不爲　十九路軍　與之合作
擾亂租界　害及僑民　容忍至久　再難坐視
爰遣海艦　復調陸軍　救吾僑胞　登諸衽席
本軍到滬　意之所在　祇即膺懲　抗日黨軍
不應牽涉　善良民衆　且對領土　以及主權
決無野心　絲毫侵略　此心此志　在吾帝國
早向列強　聲明在案　黃天后土　實共鑒諸
如有宵小　揑言造謠　一經查實　按法懲辦
凡吾兩邦　一般民衆　安心復業　毋自驚惶
佈茲通告　使共知之

我軍出發時受蔡軍長訓話

蔡軍長在前線指揮督戰

晉軍前綫之大刀隊

我軍以手溜彈擲擊敵人

我軍瞄準高射砲射擊敵機

我軍沉着以機關鎗掃敵

我農民自動爲吾軍服務開掘戰壕

日軍無辜捕俘我良民

日軍鹽澤野村及便衣隊司令會商攻擊閘北

日海軍來滬之出雲號旗艦

日軍出發時先行默禱之情狀

閘北虬江路口之日軍嚴陣

日海軍陸戰隊向靶子路進攻

日軍之重砲隊

日兵恃鐵甲車掩護衝鋒

日兵在江灣縱火焚教堂

寶山路民房被日軍轟倒

我良民被日兵慘殺之情狀

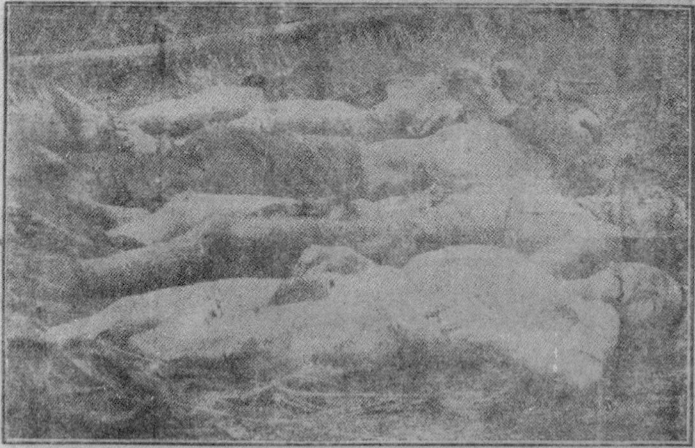

日機在閘北擲彈全市大火蔓延

日兵以小鋼礮轟擊我市房

日機重量彈紛投閘北成一深潭

日機投地未炸之巨彈

吳淞要塞炮台全景

戰區難民擁擠碼頭搭船回鄉

戰區救出之被難婦孺

上海北車站全圖

上圖被燬後之情狀

下圖未燬前之壯觀

上海商務印書館全圖

上圖商務印書館被毀後之慘狀

下圖東方圖書館未燬前之壯觀

上海學生義勇軍出發前綫

同德醫學院之救護傷兵隊

美國三藩市華僑募捐救國之踴躍

淞滬事變我華僑莫不傾家資助尤以三藩市婦女爲最熱忱未及匝月已得資逾百萬均匯回祖國作抗日基金云

愛國青年之割膚血書

淞滬戰起吾國青年莫不熱血沸騰欲捨身救國甚至蹈海自殺以警勵世人某日有某青年至時

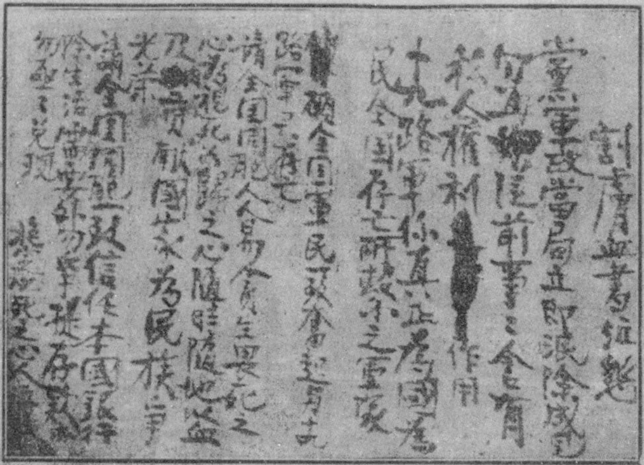

報館出刀割膚血書一篇警告當局共起抗日其言至悲其志彌嘉爰誌數言以資景仰

■十九路軍戰史

我忠勇抗日之第十九路軍，成立歷史，已有八年，在此八年之中，歷大戰四十八次，共勝廿七次，該軍初為粵軍第二旅，後改編為第十師，繼改編為六十一師，繼又改編為第十一路軍，卒乃成為今日之第十九路軍焉，欲記第十九路軍之歷史，當回溯八年以前，當時有廣東青年一團，編入粵軍第一師第二旅，是時粵局紊亂，陳烱明與林虎由汕頭進窺粵垣，圖逐孫總理，省當局派兵禦之，屢戰失利，既而敵軍距省僅數日路程，省當局乃命粵軍第一師馳往迎擊，第二旅屬焉，一戰而捷，是為蔡蔣受砲火之洗禮，戰後，陳銘樞任第十師師長，以蔣光鼐副之，蔡廷楷則任第二旅旅長，是年平亂有功，民國十五年，粵軍悉歸蔣介石指揮，誓師北伐，第十師首入湘省，克長沙，汀泗橋一役，與吳佩孚之精兵作殊死戰　雖大獲勝利，而將士陣亡者甚衆，繼乃循江而下，佔漢口，旋於是處改編為第十一路軍，以陳銘樞為軍長，蔣光鼐副之，蔡廷楷陞任第十師師長，當吳佩孚下令作總退卻也，全師入豫，獨劉玉春率精兵負嵎武昌，我革命軍屢攻無效、繼乃調第十一路軍，限一星期克之，受命之夜，陳蔣蔡商定策略，即晚進兵，翌晨城上之五色旗已改為青天白日旗矣，民國十六年秋，第十一路軍復命入贛，與孫傳芳之軍戰，師到不多日，則克南昌，北洋派之最後督辦，從此一敗塗地，既而因赤化份子把持江西省政府，陳蔣乃赴南京，時國民政府已告成立，蔡則返粵，是年陳蔣奉命回粵討共，旋陳任廣東臨時省政府主席，蔣則任第十一路軍軍長，該軍後改編為第三師，歸我中央直轄，以蔡為副師長，粵桂失和，發生內戰，蔣改任第六十一師師長，衛守粵境，以禦桂軍，但未進攻，後一年，該一師奉命赴北，參加討伐，是時乃改編為第十九路軍，蔣任軍長，以蔡副之，旋十九路軍奉命回贛，稍事休息，二十年秋，復負剿共任務，九月七八兩日，圍共首賀龍之根地與國城而大敗之，殺敵甚衆，既而陳任京滬衛戍司令，乃調十九路軍防衛京滬區城，本年一月二十八日日軍進窺閘北，乃起與抵抗，血戰累月，轟烈之名，震動全球。

□釀成上海流血之前因後果□

遠自甲午中日戰役後，日本即目無中國，亦即無日不思侵略吾中國，去年九一八之攫奪東北，其目的一為移殖韓民於三省，二為囊括遼吉之富藏，日本所特在東南者，則為長江之航權，而淞滬乃為其咽喉，故欲操縱航權而思稱霸於長江，非於上海占有特殊之雄力不可，其處心積慮，蓋非一日，特無藉口餘地耳。

自東北攫後，益躍躍欲試，適一月十九日有日僧在引翔港被我國路人毆傷，於是二十日有日浪人數十深夜潛入引翔港縱火燒焚三友實業社工廠，並鎗殺工部局華捕，同時日浪人復聚衆在北四川路等處，毀店傷人，日領反誣我仇視，向我市政府提出要求，限時答復，一月廿八日下午我市府為忍辱求安，略以修改，詎牒文甫去，又迫令我軍退出閘北駐境，同時派海軍陸戰隊向我威脅挑釁，於是空前之流血慘劇開幕矣。

我軍淞滬抗禦日寇記

日軍首向華界進攻

▲一月二十八日夜戰況▼

二十八日十一時十分時，日本陸戰隊即合一小隊數十人，由北四川路底司令部開到天通菴，首先佔據天通菴車站，該站人員即時離去，但斯時駐防閘北之我十九路軍，尙靜守防線，並不射擊，及至十二時許，日陸戰隊即以天通菴車站爲根據地，分數隊突向我軍防線攻擊，我駐防軍以釁自彼開，不能不與抵抗，當即奮起應戰，如是各方力謀緩和之上海，頓時變爲戰爭狀態矣，茲將實地調査之戰況，分誌如下。

▲天通菴站　是晚十一時十分，日陸戰隊一小隊約數十人，均攜手提機關鎗，乘機汽脚踏車，臂纏白布，由便衣日人領入天通菴車站，時車站人員均避離去，我軍多散伏各處，靜守防線，極爲鎭靜。

▲閘北作戰　是晚十一時餘，日陸戰隊在天通菴方面，首先向我十九路防軍開放步鎗數響，隨即分向淞滬鐵路及虬江路兩方面向我軍防線衝鋒，我軍兵士憤激萬分，勇氣百倍，遂用機關鎗射擊，日軍連衝數次，均被我軍擊退，此後雙方遂用步鎗抵抗，直至十二時五十分時，日軍又由後方補充生力軍向我軍猛攻，我軍死力還擊，互戰至一時二十分，日軍仍不得逞，退回天通菴以東，當雙方激戰時，機關鎗聲不絕於耳，並據外人方面探悉，日軍衝鋒時，損失甚鉅，自一時半以後，鎗聲稍稀，並逐漸向天通菴方面以東移去，想係日軍後退之故，但至一時五十分時，機關鎗聲又起，且甚稠密，在淞滬車站之屋頂可見子彈火光，激戰至二時半，鎗聲尙未停止，同時寶山路口方面，亦起鎗聲十餘響，又北站方面，亦有鎗聲十餘響，而站內之電燈，亦立刻熄滅，此時鎗聲最密之地，似在虬江路與淞滬車站之間。

▲江灣接觸　日軍在天通菴車站挑釁後，同時江灣方面，日陸戰隊亦與我軍第七十八師第六團接觸，初僅步哨衝突，我軍爲正當防衛起見，即積極應戰，日軍連次衝鋒，均爲我軍擊退，我軍士氣旺盛，無不以一當十，當奪獲日鐵甲車三輛，炸燬一輛，雙方均有死傷。

日機投彈炸燬商務印書館

▲二十九日戰況▼

▲商務印書館被炸　閘北寶山路之商務印書館閘北總廠及編輯部東方圖書館，於二十九日十一時，被日飛機拋彈炸燬，並全部焚去，茲將被炸情形，詳誌於下，廿九晨日兵鑒於形勢不利後，即用飛機轟炸我軍後方陣線，但我軍陣線，均爲散形線，故未爲所乘，日機第一次起飛時，在晨四時二十分，因天色晦瞑，故祇在空中盤旋示威，至七時左右，天已大明，同時日機又有一架自浦江飛起，相隨飛往閘北，實

施拋擲硫磺炸彈，湖州會館鄰近首先着彈，尚有數彈，落在荒地上，至十一時許，商務印書館廠竟亦着彈，適落天井內，當即爆烈，繼即發火，而當時廠內各工人，早已走避，至救火車因在戰事區域內，無從施救，乃祇得任其延燒，一時火光燭天，照及全市，尤以紙類堆積，延燒更易，片刻間編輯部即遭波及，所裝備之各種印刷機器，全部燒壞，焚餘紙灰，飛達數里以外，可見當時火勢之一斑，與商務印書館相對為鄰之東方圖書館，因火焰沖過馬路，竟亦遭殃，全部被毀，商務印書館總廠房屋，於下午三時許，即全部倒塌，但火勢至五時許尤未全熄，查商務書館為我國唯一文化機關總廠，估地八十餘畝，今亦為國難而犧牲矣，惜哉，聞該館全部損失，以現在價值估計，約值一千萬圓左右

▲日機投彈炸難民　是日十時以後，日飛機畏我高射砲，乃改換方向，向閘北西方面之商民市場，亂擲炸彈，北南林里見我方大批逃難人衆，日機竟拋擲一彈，炸死難民多人，逃難之人因四處鐵門封鎖，多從蘇州河乘船至英租界，最可感念者為上海自來火行之西人及工人等助救難民，約數萬人上岸，日飛機在法租界金利源B字八號碼頭，投下一彈，炸傷該局稽查一人，與小工兩名，又在新開河泰豐船票局前投擲一彈，傷人力車夫工人路人各一名。

▲電話局被火燬壞　東寶興路雙十里中國電話分局，有女子話務員二十人，前夜開火時，該局適當在火線之中，昨晨激戰時，班長陳雅琴見各職員將葬身火窟，始請示總局，將各人帶至克明路本寓暫避，不意突由飛機擲下一彈，陳宅炸壞，此二十名話務員，幾遭炸死，直至午後三時，始冒炮火線中逃出，各人所有物件、完全損失。

■我軍圍擊殘敵

▲三十日戰況▼

三十日我軍陣線　至下午六時止，在北河南路，福生路，虬江路，三處，無變遷，亦無接觸，間或有一二鎗聲，係福生路，虬江路，兩處日兵便衣隊，被我軍包圍後，正在殲滅之故，福生路約有便衣隊三四十名，虬江路至奧迪安影戲院旁川弓路處，約有五十餘名，均分匿住民家內，故搜勦稍覺緩慢，但此種絕小部份勢力，深處圍困中，行見一掃而盡，北河南路鐵柵門以北寶山路口，均滿佈我軍，以南無日兵蹤跡，至天妃宮橋上，日兵有防禦工作，北四川路海甯路一帶，尚有日兵，約在百人左右、蓬路日本俱樂部，亦駐有日兵，於清晨三時起，曾被我軍圍攻，同時北四川路底路我軍，曾向寶樂安路，狄思威路，繞道進攻虹口沈家灣，於佔領後即沿吳淞路前進，至崑山路，以此處日海軍陸戰隊本部司令部遷駐於此，故當時激戰至烈，蘇州河北岸鎗聲，密如連珠，至早晨四時許漸歇，日兵又用小炮轟擊，但未

中的，至天明時，共發三次，此方我軍最前陣線，以在沈家灣，日兵在廣東街墈頭，及日本俱樂部，崐山路，海甯路，等處，成一橫線形，雙方未有轟擊，至下午五時許，駐在虬江路我軍，曾將川弓路日本便衣隊兜勦，日便衣隊以力不能支，乃將該處房屋，縱火焚燒，至八時許猶未熄，滬西勞勃生路鄰近梵王渡車站處，日便衣隊，於下午五時許，亦被我駐軍圍擊，至九時尚未停止。

▲日本續到援軍　自日兵對我挑戰後，我國軍隊，爲自衞計，出而應敵，激戰數次，我軍着着勝利，日兵節節敗退，已將日軍驅逐出原守防線，日本海軍省以在滬陸戰隊與飛機隊，均遭敗北，遂急調大隊軍艦，滿載軍火，並將佐世保認爲該國最精銳特別陸戰隊，全數調滬應戰，分誌如下。

▲廿六艦隊抵申　上海日艦，自開戰以來，已有二十一艘在滬，均分泊在浦江楊樹浦一帶，日軍第一日進攻閘北即遭失敗，該國海軍省倉皇將佐世保已準備之二十六隊驅逐艦四艘，由巡洋艦龍田號統率，在日本急開來滬，龍田由日出發時滿載各種大炮炸彈，以及放火所用硫磺彈，並開有爲國際所禁用毒藥彈，該艦亦有一批，秘密運來上海，以供日軍無人道的慘殺，昨日午後四時，四驅逐艦先抵浦江，至四時半，龍田艦亦來，當在黃浦碼頭外擋之海關河筒拋泊。

▲特別陸隊上岸　日本在滬之陸戰隊，共一千四百五十名，又二十一艦中之海軍，有一千名左右，兩天作戰以來，死亡枕籍，原有之陸戰隊，已喪失其大半，戰鬥力大減，因之海軍省將其所認爲最精銳之特別海軍團陸戰隊七千名，全數調滬，昨日由龍田艦先載到三千名，下午四時半到滬後，立即在滿鐵之黃浦碼頭上陸，至前線補充。

▲航空隊續來　能登呂之航空隊，前日至閘北亂擲炸彈，轟炸商店及民房，慘殺無辜，殘忍已極，爲我軍擊落多架，昨已不敢再來嘗試，該國海軍省已電告業將第一航空隊之作戰飛機，全數調出，由加賀，鳳翔兩航空母艦，共載三十餘機，並又加巡洋艦那珂號，古良號，阿武隈號，及一等驅逐艦四艦，已於昨日午後離日，三巡洋艦又將所謂特別陸戰隊第二隊，計四千名，運來上海，加入戰鬥。

■真如擊落日飛機

▲三十一日戰況▼

中國紅十字會第一支隊隊長湖宗啓，卅一日午前十一時，見有日本大隊飛機，馳赴眞茹，知有大戰發生，因率領救護員醫師等三十餘人，分乘救護車三輛，開足馬力出發，至眞茹時，日飛機正與該地駐軍作戰，炸彈與高射炮砲聲不絕，結果敵方擲數十彈，我軍射落日機二架，在楊家橋之北，無線電台之東一帶，我軍傷六團一連兵士向志才，張疇，機關鎗連一連兵士王新法、陳健平、六團一營兵士連李飛廷、張起義、三連周吉朋、四連吳少康、黃佐三、二營兵士謝昌、一連兵士李仁芳、民人趙志俊、警士趙德成等、無線電臺、傷兵送至海格路紅十字醫院。

■日軍砲攻南京城

▲二月一日戰況▼

二月一日夜十一時甫過，下關與火車站間之日陸戰隊槍轟中國巡隊，日軍艦即發二十餘炮，轟擊獅子山砲台；有數彈擊中，砲台未回砲，以待命令，電燈一時皆熄，飛行場以探照燈照耀空中，以防日飛機由空中轟擊，我軍即佔守沿江各陣地，預備抵抗，但日兵未登岸，旋我日兵互以機關槍來復槍交轟，歷一小時半之久，至晨一時始止，砲台始終未回砲。

■日飛機到處投彈

▲二月二日戰況▼

是日因滬領事團調解停戰，故雙方無甚衝突，僅日機四飛投彈。

▲虹鎮一帶居民受傷　二日下午二時許，日本飛機，在虹鎮天寶路及香烟橋一帶，空中拋擲炸彈，居民受傷者有十餘人之多，其中有一小孩，半個頭顱被炸去，腦漿迸裂，立時斃命，其狀甚慘。

▲慈善專車遭炸彈　本埠慈善機關，前曾商准路局在某站備有專車，專門運送難民出埠，昨因該站爲日本飛機拋擲炸彈，難民因而四散，專車現已停開。

▲新開路上大恐怖　同時下午，日機飛繞北四川路一帶，擲彈十餘枚，又在新閘路中間，亦投炸彈一枚，傷數人，一時秩序紛亂，該處附近商民紛紛閉門。

■日軍開始轟擊吳淞砲台

▲二月三日戰況▼

▲吳淞方面之戰況　三日上午十時許，有敵第二十六聯隊驅逐艦二艘，自滬開出至吳淞口外三夾水海面，會同原泊該處洋面之敵艦二艘，首則亂鳴汽笛，繼舉紅旗，當即開砲，向吳淞要塞南北兩砲台轟擊，要塞司令鄧振銓，遂親督隊長周長清。陳玉文，及全台士兵，下令還砲，向四敵艦迎戰，同時有敵飛機二十餘隻，滿佈要塞上空，拋擲炸彈二十餘枚，炸彈最大者有一百二十磅，小者亦有四十磅，兩砲台略受損害，惟砲台全體官兵，不稍示弱，一面開砲攻擊敵艦，一面用高射炮射擊敵機，至十二時許，敵艦四艘中，有一艘被擊中艦身要害，當即沉沒，其餘三艦，亦各受相當損害，但仍集中砲火，向炮台攻擊，同時復有敵機一架，被我軍高射炮擊中，墜落寶山城南，駕駛該機二日兵，當場斃命，雙方砲轟至下午一時一刻許，三敵艦不支，逃出火線，向口外駛去，敵機亦即飛逃而去，是役，當開火時，駐淞十九路軍，亦即在沿江一帶助戰，士氣極爲振奮，淞寶居民，紛紛向鄉間避難，當時

秩序，頗為紊亂。

▲閘北方面之戰況　三日上午七時左右，虹口一帶日兵，又向我軍各陣地實施攻擊，我軍為自衛計，當予還擊，同時日軍又用飛機九架在空中助戰，並在閘北拋擲炸彈，經我軍用高射砲轟擊，敵未得逞，嗣日方下總攻擊令，一時槍聲炮聲並起，至為劇烈，以天通菴路為最烈，我軍立以機關槍迫急砲掃射，故日兵始終未得越雷池一步，次為虬江路口，此處因我軍防禦工程，異常堅固，日兵雖用砲轟擊，被我軍還炮擊退，再次為寶山路中興路，及福生路兩處，日兵曾數次衝鋒，終以我方奮勇抵禦，彈如密雨，乃不支而退，至下午二時五十分左右，日飛機以我軍炮火猛烈，無隙可乘，乃首先退去，未幾槍炮聲亦漸息，我軍陣線一無更動，當閘北方面正在劇戰時，有日飛機兩架，曾向真茹方面飛去，中途被麥根路我軍用炮擊回，所投炸彈，亦未爆發，此次日兵在閘北一帶向我軍陣地進攻時，據自該處逃出之苦力言，日兵係取散兵線，約十餘人一隊，窺其用意，擬取包抄勢，曾中我伏兵，故傷亡甚重，我軍方面亦有損傷，自下午三時起至晚間八時止，未有接觸。

◻日海陸空軍總攻失敗

▲二月四日戰況▼

▲敵艦圍攻　吳淞於四日上午九時許復有敵艦十三艘，圍攻炮台，要塞司令鄧振銓，當即督率官兵，發炮還擊，雙方互轟，頗為劇烈，直至十一時許，敵艦二艘被我浦東龍王廟炮台夾攻，擊傷甚重，失去戰鬥力，遂與未受傷之餘艦，同時退出炮台火線之外，及至正午零時三十分，敵艦復大舉來攻，炮火較前更為猛烈，并有敵海軍陸戰隊分頭在寶山城北，及砲台灣車站前洋碼頭，由敵艦砲火掩護登岸，希圖截擊炮台陸正面，經要塞守備兵會同十九路軍，將敵擊退，同時吳淞張華浜對江老鼠沙光華火油棧，被敵兵登岸，縱火擾亂後方，下午二時許，復有敵艦五艘，及敵機八九架，駛至淞口，加入作戰，一時炮台方面，炮聲連續不斷，聲震天地，敵兵又分數處海岸登陸，先後均被擊退，至五時許始行休戰，淞寶居民，業已遷避一空矣。

▲乘勝追擊　閘北方面日兵，同時首向寶山路口進攻，當為防守北車站路我軍抵住，雙方即在該處交戰，未幾日兵見無發展，乃即以機關槍向我方掃射，我方亦即還擊，同時日兵有踞登該處高牆上用鋼炮向下猛攻，因此北站左右，彈如雨下，血肉橫飛，約相戰四小時，我軍在抵抗之下，卒將日兵挫敗，乃乘勝追擊，至虬江路與我軍中路線會合，守住原防，日兵沿北四川路南北敗退，日兵死傷者約百餘人，界路上亦有日軍陣屍。

▲截獲軍械　日兵於進攻寶山路後，一面即分兵向塘山路衝入東寶興路，其勢異

常猛烈，但我軍早有準備，即奮勇抵抗，日兵曾為少挫，未幾日兵續有大隊來攻，先用大炮掩護，繼以迫擊炮，機關槍，小鋼砲，步鎗，作猛烈之攻刺，我軍迎頭痛擊，相持約六小時，我中路軍抽派勁旅，沿淞滬線超越至日兵後路夾擊，日兵始漸不支，正擬向後退却，奈後路阻塞，乃被我軍包圍，日兵屢次奪圍，終未得逞，後得援軍之助，乃始解圍，然生還者無幾，此處我方截獲日兵大砲七門，機槍十七架，槍彈無數，日兵傷亡者約三百餘人，我軍亦受輕傷，總計日軍昨日終日共發四百餘砲，

▲左翼激戰　四日日兵進攻各路中最猛烈者，厥為江灣路及青雲路，以此路日兵司令部適在該處，而又當虹口咽喉，故日兵出全力以搏，而我軍以此路實繫中右兩路陣線，亦極力抵抗，於是此處，乃成兩方戰爭焦點，相搏之烈，為日軍向我開釁後之第一次，沿淞滬線天通菴路日兵，曾有十餘次在大炮掩護之下，向我軍防線作至猛之衝鋒，我軍出壘抵抗，甚至肉搏，迫擊炮機關槍，幾失效用，日軍後方，乃在虹口花園及六三花園，用大炮向我軍後方陣地射擊，冀圖擾亂，我軍亦即用炮向日軍各炮位及該司令部轟擊，均能中的，日司令部內及附近，曾中彈十餘次，惟惜未爆發耳，在午後一時許，停在北站車場內之我軍鐵甲車一列，亦奉命前調助戰，該車即衝至淞滬線，在寶山路站東發砲，當將六三花園轟燬，殲滅日軍百餘人，當時前線日兵傷亡已將過半，又見後方援助隊伍發生劇變，乃節節敗退，我軍即在該處守住，並分兵至六三花園一帶追擊潰兵，聞我義勇軍一部，已推進至嘉興路，一部已佔領狄思威路一帶，此方日兵死亡達五百餘人，我軍亦受創傷，義勇軍方面，陣亡排長郭成標一名，傷士兵邱一峯，楊林孚，二名，當由紅十字會救護車送入醫院。

▲日機擲彈　在是晨繼續發生戰事時，日飛機二架，於十時左右，又復起飛助戰，先在閘北一帶盤繞，因我軍用高射炮斷續轟擊，因此未有投擲炸彈，約半小時後，日飛機忽然下降投彈，計先後不下三十餘次，以致南自寶山路鴻興路，北至青雲路西寶興路八字橋一帶民房工廠，多為日軍炮彈及炸彈擊燬，着火延燒，八字橋之玻璃廠，貧民收容所，已成燎原，延燒終日，尚未熄滅，一時紅光燭天，烟火滿布，損失甚為鉅重，同時開封路更新舞台後，亦被日機擲彈爆炸起火，以地在軍事區域，竟無法施救，一任延燒，至為慘酷。

■我國空軍開始作戰

▲二月五日戰況▼

▲眞茹空軍大戰　日飛機連日在閘北等處擲彈，燬屋傷人，慘無人道，是晨十時，日飛機九架，復飛翔天空，在閘北到處擲彈，旋飛經眞茹，圖炸無線電台，在眞

茹車站旁，及暨南大學，擲下炸彈數枚，損害尚輕，當時我空軍趕到，遂在空中作戰，而我軍高射炮亦同時發彈，即於十一時三十分，擊落日飛機一架，兩架受傷，仍勉強作飛，墜落於南翔附近，餘機被我空軍追擊，疾飛逃去，其墮之機，聲如巨雷，落地時，機身已全部粉碎，日機師三人皆焚斃，腦漿流出，屍體幾已不能辨認，聞死者其一為海軍大尉矢野讓五郎，當由兵士在機內搜獲機師所帶之手槍三支，及焚壞之機關槍二架，機身甚大，祇存骨骼，機頭有「三菱航空機株式會社修理」昭和六年七月十八日」字樣，羣衆圍觀者數匝，多將機身之銀灰色布撕下小塊，什襲珍藏，謂以作抗日之紀念也。

▲我方損失一斑　當日飛機在真茹方面。共擲下炸彈八枚，在真茹車站擲彈七枚，三彈落站東空地，深均丈餘，二彈落月台上，二彈落車上，車站職員未受傷，月台左右二角，均着一彈，屋面被炸，木板鐵皮，亦均飛至數丈之外，售票室，職員室，候車室，等四面玻璃窗亦皆震碎，其落於車上之二彈，炸燬二車廂，死傷尚少，計第五節內死兵士五名，馬四匹，第六節內，死兵士六名，馬三匹，月台上死三名，候車室前死一名，傷十餘人，此外在暨南大學校致遠堂前面，亦擲下炸彈一枚，幸未爆發。

▲閘北我軍佔優勢　五日為日兵下令總攻擊後之第三日，故日兵方面，陸戰隊輿陸軍全部動員，分向我軍各陣地進攻，我軍早已嚴陣以待，沉着應戰，發槍準確，且非待日軍衝入槍炮有效地點，概不發槍，因此我軍均彈無虛發，日兵則槍炮亂發，一無戰鬥經驗，徒致損兵折將。但日兵仍利用大炮飛機掩護，猛向我軍防地衝鋒，前後二十餘次，共發六百餘炮，均為我軍擊退，始終未得進展寸土，反為我軍右翼包圍，奪獲日軍鐵甲車三輛，一輛當場炸毀，並獲機關槍四架。

■我國飛機追逐日機

▲二月六日戰況▼

是日閘北方面，雙方均入於休戰狀態，並無大接觸，間有炮聲，發自日軍方面，藉以示威，及希圖轟炸民房而已，晨三時許，曾一度小接觸，係在福生路新民路處，當為我軍用機關槍擊退，約十餘分鐘即停，至四時二十分，機關槍聲又起，仍在虬江路口一帶，間以炮聲迫擊炮聲，相戰至五時許，逐漸稀少，均係前線步哨接觸，嗣後時作時息，雙方在防禦工程內還擊，均無進展，至十時許，我軍飛機大隊，有飛機六架飛起，在閘北境內環繞偵察，約一小時，即飛往真茹，追擊日機，午後一時許，日兵在老靶子路，福生路，有大集合，我軍早已得悉，且久有重兵駐在，故日兵始終未敢進犯，至下午三時半左右，日飛機有九架，在閘北一帶盤旋，希圖擲彈，但當其降落時，我軍即用追擊炮高射炮轟擊，故始終未爲所逞，擲彈三十餘枚，均未爆炸，日兵乃改用大炮遠射，經我軍還擊，因此炮聲又起，各防線步兵，亦用機關槍步槍射擊，至六時後漸息，各守原防線，揣日兵似在待援也。

■日軍更變戰略專攻吳淞

▲二月七日戰況▼

▲張華浜之激戰　日軍司令野村，以海軍迭次向我吳淞砲台進攻，均遭失敗，同時又因吳淞口外，尚有英艦停泊，未便開砲，乃變更計劃，於昨日上午，遣派陸軍三千名，由楊樹浦底軍工路，暨黃浦江旁之糧米站兩處，向我吳淞方面大舉進攻，當被我駐防蘊藻浜之翁旅，在裏揚旗方面，迎頭痛擊，上午第一次接觸，敵即不支敗退，下午二次接觸，戰爭極猛烈，同時浦江日艦五艘，向吳淞開砲助戰，並有飛機多架擲彈，但我軍陣綫，仍在原處未動。

▲敵機先來擲彈　是晨七時許，敵軍派飛機十餘架，自上海方面空中，沿淞滬鐵路，飛至江灣，高境廟，張華浜，蘊藻浜，吳淞鎮等處，先行偵察一過，隨即沿途投擲大批炸彈，最後又飛至吳淞要塞，擲彈十餘枚，均未命中，當敵機擲彈時，我軍即用高射砲射擊。

■蘊藻浜之血戰

▲二月八日戰況▼

▲偸渡紀家橋　日兵於八日晨五時許，派兵約七八百名，從鄉間小路，迂迴兜抄至距蘊藻浜西首約三里許之紀家橋，（一名瑞芝橋）希圖在該處搭架浮橋，偸渡蘊藻浜，及泗塘河，截斷我軍後路，並攻擊我軍側面，詎我軍早有所備，俟敵渡河及半，我軍即奮勇爭先，出面迎擊，敵兵被我軍擊斃及溺斃者無數，始狼狽敗退。

▲雙方之肉搏　同時日軍以另一支隊，企圖截斷我後路，同時以新到之數千生力陸軍，猛攻蘊藻浜之正面，自拂曉起，至下午五時止，前後衝鋒不下十餘次，我軍以機關槍小鋼砲應戰，激烈時雙方繼以肉搏，我大刀隊運用其神技，日軍犧牲奇重，乃廢然而退，鐵甲車爲我軍所燬者計有四輛之多。

▲斃敵千餘人　又八時，日軍曾一度佔據朱家浜西面及陸家宅北面之吳淞池塘，未幾我閘北援軍開到，即在池塘前，左右夾擊日軍，成一大包圍之形勢，是役，日軍死傷達千餘人，倖免生還者僅百分之一二，我軍遂恢復固有之陣線。

▲建築物被燬　八日敵艦終日向淞鎮開砲，敵機十餘架，亦在天空擲彈，重要建築均被炸燬者甚多，吳淞精華盡去，繁盛街市，悉成灰燼，其較大建築物如同濟工廠電器間，中央大學醫學院，中國公學，均被炸毀，永安華豐兩紗廠亦有波及。

▲西寶興路血戰　是午十二時許，日兵約千餘人，突向克明路及西寶興路兩路我

軍陣地襲擊，我軍即奮起應戰，日兵先以野砲轟擊，繼以鋼砲，機關槍，並利用手溜彈，向我軍拋擲，乘隙衝鋒，我軍見其來勢兇猛，乃即令全部應戰，並用迫擊砲阻其衝鋒，激戰約二小時，日兵漸覺不支，旋因其援軍開到，乃又重戰，我軍即時向後詐退，日兵竟直衝而進，是時我軍已在電話局相近，淞滬路鐵道兩旁，預有我軍埋伏，故敵兵將進至鐵路時，我軍伏兵四起截擊，同時先退之軍士，即乘勢回攻，於是日兵左右前後又受包圍，截成四處，雖欲急退，勢已不及，當被我軍擊斃七百餘名，亦有被我包圍，其餘均紛向克明路，從橫浜橋逃命，及日兵後方再來增援，奈大勢已去，已成弩末，至五時許，槍砲聲漸稀，我軍在西寶興路口，固守陣綫。

▲八字橋敵受挫　日兵三次進攻八字橋潰敗後，今晨九時許，又用野砲，鋼砲，機關槍，向我軍射擊，我即用砲還擊，奮勇迎戰，日軍用鐵甲車衝鋒，先被我軍用炸彈擊退，繼即齊起追逐，機關槍手溜彈之聲，繼續不斷，當時此衝彼退者屢屢，日兵死傷者四百餘人，旋日兵援軍開到，始得暫支陣地，但已逼近天通庵路處，相戰至下午二時許，日兵仍不支，乃於三時左右，向北四川路方面敗退，同時日兵恐中國軍隊伏於民房內，故將寶樂安路一帶縱火焚燒。

■我軍擊退偷渡日軍

▲二月九日戰況▼

▲日軍偷渡失敗　日兵傾全力進攻吳淞，先後連敗二次後，是晨五時許，又圖偷渡蘊藻浜，冀登吳淞鎮河岸，當時日兵除由後方增援軍工路外，又用小輪拖帶駁船一艘，載有陸軍二百餘名，沿浦江在張華浜碼頭登岸，向蘊藻浜站我軍陣地猛攻，日艦及糧米棧內日兵，同時用砲向我軍後方及砲台轟擊，我砲台連續還擊，同時沿蘊藻浜南岸之我軍，奮勇挺進，在我砲彈掩護之下，向張華浜糧米棧進攻，敵軍不支，旋即潰退，當時日兵正在偷渡，因受我方砲火壓迫，落浦而死者二三十名，傷亡者五十餘人，餘均敗退，至糧米棧，刻下該棧內日兵，已幾在我軍包圍中，吳淞鎮已成焦土，砲台上我軍，當敵軍由軍艦偷渡，以大砲掩護登岸時，無不奮勇作戰，甚有手足被折，仍不願退休，繼續發砲者，我軍之忠勇，可見一斑。

▲日飛機擲炸彈　是晨吳淞激戰時，敵方於早晨七時許，派飛機八九架，在天空偵察吾方軍情，至八時許，該機等飛至張華浜空中，紛紛擲彈威脅，企圖擾亂我軍後方，同時駐在張華浜南之日軍，乘機開砲轟擊，甚爲激烈，但我方竭力抵禦，敵不得逞，其後日機漸漸飛散逸去，中有數架，轉飛至閘北方面，拋擲炸彈。

■日艦砲轟吳淞砲台失敗

▲二月十日戰況▼

▲偷襲野戰亦敗　是日上午十時許，日軍又由軍工路抽調一大部份陸軍，向蘊藻浜方面偷襲，利用重砲掩護，猛向我軍衝鋒，我軍亦藉砲臺大砲掩護，奮勇迎擊，雙方即在蘊藻浜車站南軍工路上激戰，我軍左右兩翼甚爲活動，從敵軍後方推進，敵軍恐受包圍，乃急向後敗退，同時敵軍正面亦被我軍擊散，我軍即在軍工路原陣地固守，此役日兵死傷二百餘人。

▲轟擊砲臺無效　是日下午一時起敵艦九艘，在吳淞口向吾砲臺開砲轟擊，甚爲猛烈，吾軍亦發砲還擊，直至三時半左右，敵艦知吾有備，勢不得逞，砲聲乃息，吾方受損極微。

▲閘北我軍進展　是晚七時起，閘北方面，復有激烈戰事，砲聲隆隆，機關槍與步槍聲，密如連珠，係大隊日軍在砲火掩護下，由福生路向寶山路我軍防綫進攻，我軍待其迫近，即以機關槍掃射，戰約一小時半，日軍死傷枕藉，始不支而退，我軍乘勝追擊，防線進展至虬江路北四川路口，同時在寶山路以北至虬江路間一帶房屋，中彈焚燒，火光燭天，至十一時，始漸熄滅。

▲敵機兩度轟炸　是晨八時，有日機五架，飛來閘北天空，未一刻鐘，又由浦東方面飛來四架，環繞起落，盡情偵察我青雲路及滬西沿鐵路防線，可三刻鐘後，大部東去，留閘北祇兩機，旋該兩機由南市飛轉，即在閘北，開始擲彈，大半均落於江灣與八字橋方面，當飛機之來，沿寶山路一帶，即起砲聲與機槍聲，我方亦還擊，至十時三十分，日機全去，至午後四時十分，日機五架，復來閘北，三高兩低，所投炸彈較晨尤猛。

■日機飛華租界擲彈

▲二月十一日戰況▼

▲永安第三廠被炸　是晨八時起，日機多架，自東面飛起，次第往閘北，江灣虬鎮等處，拋擲炸彈，至上午十時四十分左右，飛機五架，竟飛往素稱安全之公共租界境內麥根路一帶至永安紗廠之屋頂中，即盤旋不去，旋聞轟然一聲，巨大之炸彈一枚，從空落下，着於廠屋之西北角上，直墜至二層搖紗間中，立即爆炸，又有一燃燒之硫磺彈，則由東北角穿過兩屋脊之懸橋，成曲折線而下落，懸橋欄杆，立即炸去，祇留鐵條兩根，搖紗間中之搖紗機器四十餘架，均遭彈炸損壞，其時廠中駐有美國海軍陸戰隊兵士一排，險被殃及。

▲麥根路車站　是晨九時許，日機三架，首在麥根路車站，擲彈十餘枚，四枚落該東站之東首貨房上，砰然數聲，貨房三間，即被炸燬，屋面鐵皮木片，紛紛飛落，屋內所堆者，爲馬粉紙，故即着火，延燒甚久，二彈落站北鐵道上，炸穴深數丈，鐵軌被炸斷一根長四五丈，枕木泥沙石子鐵釘，飛至里許之外，有一中年男子，行經該處，被鐵釘擊中[illegible]，立即身死，

一彈落太陽廟大統路西首鐵道上，炸斷鐵軌丈餘，路局鐵路職員室電話間玻璃窗牆壁，均被飛石打破，又一彈落大洋橋西鐵道上，未爆，彈尾露於地面，由路局職員請軍隊工兵，設法取起，以免危險，其餘七八彈，均落在鐵路南首空地，深穴纍纍，沿鐵路交通路一帶民房，屋面牆窗，均被沙石擊破，屋內居民，亦均臨時避往他處，故未受害，又站旁之中華製版廠中彈後，立即起火。

▲大統路民房被燬　日機又在大統路，交通路，附近普愛坊擲彈四五枚，漢興理髮所後民房五幢，全部坍炸，但未起火，理髮所後部亦被炸燬，前部門窗亦皆震壞，聞死傷貧民七八，又太陽廟路口亦擲彈三枚，炸燬民房五六幢，壓斃貧民男一人，傷小孩三人，太陽廟萬福庵牆壁被震倒，後面東昇里民房玻璃門窗，震成粉碎，居民均逃避一空。

▲嘉郡會館炸燬　太陽廟路嘉郡會館，是晨九時許，日機兩架，盤旋該館空中連擲炸彈十餘枚，前部左右兩方樓房，中間大廳，後部三進六間，均被炸燬，中部尙未着彈，東首紙廠內空地上，又擲一彈，穴深數丈，當炸燬時，石瓦四飛，太陽廟牆壁，全被震坍，未有死傷。

■我軍擊退各路敵軍

▲二月十二日▼

▲吳淞戰況　蘊藻浜吳淞鎭是晨六時日方派步兵七八百人，由野戰砲及飛機之掩護，大舉來犯，意圖衝過我方陣線，同時又向該地附近之曹家橋攻擊，我軍之在蘊藻浜者祇有二百人，均奮勇抵抗，戰約二小時，卽將敵擊退，曹家橋方面之日軍，亦經我軍擊敗，至九時後，卽平靜無事，惟仍有步哨槍聲，連接不絕，吳淞鎭方面，於昨日淸晨亦有日兵以大砲向我軍轟擊，共發砲三十餘響，多未命中，至九時後，敵軍猶時向我軍以步槍射擊。

▲砲臺灣張華浜　砲臺灣所泊之日艦，共計有十三艘，昨晨日艦上之陸戰隊，時發槍射擊我砲臺旁之軍士，惟因砲臺前泊有英美兩國之軍艦，日軍因有所顧忌，故未敢發砲轟我砲臺，日艦一艘，昨晨駛至張華浜口，約於六時左右，向我方開砲多發，其陸戰隊幷擬上岸，均經我駐軍擊退，日軍死傷頗多。

▲閘北深夜激戰　閘北方面，自晨間六時起，已無槍砲聲，八時至午十二時，因係四小時停戰救護時期，故雙方均入休戰狀態中，我軍將士利用時機，間有援助避難災民，搬運物件，及爲之維護出戰區者，惟對於進出人民，恐有敵人間諜或漢奸混入，故防範甚嚴，至下午四時後，以戰區災民，已陸續運出，故卽宣告戒嚴，下午一時後，有日機五架，在閘北太陽廟飛翔，亂擲炸彈，至四時起，日兵又用大砲，向閘北轟擊，連續不斷，入晚九時，日兵乘機偸襲，乃又發生激戰，接觸地點，

在天通庵路，及虬江路，等處，槍聲連續未斷，同時雙方均用大砲掩護進攻，機關槍掃射，此起彼接，迫擊砲手溜彈密發，鋼砲亦頻頻施射，聲震全埠，激戰之烈，爲發生戰事後之第三次，至十時後，槍聲漸向東北進移，我軍後方砲隊發砲點，亦進至寶山路口，至十一時，槍聲漸稀，間有機關槍聲，係少數日兵殘部，猶思困鬥，惟雙方砲轟仍未輟，大都係鋼砲，至十二時始稍殺，日兵傷亡達二百餘名，我軍傷十餘人，此役，日兵曾屢次向我軍陣地衝鋒，均爲我軍殲滅，我軍陣線，一無變動。

四 蘊草浜血戰我軍大捷

▲二月十三日戰況▼

▲初次偷渡失敗　是日，敵三次架搭浮橋竹筏，希圖偷渡蘊藻浜，及南泗塘河，第一次在是晨四時半許，天方破曉之際，敵兵二百餘名，在黑橋之東偷渡，當被我防軍覺察，即用機關槍迫擊砲掃射，敵遺屍十餘具，棄筏而逸。

▲敵施放烟幕彈　第二次在晨七時許，有敵兵三四百名，各手持刀鈎鋸斧等，在南草菴前偷渡，敵軍並發烟幕彈，至我軍陣地，一時蘊藻浜上白烟迷漫，我軍察知奸計，即向周塘角，用機關槍數架掃射，及至白煙消散，則已無敵踪，第三次在上午十時許，時方雪花紛飛，敵一千餘人，仍藉煙幕彈之掩護，又圖偷渡，當被我軍步哨發覺時，當即飛報後方，調大隊應戰，同時敵以極迅速之進行，全部偷渡登陸，我軍遂與激戰，一時肉搏甚烈，戰至十二時我援軍趕到，遂將敵全部大包圍，至昨日下午四時止，仍在包圍中，當曹家橋兩軍激戰敵正擬後退時，敵軍另派支隊約三百餘人，攻擊紀家橋，我軍即出而應戰，雙方相持，約一小時之久，敵軍不支而退，至十時許，日又以五百餘人，用手提機關槍等猛衝，我軍以機關槍及排槍等應戰，敵軍因雨雪，不能用鐵甲車爲前導，故死傷頗多，至十時十五分即退，繼敵軍以少數步隊，攻侯家木橋，我軍沉着應戰，敵軍以爲有機可乘，乃增兵力前進，我軍當以機關槍掃射，敵知中計，乃倉皇退却云。

▲敵增兵張華浜　是日下午二時，敵軍在張華浜兩路工廠附近，用重砲向我軍陣地轟擊，彈均落河之兩岸及同濟路泰興路一帶，我軍殊少損傷，雖敵亂轟，我軍異常鎮靜，絕不還擊，昨據張華浜對江防疫醫院附近之鄉民稱，前日自晨至暮，瞥見有小輪拖帶大鐵殼駁船四艘，滿載敵兵，自滬駛至張華浜登岸，輪駁待敵兵起岸後，即向滬駛囘，復裝載敵兵來淞，如是者有四次之多，最後一次，曾見有大砲數門，駁運上岸，復見軍工路上卡車，來往頗忙，均滿載敵兵，運赴前線增援。

▲日兵總攻閘北　是晨三時許，日兵千餘名，利用飛機擲彈，大砲掩護，及後方

生力軍之補充，又向虬江路，新民路，天通庵路，青雲路等處，向我軍前線總攻，當時雨雪紛紛，我軍卽在雪中奮起抵禦，雙方各用野戰砲，鋼砲，機關槍，掩護掃射，日飛機亦出助戰，希圖擾亂我軍後方，未幾卽被我軍高射砲擊退，我前線各將士，在敵陣中衝入殺出者數次，至十時許，敵軍不支潰退，我軍防線，堅如鐵壁，僅二十餘人受傷，日兵傷亡甚鉅。

▲彈落日司令部　是晨劇戰時，雙方砲轟之烈，爲發生戰事後之第一次，自晨八時至晚九時，未曾間斷，日兵以轟炸閘北一帶民房爲目標，但均在中途墮落，或在租界內爆炸，我軍砲隊則發砲準確，百無一失，北四川路底日海軍陸戰隊司令部，曾於十二日下午六時，被我軍砲隊開砲擊中，燬去房屋一座，斃日兵少校參謀一人，傷敵兵數人，昨晨十三日日兵設在北四川路橫浜橋日童公學內之第二司令部，又被我軍彈落爆裂，死傷纍纍，地上血跡甚

多，得逃生者無幾，嗣後日兵砲轟漸稀，至晚九時後始息。

▲湖州會館被毀　是日上午七時起，日兵又用重砲，向我閘北會文路湖州會館猛轟，該館房屋，前曾被飛機擲彈，炸燬極多，所存僅丙舍一部分，尚未燬壞，不料昨日，敵軍復用巨砲轟擊，砲彈橫飛，結果，所有丙房，盡被轟毀，柩內屍體，中彈後，有斷頭，缺臂，破腹，裂背者，均骸骨橫飛，所有紅綠殮衣，盡成砲灰，其餘各處，爲流彈炸毀者亦甚夥，蓋敵軍所用砲彈，皆係開花彈，故凡經着彈之處，莫不毀壞殆盡云。

■敵待援齊到準備進攻

▲二月十四日戰况▼

▲敵偸渡又失敗　敵經曹家橋之大創後，猶不甘心，復於今晨一時許，派大隊敵兵至曹家橋，希圖在重砲掩護之下，再行偸渡蘊藻浜，我軍乘戰勝之餘，士氣振奮

，當卽渡河聯合，在紀家橋東唐家橋方面之我軍，向敵軍挺進，雙方激戰，至昨晨三時許，敵兵不支，向後潰退，我軍遂將南泗塘河以西之原有陣地恢復，是役敵又死傷甚衆。

▲敵襲侯家木橋　敵軍前由張華浜襲侯家木橋，被我擊退後，我軍陣綫，向前推進約三五里，但至前晚十時許，敵又以大隊大舉來襲，我軍當出而應戰，相持歷三小時，敵漸不支，陸續增援，我軍亦調大部隊前往應戰，敵見我調大部隊，亦再增援，皆係陸軍，我軍於清晨十時許，下令衝鋒，旋卽重疊層層前進，以致敵軍在西康家橋及鍾家宅附近，悉數被我包圍，敵以手機關槍等向外衝突，我則以手溜彈向內拋擲，每一手溜彈爆炸後，可死傷敵人十數人，雙方激戰至數小時，敵不支敗退

■敵艦又砲轟吳淞

▲二月十五戰况▼

▲敵艦三次猛攻　是晨六時左右，停泊三夾水洋面之日艦七艘，以大砲向吳淞鎮砲台灣一帶猛力射擊，中國公學面海之牆，又被中二十餘彈，洞痕纍纍，大小均在十四英寸左右，該校之寄宿舍及圖書室等，全被轟燬無餘，吳淞鎮上房屋，被中四彈，二彈爆發，即時火起，燃燒至午後六時，猶未熄滅，且敵艦在前，無法可以撲滅，故隨風延燒，該鎮全部房屋，均將付之灰燼，當敵艦大砲猛轟之際，我方駐守該處之軍隊，即已全體準備，唯並未以砲火還擊，敵艦見我方並無動靜，一方面仍繼續開砲，一方面即以日商輪三艘，滿載敵軍，冀藉砲火之掩護，泊近砲台灣之沙灘，以圖該處登岸，均被我軍以機關槍掃射，敵死傷甚衆，日商輪亦被擊傷逃回，嗣敵軍第二次繼至，仍用小輪運載，亦被我軍如法掃射，完全擊退，敵攻至第三次時，飛機十餘架，同時亦出而助戰掩護，轟擊至爲猛烈，然掙扎至十一時許，卒被我軍擊潰而退，綜計昨日敵艦所發之砲，約在一百發以上，除吳淞鎮爆發外，餘均未炸裂，是役敵軍傷亡二百餘人，我軍則僅傷士兵十餘人。

▲敵機到處擲彈　是日全日間，敵機三兩成羣，不斷飛繞我軍陣地偵察，並拋擲炸彈，我軍以敵機飛行極高，且司空見慣，絕不出聲，上午七時許，蘊藻浜正面之敵軍，曾開砲向我軍陣地轟擊，但不久即行停止，十時許敵機四架，自滬飛出，至寶山羅店鎮，擲下炸彈十餘枚，均落該鎮四週附近田間，幸未傷人，寶山各機關，自吳淞戰事起後，即遷至該鎮辦公，吳淞居民之逃往該鎮者，亦頗不少，故敵機擲彈後，全鎮大起恐慌，商店當即紛紛閉門，居民相率扶老攜幼，向嘉定遷避，秩序異常紊亂，敵機至十一時許，始離該鎮，向東飛去，下午一時許，侯家木橋與紀家橋間發現敵兵一小隊，約三四十人，即經我軍擊退云。

◎戰事重心移至吳淞江灣

▲二月十六日戰況▼

▲敵艦又攻砲台　是日五時許，吳淞外有日艦四艘，攻擊吳淞直北之獅子林砲臺，歷一小時許，共發炮七十餘響，復有日機三架，由航空母艦上飛出至吳淞寶山月浦羅店等處拋擲炸彈，我軍毫無損失，惟民房被燬甚多，（吳淞）外馬路常熟花行，豐記米行，生泰米行，泰昌石子行，西安路頑子別墅，南昌路劉裕隆宅，須新順宅，淞興路八區黨部，和盛綢緞局等，均中彈燒燬，當砲火猛烈時，有保衛團排長須士英，冒險返家救父，在南昌路中砲彈，炸去兩腿慘斃，此外文昌路口亦有被炸斃之居民屍首十一名，（寶山）東門林憲吉宅，劉子球宅，南門吳蜀江宅，石皮街，朱庭三宅，草鞋浜陳寶多宅，均被燬，（羅店）朱恆昌米行，潘壽嘉宅，中彈被燬，長浦橋朱亦宜宅前，落下一彈，炸

燬行八一名，(月浦)東北陳姓家受砲，燬去樓房三幢，死一老嫗，

▲敵軍之飛機場　日軍第二飛機大本營，業已設在高橋區浦江東岸濬浦局空地，日下日飛機逐日自該處飛出，往蘊藻浜與吳淞砲台一帶拋擲炸彈，偵察軍情，至日軍第一飛機場，則在楊樹浦租界邊境外公大紗廠對面有日飛機二十五架停在場上，內十五架係大轟炸機，十架係單座位追逐機，今晨俱未飛出，自日軍新軍需品運到後，今日場內已見有天空轟炸之大炸彈若干枚，直徑皆在一呎以外，用橡皮氣胎車運輸，每次僅載一枚，估其重量，當在一百五十磅至二百磅之間，但日軍迄今所用之炸彈，大多數不過在五十磅至二十五磅之間。

▲敵軍之坦克車　日軍前日由運艦卸下輕坦克車六輛後，今又起岸裝甲堅厚之坦克車十輛，車上裝有發射迅速之輕砲機槍等，此為日軍第一次運滬之真正坦克車。

▲江灣路之激戰　自日軍變更戰略後，傾全力攻吳淞，閘北方面，戰事遂較為沉寂，今晨拂曉，敵在青雲路，八字橋，天通庵路一帶，復以步槍，機關槍，小鋼炮，向我方陣地轟射，我亦還砲，至九時許始止，至十二時，八字橋方面槍聲又起，敵方炮聲極密，雙方均係小接觸，我軍固守防地，沉着應戰，敵殊無機可乘，下午四時，江灣路方面，敵約二百餘人，向我陣地衝進，我軍奮勇接戰，結果，斃敵八十餘名，奪獲機關槍四挺，敵狼狽潰退，入晚八時後，敵復以大炮向我轟擊，歷一時許始止，但至十時後，砲聲又起，每分鐘發一二砲，至十二時又止，兩點後又陸續發砲，至三時半未止。

敵軍砲轟閘北與吳淞

▲二月十七日戰況

▲拂曉砲戰激烈　前日下午四時十五分起，敵以重砲轟擊我閘北天通庵路，八字橋一帶陣地，至十一時始漸停止，昨日一時後，敵復以大砲射擊，時稀時密，致中興路，永興路口一帶房屋，又被燬甚鉅，至是，我軍不能復忍，自晨二時十分起，開始以大砲還擊，至三時三十分雙方砲聲漸密，自四時十分至五時半間，最為激烈，每分鐘平均有三五炮，六時後砲聲極稀。

▲江灣路敵敗退　今晨六時許，在江灣路之敵軍約四五十名，藉大砲之掩護，又作衝鋒戰，一時槍聲大起，砲轟不絕，雙方相持約半小時，敵不支敗退。

▲寶興坊大火　今晨三時許，閘北中興路寶興坊，被日軍開砲百餘響，開花砲彈落地炸裂起火，火光燭天，又被日飛機擲下炸彈數枚，一落馬路毀壞三丈餘，炸彈燬壞之處，已成大水潭，潭深一丈餘，水管亦炸斷。

▲敵艦砲攻寶山　停泊寶山東門外海面之二日艦，今日上午，突向寶山方面開放大砲七八發，轟擊城市，故南門金伯賢宅砲

思仁宅，均中砲彈炸燬，又吳淞大火焚燒二日一夜，直至晨一時始熄，東鎮南昌路，廟弄，文昌路，等處市房，均已化為灰燼。

▲敵攻孫家宅失敗　盤據張華浜敗近之敵軍，於十六日晚間十時許，突有步兵一大隊，向孫家宅夏家橋之我軍防線攻擊，我軍初時靜伏壕內，沉着不應，俟其密集隊進到相當地點後，乃齊放來福槍機關槍，及擲手溜彈掃射，奮勇迎擊，互戰約五六小時，直至今晨二時餘，始將敵軍全部解決，我軍亦即乘勝挺進，該處敵軍，已退縮至錢家浜，侯家木橋，等處駐紮。

▲水兵偷渡被擊退　今晨四時許，天將拂曉之際，有敵海軍陸戰隊百餘名，分乘敵艦小划船四艘，由一灰色之汽油船拖進，由吳淞口外駛進三夾水，希圖在海岸巡防處前面濬浦局所築之石梗，(即分水堤)偷渡登陸，襲擊砲台，當被我岸上防軍覺察擊退，詎是時停泊糧米站碼頭前之敵艦，因聞砲台灣一帶突起緊密之槍聲，遂發砲向該方轟擊，不意砲彈非特未傷我軍，竟誤中敵之小划一艘，斃敵兵二十餘人，餘划亦險遭不測，敵兵當疑係被我軍擊沉，以形勢不佳，小汽油船，遂急行拖帶小划三艘，向口外駛逃而去。

■我軍拒敵無理要求

▲二月十八十九兩日戰況▼

▲和議破裂經過　英公使藍溥森斡旋之和平運動，今因日軍堅持無理要求，遂完全陷入絕境，中日兩軍，日內大戰，已成不可免之事實，其決裂經過如下，是日上午九時，我淞滬警備司令部參謀長張襄，應英公使藍溥森之約，在英總館官舍，與日軍參謀長田代，及日副領事白井，會晤，磋商和平辦法，英藍使並未列席，日方態度強硬，威脅的要求我方將吳淞閘北軍隊撤退二十基羅米突，我方軍事當局，當以此次中日戰事，完全釁自彼開，我方為酷愛和平起見，接納英使討論消弭戰事問題之請，乃彼反向提出無理要求，業經嚴詞拒絕，雙方談判，遂告破裂。

▲襲江灣即敗退　日軍連日積極準備大舉，但其內容，除將後援陸軍，向各路增防，補充實力，安設炮位，及在滬江大學附近，建設飛機場外，並無特殊軍事行動，而我軍處之鎮靜，頓使日兵智窮技拙，今日下午一時半左右，日兵派出新到陸軍二百餘人，至葉家花園南面，向跑馬廳我軍陣地偷進，彼等似欲偵察我軍防線，俾遇有機會，則即進攻，當由我軍哨兵傳報後方，派一小隊阻擊，戰約一小時，敵軍因恐我軍包抄，故且戰且退，至二時十分，槍聲已全息，聞結果敵死三人傷十餘人，我方受輕傷者二人。

▲日又運到飛機　敵軍擬大舉進攻吳淞及閘北，故戰事利器，連日運輸到滬者頗多，除火藥及馬匹以及鐵甲車坦克車外，幷又運到陸用飛機六七架，是晨九時至下午

三時許，已有兩架，由楊樹浦碼頭用汽車運往軍工路飛機場裝置，以便應用。

▲大戰開始我軍勝利

▲二日二十日戰況▼

敵軍司令植田謙吉，於十九晚間接到我方駁覆之答文後，並不對其所屬各隊軍官宣布內容，即於二十晨七時二十分，下總攻擊令，以海陸空全副力量，於七時半，開始向我吳淞江灣閘北全線大舉進攻我軍分路抵抗茲特分誌於後。

▲吳淞方面戰況

▲敵軍大舉攻吳淞　敵軍艦三十艘，於是日上午八時半，開始向我吳淞炮台進攻，同時並派飛機二十架，在空中投擲重量炸彈助戰，我要塞守軍，全線沉着應戰，隆隆炮聲。竟日未停，敵軍雖用精良機械，由海空兩力壓迫，但我忠勇之戰士，毫不爲動，故敵軍雖盡全日之時間，向我轟擊，但結果仍不能得手，而我方亦僅陣亡士兵七名而已。

▲敵三千被我包圍　廿日上午，敵軍大隊沿蘊藻浜向我軍陣地進攻，我軍略與抵抗，嗣即向後佯退，敵軍以爲我方放棄陣線，遂突進我方陣地五六里至廟行鎮地方，計有三千之多，我前綫之左右兩方軍士，當即將其後路截斷，此三千敵軍，遂被我軍包圍，立將全數解決。

▲江灣方面戰況

▲燬敵坦克車四輛　今晨七時二十分，敵下令總攻後，江灣路方面敵軍，先以飛機六架，向我陣地偵察，拋擲炸彈，六時許，敵與我前線步哨接觸，同時敵以大炮猛轟我陣地，八時後，敵兵三千餘，以坦克車二十餘輛爲前驅，猛攻我江灣路西體育會一帶陣線，當經我軍勇猛還擊，繼以肉搏，激戰至十二時許，敵漸不支，同時敵坦克車亦中我軍地雷，立時燬滅四輛，於是敵方軍心大亂，全部潰退，我軍乘勝追擊，敵死亡枕藉，殲滅約在八百餘人以上，下午一時後，敵二千餘人，二度向該處進攻，一時槍炮聲大作，激戰至爲猛烈，敵自上午失利後，士氣已餒，經我軍迎頭痛擊，戰至三時許，敵勢即不支，向後潰退，晚七時後，敵三度來攻，激戰至九時，又被我擊退，全日激戰結果，除燬滅敵坦克車四輛外，並奪獲其他戰利品至夥。

▲江灣附近大火　江灣方面是日戰事異常激烈，兩軍互有進退，雙方砲隊尤有特殊之活躍，敵全日發砲至千餘發之多，至敵方飛機，則於是日下午六時起，即有六架飛到江灣，到處拋擲炸彈，七時許，萬安橋一帶之民房，因中硫磺彈而起火者無數，在大場一帶，已可見到，江灣方面之烈焰沖天，江灣車站附近之廟宇民房，亦有數處起火。

▲敵用火焰放射機　植田謙吉統率之第九

師團，號稱爲植田師團中之最精銳部隊，開拔來滬後，卽備作困獸之鬥，聞植田此次總攻，有見肉搏衝鋒，徒受損失，故變更策略，取化學攻法，以克制我軍，惟毒瓦斯之施用與否，尙在顧慮，刻得確訊，該團攜來有一種「火焰放射機」，狀如普通公事皮包，內藏壓縮瓦斯及燃料，專作黑夜火攻之用，射放後，火焰能及十五米達之距離，使我軍受極大損傷，而減少作戰能力，並悉前次由黃浦碼頭登陸之白衣兵，卽爲火焰放射機之機手，但我軍方面早已探悉，幷已早事預防妥貼。

▲西寶興路激戰　日兵既敗於八字橋，又敗於天通庵路，再敗於邢家宅路之後，猶圖作困獸之鬥，於下午五時一刻左右，重調精銳，向我西寶興路進攻，我軍早已嚴陣以待，俟敵衝進，卽予痛擊，日兵乃改用鐵甲車衝鋒，又爲我軍手溜彈擊退，敵方大砲，頓向我軍轟擊，但多中於民房內，且未炸裂，我軍乘勢進攻，同時手機關槍盒子砲小鋼砲步槍手溜彈鋼砲，齊向日兵陣線集擊，敵兵在我方砲火威迫之下，漸覺不支，傷亡枕籍，後援無應，乃逐步敗退，我軍因戰略關係，仍守原防。

▲佔領敵司令部　是日日兵以大砲轟擊我軍陣線者，均發自虹口靶子場及狄思威路日司令部方面，但我軍還砲準確，曾予敵兵後方以巨創，因此在晨間，敵兵陣線，確起變化，未幾敵兵援軍開到，乃得勉強支持陣地，至中午，狄思威路日兵司令部，被我砲擊燬，靶子場方面敵兵砲位，有被壓迫放棄之勢，砲聲從未間斷，至下午六時三十分左右，我砲隊又將狄思威路敵兵砲基轟燬，同時天通庵路我軍乘機猛攻，敵砲兵因步兵失却抵禦力，節節敗退，乃亟圖攜砲退却，但我軍已追到，當爲我軍奪獲山砲六門，敵司令部，卽被我軍佔領，沿途敵兵死屍狼藉，滿衢血斑。

▲閘北方面戰況

▲八字橋敵大潰　二十晨七時起，日兵首先向閘北進攻者，爲八字橋方面日兵，先以大砲向該處我軍防地轟擊，但我軍均伏處戰壕，不動聲色，亦不還擊，日兵乃於九時許，以坦克車十餘輛，步兵二千餘名，向八字橋進攻，步兵均尾於坦克車後，我軍卽以機關槍射擊，迫擊砲隨之，敵兵仍利用坦克車，猛烈進衝，我軍乃拋擲手溜彈，同時敵方飛機，亦在空中助戰，大砲密發，我軍在彈雨之下，益奮勇迎戰，待敵坦克車衝入火線時，我軍卽以手溜彈引發地雷，轟然一聲，敵坦克車二輛，卽爲炸燬，敵兵死傷狼藉，血流成渠，我軍乘勢反攻，敵兵不支，紛向原路奔逃我軍恐有埋伏，固守原防，祇用步槍追射至十一時許，敵兵又用砲轟，但均未中的，未傷我軍分毫，我軍間亦以迫擊砲小鋼砲還擊，至下午二時稍殺，三時後，日兵又圖反攻，因此雙方又起激戰，但敵方因晨間受挫後，已露畏縮情態，故祇在原防線內

射擊，我軍沉着應戰，日兵不敢前進，乃漸平息，結果，我軍大捷，敵兵傷亡四百餘名，燬去坦克車二輛。

▲天通庵路敵敗退　日兵於進攻八字橋後，即於十時許，向天通庵路我軍防線，同樣進攻，槍炮互射，密如連珠，敵兵視爲唯一利器之坦克車，屢圖衝散我軍防線，惟我軍手溜彈炸彈，密如雨點，齊集敵兵坦克車上，同時我軍，多從戰壕中躍出，猛烈前衝，敵坦克車恐受圍擊，亟亟後退，敵兵膽寒，乃亦且戰且退，所用爲掩護衝鋒之坦克車，乃變而爲掩護敗退之用，敵傷亡者二百餘名，至下午二時許，敵又圖襲擊，我軍即伏於戰壕內應戰，但敵軍至距離約三百米突地點，即不敢前進，互相對峙，約二小時，敵因不得還而敗退。

▲邢家宅路敵受挫　同日下午一時許，日兵以八字橋及天通菴路，先後失敗，乃急急抽派陸軍四百餘名，鐵甲車十餘輛，由邢家宅路新民路，在飛機野砲掩護之下，向北站進襲，至寶山路口，吾軍突出應戰，一面拋擲手溜彈，一面以機槍橫掃，敵人驚惶四竄，有一小部份，由鴻興路向東逃去，被寶興路吾防軍迎頭痛擊，悉數殲滅，義品里之南，屍骸狼籍。

■敵軍繼續總攻失敗

▲二月廿一日戰況▼

■江灣方面戰況

▲孟家宅敵全滅　是日敵右翼約五百餘人，向江灣車站之西，進攻我孟家宅防線，在猛烈砲火掩護之下，努力衝進，我軍躍出戰壕，肉搏應戰，並以奇兵截斷敵之後路，成包圍形勢，敵更以坦克車數輛，排一字形，向前推進，行至距孟家宅我軍陣線約一千餘米突處，忽有三數輛陷入陷阱，以致其餘各坦克車不敢再行前進，我軍當由戰壕中衝去，以手溜彈步槍及手提機關槍等，向敵坦克車後尾隨之大隊前進，待相距約二三百米突之時，我軍卽下令衝鋒，一時入混戰狀態，雙方肉搏，血戰數小時，敵終以不支潰敗。

▲獲機關槍多架　至正面之敵，是日上午十時，敵仍積極向我軍陣地衝擊，先以坦克車，機關槍，繼以步槍，復由重砲掩護進攻，向梅園宅，天樂寺，及江灣萬國體育場進逼，我軍態度鎭靜，彈無虛發，俟其逼近我戰壕時，地雷機關槍同時齊發，而敵之砲彈遂失其效用，敵旅進旅退，衝攻十餘次，死傷無數，至下午四時，敵力竭停攻，我軍奪獲機關鎗二十餘挺，及戰利品無算。

▲敵軍騎兵中伏　敵軍右翼以復旦大學爲中心，時時向我陣線攻擊，均被我軍擊退，敵騎兵一小隊，中計被包圍，全部解決，惟該校子彬院，簡公堂樓上，及全部宿舍及留校學生之行李，均被搗毀，該校附近之民屋，如李校長登輝住宅，亦被日機投彈焚燬云。

▲江灣鎮之浩劫　江灣方面，劇戰竟日，敵砲火發狂轟擊，加以飛機之擲彈，故江灣鎮及附近有五六處大火，江灣鎮上東嶽廟被炸燬民居十數家，新江灣方面，因日機擲硫黃彈，故該處全部被焚，約有數十家，姚信義陸鼎森等數大商店，門窗均被震碎，街上市民之炸死及焚死者，當在數百人以上，現該處尚有居民未及逃出者，恐不被槍殺亦將餓死矣。

四　吳淞方面戰況，

▲敵攻吳淞又失敗　晨四時許，敵艦七艘，在吳淞鎮附近之浦江中，向砲台灣方面開砲進攻，至十時許始停，下午三時，敵方復以軍艦三十餘艘，飛機數架，向我獅子林砲台集中火力，猛烈轟炸，我軍沉着應戰，敵終不得逞，並有三五六號敵機一架，在劉行鎮方面，被我八十七師擊落。

▲蘊藻浜敵偷渡敗退　同晨四時許，有敵軍步兵二百數十人，分乘鐵殼駁船四艘

，由停泊黃浦江中之敵艦掩護，駛進蘊藻浜，希圖在蘊藻浜大橋堍偷渡登岸，襲奪我軍戰壕，當該駁船駛進浜內時，遂被我地發覺，立時以機關槍奮勇掃射，敵不支，隨即敗退，至七時許，復有敵機三架自口外飛來，向砲台及蘊藻浜一帶擲彈十餘枚，蘊藻浜正面之敵軍，昨日仍用大砲轟擊，並無進攻模樣，故雙方陣線，亦無特殊變化。

五　閘北方面戰況

敵軍總攻擊後，雖其重心側向於江灣方面，而對於閘北一帶，仍不時以部隊一二百人，或數十人衝鋒，擾亂我軍陣線，昨日上午，新民路川弓路等處，仍時有接觸，茲列誌於次。

▲敵襲新民路　昨晨十時許，敵軍先以大砲開放四五發，繼即用鐵甲車一輛，在旁掩護穿黃色制服之陸軍五百人，向防守新民路之防地衝來，經我軍於沙袋旁猛轟一炮，將敵鐵甲車廂穿一巨洞，車身既為

傾覆，車上敵軍，見勢不佳，即向後逃竄，同時敵軍五千餘人，亦經我軍猛射擊退，是役戰爭時間，祇一時許，至午後四時許，敵又由該處衝出，當被我軍用機關槍擊退。

▲川弓路敵又潰　是晨八時許，沿北四川路敵兵約二百餘人，突向川弓路進攻，我軍即在廣東街接戰，雙方激烈之巷戰，重又開始，我軍迫擊炮機關槍助戰得力，日軍前部先鋒隊相繼倒斃，後部敵兵見狀，乃亟亟潰退，我軍乘機追擊，又斃敵十餘名，敵分向靶子路狄思威路一帶敗退。

▲天通菴有激戰　是午十一時十五分，天通菴方面，日軍又以大炮向我軍陣地轟擊，我軍未加還擊，至二十五分，日軍四五百名，以我方毫無動作，即藉炮火掩護，向我軍衝鋒，我軍沉着應戰，迨日軍馳抵我方陣線外百碼時，即以機關槍來福槍手溜彈等，加以猛烈掃射，頓時擊斃日軍百餘人，其餘日軍，即紛紛向後倒退，我

軍當即出壕追擊，又擊斃日軍數十八，遺屍遍地，並奪獲步槍百餘枝，

■敵軍不逞全線潰崩

▲二月廿二日戰況▼

■江灣方面戰況

▲廟行鎮空前血戰　敵軍二萬集中於廟行鎮方面後，即用鐵甲車坦克車卅餘輛，在猛烈礮火下，掩護衝鋒，企圖一舉佔領，故其來勢之猛烈，爲開戰以來所僅見，幸經我軍步哨，察覺甚早，當即奔回報告，全體準備，俟其來近，即由當前之軍隊，奮力還擊，同時並由左右突出，向敵軍側面夾擊，并包抄其後，加以圍攻，惟敵軍來意，頗存奢望，故亦極力掙扎，作困獸之抗，戰至昨日拂曉，短刃相接，完全肉搏，其後敵漸不支，二次又調集後方部隊，加入作戰，亡命猛攻，雙方混戰肉搏，激戰之猛烈，較諸曹家橋一役尤甚，同時敵機數架，亦飛翔空際，頻向我軍陣地拋擲炸彈，並以機關槍助戰，我軍以司空見慣，兀不爲動，但敵衆我寡，實力相去懸殊，至十時後，頗現危急之象，幸將士抱必死之心，無不以一當十，勇猛抵禦，至十二日，我援軍大至，出奇兵包抄敵軍後路，於是始轉危爲安，敵軍驟出不意，死傷無算，敵陣線遂大搖動，此時日飛機增至十餘架，向我陣地投彈如雨，我軍以敵勢已衰，遂改守爲攻，左右衝突，至下午五時，斃敵至三千餘人，敵遂全部潰退，是役我軍大獲全勝，燬滅敵坦克車一輛，俘獲敵鐵甲車一輛野礮二十餘門，槍械無算。

▲敵軍襲江灣慘敗　是晨，敵一方面以主力軍攻廟行鎮，同時以萬餘人兵力，攻我江灣鎮之正面，四時二十分許，敵萬餘人，由持志大學東首突出，憑藉先施足球場之東圩下，向我猛烈攻擊，攜有野礮十五門，馬拖過山礮五尊，當時我軍，伏於淞滬路畔之小溝中，寂然不發一槍，日軍乃衝鋒前進，將抵淞滬路時，我軍乃突起迎擊，同時我美衆祠駐軍，亦聞警包抄，雙方搏鬥至烈，相持甚久，敵另一支隊由小觀園附近向吾猛襲，我軍當其前進時，立即化作散兵綫，將近我戰壕時，乃出而應戰，混亂三小時，此時駐防六三花園之敵軍，聞警衝出援救，而我閘北方面，亦調到援軍，參加作戰，至下午四時，敵傷亡千餘人，紛紛潰退。

▲金穆宅之大包圍　廟行鎮方面及江灣敗退之敵，經我軍追擊，狼狽不堪名狀，至晚間八時，敵萬餘人，在江灣鎮之北，廟行鎮之東，金穆宅地方，全部被我軍包圍，敵雖拚命突圍，終不得逞。

▲敵軍全線總退却　敵大部在金穆宅被我軍大包圍，殘餘部隊，軍無鬥志，經我軍衝攻，防線立潰，至晚九時，敵沿廟行江灣八字橋等防線，全線總退却，由引翔鄉而至狄思威路，平涼路，在匯山碼頭集合，我軍乘勝追擊，先頭部隊到達岳州路

沈家灣等處，一時虹口區域以敵軍之無秩序總退却，陷於大混亂，我軍爲尊重條約，下令不得衝過租界，否則託庇於租界之敵，卽晚當可得一總解決矣。

■閘北方面戰況

▲八字橋我軍大捷　卽晨拂曉，日軍於總攻廟行鎭江灣鎭後，卽分重兵，向我八字橋進攻，計有陸軍五千餘名，利用鐵甲車迫擊礮機關槍在前衝鋒，我軍卽奮起迎擊，手溜彈機關槍同時並發，當卽斃敵先鋒數十名，詎敵軍又繼起猛衝，前仆後繼，終以我軍礮火猛烈，未爲所逞，我軍卽於斯時反攻，以至肉搏，雙方機關槍迫擊礮，全失其效用，敵旅進旅退，我軍出沒於敵陣間，銳不可當，但見我軍到處，敵兵東倒西傾，血花四濺，我軍愈進愈勇，敵軍已無抵禦能力，乃漸漸向虹口花園方面潰退，我軍卽乘勝追擊，沿途在靶子場，施高塔路，又起激戰，但敵氣已餒，稍抗卽潰，至下午三時許，我軍已達狄思威路，我後方部隊，亦呼應而進，至四時許，我軍最前綫，達岳州路，至六時許，已趨虹鎭，於是該路日軍陣綫，全部被我軍擊潰，同時寶樂安路突起大火，虹口一帶，日軍秩序頓時大亂，狼狽逃竄，在八時許，日軍沿吳淞路•閔行路•向浦江方面敗退，我軍尙在追擊中，此役日軍傷亡達二千餘名，我軍傷百餘名，已送醫院救治。

▲日軍奔潰之狼狽　是晚日軍因受我軍四面追擊，以致秩序大亂，潰不成軍，紛向吳淞路，七浦路，閔行路，等處四散奔逃，沿途並將槍械棄去，希圖混入民房，時有一部份日軍，於敗退至七浦路時，駐防該處之美兵，見來勢不佳，亟發砲四下示威，日軍乃卽散逃，但在中途，卽被我軍殲滅。

▲寶樂安路之大火　同日下午一時許，兩軍激戰最烈，砲彈橫飛，滿街咸是，老靶子路上海療養院三樓，被砲彈擊中，沈家灣救火會後門及西隊員宿舍前門，均中彈破裂，晚九時後，北四川路大德里，寶樂安路，及狄思威路，福生路，一帶發生大火。

■吳淞方面戰況

▲敵艦一艘被擊傷　是日上午，有敵軍艦十餘艘，在口外用重砲向吳淞砲台猛攻，同時並有飛機多架，在空中助戰，我軍亦還砲抵抗，激戰約一小時，敵艦一艘，被我砲彈擊中要害，該艦受傷時，立向左右擺動不已，大有沉沒之勢，旋被敵艦四艘保護退去，餘艦亦向長江方面駛去，敵機見勢，遂向楊樹浦方面飛去。

▲敵兩次進攻失敗　駐紮淞南黑橋及周家浜口之日軍，於是日上午一時，向西猛衝直至季家橋南首尼姑菴地方，爲我軍擊退，至天將黎明，又作第二次衝鋒，我軍初則沉着不戰，俟其逼近我軍防線時，一聲令下，以大包圍勢將日軍包在垓心，遂以大刀隊上前將日軍砍死二百數十名，餘

均不支而逃。

▲日軍技窮飛機散僞傳單　是日下午二時半，有日飛機三架，盤旋於市政府附近，散發似通非通之中文傳單，冒用中央黨部名義，詆毀第十九路軍，不受中央節制，擅向日軍開戰，藉圖挑撥離間，聞閘北眞茹各處，同時亦發現同樣傳單甚多，玆經覓得一紙，錄特如左，吾人一觀，當不難知其爲日人之詭計也。

> 第十九路軍不奉黨國之命獨擅向日軍開釁藉使良民痛受塗炭之苦實屬無理已極
> 本黨絕對反對與日軍開戰
> 打倒第十九路逆軍
> 國民黨中央黨部

■潰退敵軍尚圖掙扎

▲二月廿三戰況▼

■江灣方面戰況

▲江灣獲敵機槍

江灣方面，爲敵軍第九師團左翼，是日午刻，並出第九十兩聯隊，向我陣地進攻，我軍於敵軍退至三百米達外，以大隊衝出，敵軍見我人數較衆，有迫不得已而應戰者，有見勢兇猛棄械而逃者，未及一小時，我已衝至戰壕，當奪取機關槍兩架，並斃敵軍第九聯隊隊長西尾少尉，及兵士森山山本等近百人之衆云。

■閘北方面戰況

▲殘敵襲擊敗退　今晨四時許，日軍殘部，約三百餘名，於全部潰退時，突又回來，向北四川路口我軍陣綫，猛烈反攻，初以大砲猛轟，我軍間亦略加還擊，砲戰至六時許，三百餘日軍，忽由集合線而變作散兵綫，藉坦克車之掩護，向我軍衝鋒，我軍當卽迎頭痛擊，以手溜彈機關槍等，向其猛烈掃射，立將在日軍當作掩護之坦克車兩輛炸燬，斃敵百餘人，餘衆見勢不佳，亟反身向後潰退，以坦克車兩輛，在後掩護，斯時我軍精神百倍，跟踪追擊，又將日方坦克車兩輛加以炸燬，一部份落後，日軍六十餘人，見我軍來勢勇猛，驚惶失措，卽將槍拋棄而退，是役也，交戰約三時有餘，計擊敗日軍坦克車四輛，奪獲步槍七十餘支，機關槍一架，斃敵百餘人，我軍則僅傷五六人。

■敵軍掙扎已告失敗

▲二月二十四日戰況▼

■江灣方面戰況

▲擊斃敵聯隊長　敵軍總攻廟行，昨日起，已被吾軍由朱家橋猛力衝擊，敵軍逐漸南退至唐家宅，再退至金穆宅，侯家木橋，殘部二千餘人，遂於該處被吾包圍，當時敵軍大部，本已遠退侯家木橋，迤南十里之遙，聞警集合援軍，乃復竭力反攻，當經吾軍分隊迎擊，將殘敵隔絕兩處，激戰之烈，爲中日滬戰所未有，敵軍屢擬猛力衝鋒，終不得逞，前晚起，且節節敗退，殘部解決，不過指顧間事，詎此時

日方來滬援軍五千餘人，已在張華浜登陸，且立即分開前線，加入作戰，敵軍得此生力，遂以坦克車四十餘輛，立即反攻，並分批擾我左右兩翼，此時吾前線駐軍，人數不足五千人，以敵三萬餘日軍，且苦戰已數十小時，遂被日軍取得聯絡，被圍殘敵，衝出千餘人，此時吾軍士卒，雖極疲勞，然人人具必死之心，故仍猛力衝殺，被圍殘敵千人，立即全數殲滅，並乘勢進擊敵軍，敵軍遂全部敗退，復由侯家橋以南撤退十餘里，是役吾軍以少敵多，侯家橋一帶，日軍屍骸，堆積如山，敵軍高級長官，亦陣亡數十人，即日起，吾軍掩埋餘骸之際，曾發覺敵第九師團第二聯隊長百海實男，亦在陣亡之列，此可想見是役戰事之烈，我軍俘獲敵機槍二十四挺，步槍千餘支，小鋼砲數十門，其他戰利品無算。

▲黑家宅敵敗退　敵援軍五千餘人，於昨晚在張華浜登陸後，除分撥一部份援助廟行一帶殘敵外，晨五時許，又另遣一千餘人，由張華浜秘密出發，冀由黑家宅而至侯家橋，意擬擾吾左翼，援敵出險，我軍當時，不動聲色，任令敵軍深入，惟當敵軍大部將抵黑家宅時，吾軍遂一躍而起，附其背部，予以痛擊，時吾黑家宅以西之駐軍，亦已聞警，趕到參戰，於是敵腹背受敵，激戰亘一時半，敵軍死傷過半，乃由間道逸去。

■閘北方面戰況

▲晚間激烈砲戰　是晨上午八時四十分，防守北四川路東面之日軍砲兵陣地，以開花砲彈向我軍陣地射擊，砲聲隆隆，連綿不絕，我軍初未加以還擊，至日砲射至三十餘發後，始亦開砲還擊，雙方砲戰至十一時，始漸平息，至下午六時許，日兵又以重砲，向我閘北八字橋，天通菴路，陣線轟擊，我軍亦開砲還擊，砲聲隆隆，愈發愈密，至十時左右，雙方步哨，亦起接觸，日軍雖利用重砲掩護進衝，但我軍砲火威逼，槍彈密發，實予敵軍以巨創，始終未為所逞，日軍乃重藉大砲轟炸，我軍又復還擊，直至十二時後，始漸平息，我軍陣線無變動。

▲敵偷襲被殲滅　是日九時許，在邢家宅路民房內，突出日軍殘部約二十餘人，沿新民路偷進，為我軍瞭見，即開槍掃射，敵亦依牆還擊，寶山路我軍聞得砲聲，即來追擊，敵見狀，乘勢前衝，在來安里之我軍居高臨下，用機關槍掃射，旋即全部殲滅，刻我軍尚在搜查殘餘敵部。

■全線血戰我軍勝利

▲二月廿五日戰況▼

■廟行方面戰況

▲金穆宅殘敵肅清　被圍於廟行鎮金穆宅之殘敵，業於昨午十二時後，經我軍兩面包抄，當場將被圍之四百餘人，擊斃二百餘人，奪獲槍械二百餘枝，餘敵負傷逃回，嗣敵人又於今晨二時後，得其後援加入

，曾集殘敵約三千餘人，再度猛力反攻，藉其重炮之掩護，闖衝破我江灣鎮之東北吳家宅左近陣線，當經我軍奮勇抵禦，肉搏激戰，形勢猛烈，當激戰時，敵機同時有九架飛出助戰，向下紛擲炸彈，惟敵軍因迭遭敗績，已失鬥志，而我軍則前仆後繼，愈戰愈勇，且從捷徑抄其歸路，於是敵軍愈覺不支，紛向後退，我軍跟後追擊，敵多自相踐踏，是役敵傷亡過半，極爲狼狽，約歷十時許，始得稍事喘息，但敵方又在中午十二時後，再集合其部隊向我軍陣進衝，其時敵兵已多畏縮不前，經我軍與之交戰一小時左右卽行敗囘，午後敵仍時進攻，但已不若前此之激烈。

▲敵分三隊攻廟行　敵軍於今晨拂曉起，繼續前夜戰事，向我廟行鎭東北部進攻，并以飛機十數架，大炮多門助戰，分陸軍步兵四千餘人爲左中右三大部隊，左隊配於陶家灣方面，右隊在侯家木橋與金穆宅之間，向金穆宅推進，中隊則在陶家灣與右中兩隊之間，直向孟家宅猛攻，我軍則以大部隊配於金穆宅與孟家宅前面迎戰，并以大炮等向敵猛轟，雙方炮火交加，極爲猛烈，兩軍卽於炮丸之間，從事作戰，雙方肉搏數小時之久，敵軍漸形不支，至十一時許，我軍再接再厲，誓死抗拒，敵死傷達數百人之衆，我方傷亡，未及敵之半數，至午刻，敵右方部隊，略向南斜，擬與中路隊聯絡，被我軍以猛烈炮火所隔，至下午，敵始敗退，我軍仍守原防。

◻江灣方面戰況

江灣方面今日上午，均在炮戰中，日飛機在空中擲彈，間有步槍聲，亦惟步哨與步哨之接觸，至下午六時許，日軍於飛機擲彈之後，乘大炮掩護，分兩路重兵，約千餘人進窺我軍防線，一自體育會路，一沿天樂寺，集趨江灣，並以坦克車前導，我軍卽分途痛擊，吾軍除以手溜彈轟炸外，並有大刀隊在前破陣，敵兵被殲大半，乃不支而退，未幾敵軍增援，重又前衝，炮彈密如雨點，我軍炮隊，亦以炮向敵兵陣內轟擊，在鐵道以東，砲火連天，江灣鎮上亦中幾彈，激戰多時，敵軍毫不得手，至七時許，敵兵愈戰愈衆，我軍突出奇兵，向體育會路之敵側擊，敵軍陣線動搖，天樂寺之敵，亦似不支，未幾竟被我軍全部擊潰，我軍在體育會路方面，已逼近跑馬廳。在天樂寺方面，亦有進展，敵軍見陣線危急，乃亟用炮轟，我軍炮位，亦移進還擊，至十時許，雙方炮轟，仍有加無已。

◻八字橋之戰況

▲八字橋之激戰　八字橋方面，日軍於晨間進攻失敗後，仍不時用步槍向我軍防線施射，我軍伏處戰壕，不動聲色，日軍炮隊，雖聯用大炮轟擊，但絲毫未損我軍陣線，敵彈多中附近民房，我軍乃予相當之還擊至下午六時左右，敵軍五百餘人，在暮色沉沉之下，又重向該處我軍進攻，勢頗猛烈，我軍奮起抵禦，雖敵方炮彈密如

雨下，亦無畏縮之態，雙方機關槍及迫擊砲，且半小時未息，此停彼起，想見當時衝鋒肉搏之烈，而我軍又善用手溜彈，故敵軍犧牲者甚衆，至七時許，敵軍以屢攻不逞，傷亡相繼，漸覺不支，遂向狄思威路後退，我軍乘勢反逼，至九將許，虹鎭方面，已可耳聞槍砲聲甚晰，至繕稿時，尚未稍殺，想我軍尚在追擊中，同時楊樹浦方面，敵傷兵有十餘卡車載運，自東往西。

▲天通菴路敗敵　敵攻八字橋後，下午七時許，又有敵兵七百餘人向我天通菴路方面，再度進攻，以大砲鐵甲車，爲掩護衝鋒，機關槍繼續向我軍發射，我軍沉着不應，待敵衝進距離較近，我軍兩旁機關槍步槍，同時並發，先鋒敵軍，應聲而倒，敵之鐵甲車起而衝鋒，我軍以手溜彈迫擊砲向之轟擊，密集如雨，敵軍亟亟後退，我軍見機，齊出衝擊，敵軍不支，稍事掙扎，隨戰隨退，我軍仍固守原防線，旋敵

方砲隊大砲又忽轉密，我軍纖起還擊，至十一時許未斷，槍聲轉稀，又入砲戰中矣。

㈣吳淞方面戰況

▲敵艦攻無結果　吳淞方面敵軍與我軍，仍遙隔蘊藻浜而守，並無十分激烈之接觸，但敵方海軍艦，不時向砲臺淞鎭蘊藻浜等處開砲轟擊，每次砲轟，均在百餘發以上，當敵艦歷次砲轟，我軍鎭靜異常，死守防地，故陣線毫無變動，敵軍雖耗費砲彈數百發，可謂一無結果。

▲紀家橋雙方激戰　今日上午九時許，有敵沉江丸裝載敵兵約五百人，自滬駛至糧米站碼頭登岸，侯家木橋一帶，有敵兵二千餘名，用軍砲及野砲掩護數次，向我軍陣地猛衝，結果，均被我軍擊退，雙方激戰終宵，直至將旦，敵軍始行退去。

▲敵機紛紛投炸彈　敵艦於第三次來攻，同時有敵機四架，飛至我軍陣地，亂擲炸彈，有二彈墜於蘊藻浜北岸金家宅，及南岸胡家橋之民房，立即同時起火焚燒，我軍遂開放高射砲，向敵機射擊，十一時許，有一敵機幾被我軍高射砲所中，敵機倉皇往口外飛逃而去。

㈤日飛機轟炸新龍華

日軍飛機迭次轟炸文化機關及無辜民房，違反國際公法及人道主義，歐美輿論，對此暴行，屢表憤慨，詎日軍暴行，有增無減，連日日軍軍機，復至新龍華，投擲二百磅彈炸十餘枚，新龍華僻處滬南，與戰場相距甚遠，所炸燬者，盡屬農家民房，下午四時，日軍飛機三架，又至新龍華，擲下巨彈六枚，轟炸之聲，聞及數里，被炸燬高樓洋房一座，東面農舍櫛比，盡係舊式平房，昨被炸燬四幢，田間發現一巨穴，深及丈餘，周圍大如池，其旁巨樹折斷倒地，可見炸力之猛，浮厝屍棺被炸者，屍骨橫飛，棺板粉碎，更屬慘不忍睹，附近小河，炸死魚類，由河底翻上，飛散滿池，更可謂殃及池魚矣。

■敵主力戰已失敗

▲二月廿六日戰況▼

■廟行江灣戰況

▲敵重創後一蹶不振　日軍於昨日藉援軍之助，於下午二時，六時，及十一時許，接續三次，自廟行以迄江灣，全綫向我總攻，被我軍屢次擊退後，其方調前綫之第十一師團損失甚重，尤以小場廟竹園墩受創最巨，當我軍進逼時，幾已失其戰鬥力，今日上午十時廿五分起，敵方以大炮猛向我軍轟擊，我軍亦起還擊，至十一時許，敵飛機在天空偵察，並在大場及廟行投擲炸彈，我方高射炮瞄射不息，因此炮聲甚密，江灣方面亦有日機投彈，敵方步哨不時以步槍向我軍施射，我軍沉著不應，敵恐中計，乃旋息，惟雙方炮轟，有加無已，我軍前綫兵士均伏處戰壕中，以敵軍始終無動靜，故亦不予追擊。

▲敵坦克車全失效力　敵自以鐵甲車坦克車作侵略工具後，不料連戰皆北，且蹈中我地雷，燬壞十餘輛，因之該項車輛至今，已專作炮壘之用，每輛外圍沙包，盤踞戰場要隘處，不復再作衝鋒陷陣，其亦自知龐然笨重，燬去一輛，損失甚大，故前昨兩日，敵攻竹園墩，小場廟，趙家宅，水車頭，等處，已屏棄不用，蓋該處地爲低窪，泥土潮濕，港汊紛歧，尤爲坦克車鐵甲車所忌者也。

■閘北雙方砲戰

閘北天通庵八字橋一帶，日來戰事，較爲沉寂，前夜吾方集中砲火，向敵猛攻，敵軍憑壕頑抗，雙方激戰甚烈，今日拂曉，敵始不支而退，我軍除將前哨綫移進外，並不窮追，至下午五時，敵又反攻，但人數不多，僅用大炮轟射，敵方亦以重砲還擊，雙方激戰約一小時，敵因進攻失利，即向後退，不敢再衝，至晚八時半起，敵又用重炮轟我陣線，或斷或續，亘數小時之久，毫未得手。

■吳淞方面戰況

▲敵艦漲潮時進攻　淞口三夾水外洋面，現泊有敵艦十餘艘，距離炮台水綫甚遠，惟每逢平潮時，即派敵艦三艘，向淞鎮輪流往來發炮轟擊，一俟潮落，立即退出口外，張華浜附近浦中，現無敵艦蹤跡。

▲敵攻淛塘河　今日吳淞蘊藻浜之正面，兩軍仍隔河對峙，並無接觸，沿南淛塘河之侯家木橋，紀家橋，等一帶，敵軍於是日上午八時許，突增派重兵，向我軍陣地進攻，同時並有敵機六架，擲彈助戰，我軍在該方面築有堅固戰壕，兵力亦至爲充厚，故敵軍砲火雖猛，頗能應付裕如，張華浜附近一帶敵軍陣地內，已不若前數日之沉寂，敵兵均異常忙碌，三兩成組，由淞滬鐵路運輸軍實送往前綫，九時許並有小輪一艘，拖帶駁船三艘，裝載敵兵四百餘人，及大批軍用品，由滬駛至糧米碼頭，敵兵登岸後，即行轉道開赴火綫，該方面戰事起後，至下午益形劇烈，截至下午

三時許，雙方尚在相持中

▲大批敵機擲炸彈　今晨七時許，淞口航空母艦上，又飛出敵機十三架，計有燬炸機七架，偵察機六架，至吳淞外馬路一帶擲下炸彈數枚，當商救火會高樓着彈炸燬，並殃及海濱醫院，經我軍開放高射砲，始見六架飛往西北方面，七架至江灣一帶而去，八時後，日艦發砲十餘響，彈均落砲台灣獅子橋田間，又下午一時，日飛機一隊三架，又向蘊藻浜方面投下延燒彈數枚，未幾遂即起火，因無人施救，至下午三時始熄。

■日艦砲轟乍浦

浙江平湖附近乍浦口岸，停泊日本軍艦三艘，今日下午二時許，突向我駐軍開放大砲十餘響，艦上之陸戰隊，意圖乘勢登岸，幸以我軍防範嚴密，遂未得逞，並有日飛機五架，偵察乍浦海口形勢，嗣復來十一架，偵察數分鐘即去。

敵機飛杭與我空軍激戰

今日上午六時半，有日戰鬥機十五架，由高橋起飛，向海外繞道飛至笕橋，盤旋空中，意圖拋彈轟炸我航空場，時適我航空場停有飛機十三架，有十架即時飛起應戰，餘三架因不及飛起，當被轟略受微傷，日機拋彈約十餘枚，（全係重量炸彈），其時該站對面有草屋一間，亦被炸燬，車站人員，莫不驚慌異常，但該站幸未殃及，當我機在空中與日機戰鬥時，我駐軍亦用高射砲轟擊，日機不敵，紛紛逸去，至午時許，又有日機三架，沿滬杭鐵道飛至艮山門一帶，並在空中視察約數十分鐘後，轉飛至臨平站對面翁家坡，盤旋一週，惟笕橋長安硤石一帶，嗣後仍有日機多架飛行，直至下午六時，始飛返高橋。

■敵軍待援準備大戰

▲二月廿七日戰況▼

■吳淞方面戰況

▲敵艦轟獅子林　今晨七時半，敵軍艦二十餘艘，集中於瀏河寶山間江面，同時以飛機七架，集中砲火，向我獅子林炮台轟炸，我軍沉着應戰，亦時發砲還擊，至十一時二十分敵機飛去，而砲轟如故，掩護敵軍，圖在砲台灣登陸，俟至相當地點，停止砲擊，我軍是時乃以機關槍及迫擊砲向敵射擊，多命中，敵艦亦開砲猛烈，混戰至下午二時許，尚未停止，其所投炸彈，多為二百五十餘磅之重彈，但我方要塞佈置極週，敵投彈雖多，大半均陷入淤土，失爆炸力。

▲敵船擊沉三隻　今日上午十時許，張華浜糧米棧碼頭等，兵二百餘名，分乘鐵甲駁船四隻，藉依周塘以掩護，沿塘圖至蘊藻浜口，希圖偷渡，當被我方外馬路駐軍發察，即用陸戰砲轟擊，敵船一時欲退不能，當場擊沉三艘，敵淹斃約一百五十餘名，其最後之一艘，急轉舵避入塘邊，急駛逃去，是役敵軍生還者僅五十餘人，我方未傷一卒。

▲蘊藻浜敵縱火　是晨八時許敵於慘敗之餘，祕密派遣漢奸便衣隊多人改扮良民，偷渡蘊藻浜，潛至各村落，肆行縱火，於是封中居民又遭一炬，加之風伯助威，施救無人，故延燒更烈，在本埠較高之處，即可遠見黑烟冲天。

■閘北砲聲火光

▲入晚敵偷襲擊退　今日下午七時許，日軍於砲轟後，即撥派少數步兵三四十人不等，向虬江路，天通庵路，我軍防綫偷襲，我軍伏處戰壕，沉寂不動，日軍意爲我軍已被其砲火逼退，乃仍摸索前進，約距我軍陣地百碼左右，我軍機槍突起，日軍當者盡靡、未幾又來又遁如是者三四次，嗣後日軍見無隙可乘，乃停止進行，惟仍不時用步槍遠射，我軍亦還擊。

▲中興路竟日大火　日軍自昨日起，因步兵接觸，非惟不能越我雷池一步，反致喪兵折將，故改用砲轟及飛機擲彈，但結果仍不能損我分毫，昨爲敵軍施用此計之第二日，於上午五時起，即用大砲，向天通庵及閘北轟炸，同時日飛機三架，亦在閘北等處，空中盤旋投彈，中興路中興里，於昨晨五時先中敵機炸彈一枚，繼中硫礦彈，立時起火，先僅在里中延燒，旋因大風助威，乃漸延及鄰屋，同時敵方砲彈紛飛，墮地爆炸，更助火勢延燒至午，已將中興路對字房屋，全付一炬，未幾寶元里亦累及，入晚已焚及大半，火勢尚有增無減，遠望滿天通紅，正不知伊於胡底，日兵之殘酷行爲，實人間之魔鬼也。

▲沿途敵屍縱橫　大場全鎮，於昨日被日飛機投擲巨量炸彈三枚，立即爆炸，全鎮房屋，炸毀十分之七，已成一片焦土，幸民衆均已避走，暫時躲身於附近各鄉村中，前日廟行，趙店宅，竹園墩，孟家宅，大洸宅，一帶，日軍大敗，沿途各田地上死屍堆積，血流成渠，除在我軍火線外之屍身，於下午旁晚時，由日軍拖至鐵路附近，裝入大卡車上，運往楊樹浦及公大紗廠者，共計有四十八車之多，約計足有三千餘名，沿途血跡淋漓，觸目皆是，尚有手足擊壞，氣息未絕者，亦均一併裝去。

■我軍堅守主要防線

▲二月廿八日戰況▼

■江灣一片焦土

▲江灣成爲炮火焦點　敵軍自變更戰略，以全力進攻我江灣方面後，因我軍猛烈抵抗，每次進攻，終不得逞，乃利用大砲數十門，飛機數十架，日夜向江灣鎮轟炸，亘三十餘小時之久，希圖毀壞我軍陣地，但結果仍告失敗，惟鎮上民房，則因此焚燒殆盡，全鎮幾成一片瓦礫場，而鎮上尚未逃出之無辜居民，多被炸死，屍積如山，臭氣逼人，不堪久耐，尤以附近河水，愈形惡濁，我軍爲安全起見，於二十六晚間九時，暫行離去該鎮，即將陣綫移至附近防守，然我軍以敵方嚴陣以待，仍在該

鎮東面一帶窺覘，膽怯不敢前進，至二十七晚間，敵軍曾派少數哨兵，乘黑夜偷入鎮內窺探，當被我軍察覺，立即開放機槍擊退，嗣復雙方均隔鎮而守，故江灣鎮上，現實爲兩方火線之焦點也。

▲我軍憑泗塘河嚴守　是日下午三時四十分起，敵又以少數部隊，向江灣以南之楊家樓衝擊，當經我軍奮勇擊退，但我軍以戰略上便利關係，現均在江灣稍西之某地築防，敵以爲我軍詐退，不敢遽進直至清晨七時，敵用飛機先將虛實探明，復用巨砲轟擊，至近午十一時，始前進至萬倉橋，其時我軍早已準備完竣，猛烈迎擊，敵不支，後退數十碼，敵軍進抵鎮上，因防我伏軍，留陪民宅，故將所有房屋，盡行縱火焚燒，烟焰之烈，較昔在寶山路焚燒時，尤爲猛烈，午後四時三十分，見火尙在延燒中，至於萬倉橋之敵，被我敵住後，遂在附近紛紛築防，午後二時，復用小數部隊，向江灣北面之嚴家宅，與江灣南面之楊家樓，舉行偷襲，但均以我防地鞏固，不能得手而退走，三時後，偶有槍聲，均爲雙方哨兵所發出，戰事並不十分激烈，現我軍防線，北自金穆宅起，南迄楊家樓止已成一直綫，憑泗塘及俞涇作戰，防護較前更爲嚴密。

▲小場廟嚴家宅劇戰　今日上午，江灣敵以大砲及飛機十餘架，向小場廟與嚴家宅一帶轟炸，至午砲火始止，旋敵千餘，由大洸宅及周家宅一帶，向我進攻，我軍奮勇衝殺，將敵截成兩段，致首尾不相應，即行退却，於下午一時許，被我軍包圍，混戰歷二小時之久，敵軍被我解決，哉至下午四時，該方面又有炮戰。

■敵紛擾瀏河楊林口

▲三月一日戰況▼

■敵擾我楊林口

▲敵艦掩護陸軍登岸　今晨六時許，瀏河楊林口海面日艦約二十艘，用帆船五十餘隻，（按該項帆船，係前數日被敵艦在江面扣去者）駁運敵兵，約二千以上，在飛機大炮掩護之下，由該口登陸，經我軍事當局，立派大隊前往包圍，雙方砲火甚爲猛烈，激戰至上午十一時許，敵漸不支，向海邊退却。

■八字橋之血戰

▲敵四次攻八字橋　敵軍在八字橋經兩晝一夜之苦戰，至晨已力盡精疲，至九時許，敵援軍又到，集中約三四千人，復利用其集團砲兵及三四十門之各式重砲，及大批飛機爲掩護，作第四次之猛烈進擊，砲彈到處，房屋立時起火，蓋飛機所用完全爲硫磺彈及霰溜彈也，飛機所擲炸彈，無一彈在百磅以內者，加之鐵甲車威勢更甚，敵步兵得此最大之助力，更乘勢作猛烈之衝鋒，當時我軍見敵來勢過猛，爲避免犧牲計，僅以機關槍稍加抵抗，至正午十二時許，我軍即向後撤退約一百米突。

▲收失地再度肉搏　當時我軍撤退一百米

突後，立即調動大批生力軍，向該處增援，至下午一時許，我軍更四度反攻，均視此處爲全線關係所繫，軍事長官均親赴該處指揮，我軍士氣更覺百倍，人人均抱犧牲決心，全軍同時動作，以多數之手提機關槍爲前導，猛向敵軍陣地衝擊，喊殺之聲，震撼遠近，同時我軍大刀隊已滾進敵陣，刀光四射，血肉橫飛，鏖戰歷一時四十分之久，敵陣全潰、紛紛竄退，於是遂仍佔原有陣地；並檢獲敵軍機槍數挺，步槍三百餘枝，鋼帽子彈無數，嗣後敵即用大砲不斷轟擊，無一分鐘之間斷，待至薄暮敵軍又取攻勢，迄至今晨，攻擊益亟，但我軍仍固守原線，屹然未動。

■竹園墩之激戰

▲竹園墩殲敵　敵昨日分三路猛攻八字橋天通菴至早十時，仍向廟行江灣間之竹園墩小場廟進襲，我軍駐防該處者爲某師一部，見敵來即奮勇迎擊，戰約半小時，敵即派出兩大隊，一向江灣前進，一在竹園墩衝鋒，同時敵軍大砲砲彈密集，向同一地點轟擊，預計一句鐘內所落砲彈，近三百粒，空間並由飛機投彈，激戰之烈，較曹家橋一役有過之無不及，至十一時許戰更烈，我軍憑竹園墩東河浜而守，敵軍連續衝鋒，無間斷之時，我軍陣線一度稍稍後退約一百米之地，其時敵亦跟蹤而進，來勢愈猛，當此緊逼關頭，我援軍開上，實行抄襲，敵祇得匆匆而退，然已不及，被我擊斃，達二百餘名。

■吳淞方面戰況

▲敵機擲彈轟炸　今晨二時許，吳淞砲台與獅子林之間，聞有斷續之機關槍聲及步槍聲，約四十餘分鐘，始歸沉寂，旋有敵兵乘小船，駛至該處海邊，希圖偷襲登陸，當被我軍覺察擊退，昨晨七時許，有敵機九架，自口外飛起，向我砲台及蘊藻浜我軍陣地，擲彈轟炸，敵機在天空盤旋甚久，共拋擲炸彈十餘枚，爆發者極少，且有多枚墜落海中，直至九時許，始被我軍高射砲擊退，六架飛回口外，餘二三架東飛去。

▲敵艦護送軍械　昨日上午十一時許，有敵軍白色拖輪，拖帶鐵殼駁船兩艘吃水極深，但船上未見敵兵，其中所載，似係大宗械彈及軍用品，自三夾水外疾駛進口赴滬，隨後有敵艦一艘，同行保護，當敵艦駛抵蘊藻浜，即開砲向我軍陣地轟擊，共發五砲，我軍並未還擊，張華浜敵軍人數，照昨日情形觀察，已較前大增，到處可發現敵哨兵蹤跡，蘊藻浜一帶，機關槍聲及步槍聲，時有所聞，大致係雙方哨兵示威，上午十二時許，有敵卡車十三輛，滿裝大宗蔴袋，自滬運至張華浜鐵路工廠，又大陸報稱，據今日（一日）正午張華浜消息，日十四師團正在該處鐵路碼頭登陸，步兵砲兵騎兵等，均先由運船下輕巡洋艦與驅逐艦，然後載送鈕本少將所統第二十四旅之舊司令部。

▲敵砲利用商輪　昨日下午二時許，本埠

甯紹公司甬興輪，由滬開甬，行至吳淞口時，有日本驅逐艦一艘，隨後尾行，追蹤而至，及甬興輪將抵吳淞砲臺前，該日艦又施行其偷打砲臺故技，藉商船掩護，對砲臺開放四砲，我砲臺因有商輪，故未回擊，日艦發砲後，便逃進浦江。

▲敵兵昨又運到　日本大批援軍，統於前日夜，乘春日丸長崎丸奉天丸等大隊運艦，乘黑夜進口，以避耳目，至昨日上午，又運到二千名，在張華浜上陸，至下午三時二十分，復有南洋丸輪，裝載日軍一千餘名抵申，其中以便衣隊居多，仍在張華浜與黃浦碼頭上陸，至四時許，運輸船春日丸奉天丸南洋丸以及二十二隊魚雷船等，均同時開出吳淞。

■我軍退抵第二道防線

▲三月二日▼

十九路軍以孤軍抗日，自上月二十八日起，迄今日止，血戰一個月又二日之久，戰線延長，迫近百里，以疲乏之士，應付陸續而來之日寇，加以器械不良，援軍不至能支持如許之久者，悉賴我忠勇之將士，以血肉之軀，作干城之寄，自日政府派白川來滬，並率其精銳部隊第十一十四兩團四萬餘人，在江灣廟行方面拚命攻擊，我十九路軍一月以來，晝夜未能闔眼，加以猛烈之砲聲與砲火，已成耳聾目瞶之狀，瀏河方面，本留有守兵兩團，自廟行江灣之戰事轉烈，悉數奉調，參加戰事，留守之兵士僅兩連而已，白川到滬後，復將植田之戰略一變，注重側面攻擊，以運輸艦四艘，載兩師團之主力一萬餘人，於前晚駛抵瀏河，用煙幕彈掩護，全部登岸，以二連之衆，抗一萬之師，衆寡懸殊，明知不敵，士兵猶奮臂一呼，爭先效死，迫我總指揮部開訊，欲調兵往救，奈江灣方面日軍亦同時總攻，我方援軍又不能准時到達，如仍死守，則我軍自眞茹大場廟行以至吳淞之第一道防線，勢必全被包圍，蓋日軍恃其物質之力，以大砲飛機炸彈全力壓迫，我軍佔勝之處，僅憑肉搏，足使敵人心膽俱落，但後方既被截斷，如不早自爲地，十九路軍犧牲不足惜，但十九路軍覆沒以後，我大好河山亦將淪於敵手，故於前晚起，下令全軍，自吳淞江灣大場廟行閘北以迄眞茹之線、全師後退，堅守第二道防線，以圖繼續與敵抵抗，茲記撤兵後情形如次。

■蔣光鼐等通電

蔣光鼐蔡廷楷戴戟等通電云，中央黨部國民政府鈞鑒各報館全國民衆鈞鑒，我軍抵抗暴日，苦戰月餘，以敵軍械之犀利，運輸之敏疾，賴我民衆援助，士兵忠勇，肉薄奮鬥，傷亡枕藉，猶能屢挫敵鋒，日人猝增援兵兩師，而我運輸艱難，後援不繼，自廿一日起，我軍日有重大死傷，以致傾全力於正面戰線，而日人以一師之衆，自瀏河方面登陸，我無兵抽調，側面後方均受危險，不得已於三月一日夜，將全軍撤退至第二防線，從事抵禦，本軍決本彈盡卒盡之旨，不與暴日共戴一天，浴血陳詞，尙祈鑒察，蔣光鼐蔡延楷戴戟暨全體將士叩冬。

■我軍發表宣言

▲自動退守二道防線原因

▲日軍如來進攻必起抵抗

此次我軍全師撤退原因，頃由某高級長官發表宣言曰，此次在上海四週作戰之我軍，業已全師撤退第二道防線，此舉乃基於以前之決定，而此次決定之執行，不過一時間問題而已，此種戰略上之撤退，實由於第一線之作戰，其便利盡屬日方故也，蓋我軍之原有防線，閘北至吳淞，並非一軍事防線，其所以採取之者，僅因政治地位之重要耳，請言其故。㊀原來防線，無攻勢之可能，此則因我軍不願攻擊公共租界，雖公共租界已爲日軍用作軍事根據地而我軍不願攻擊公共租界。㊁原來該線與滿佈日艦之黃浦江，成平行線，故該線常爲日方重砲火力所威脅。㊂在上海四週之我軍，數字上雖與日軍約略相等，但因運輸之缺乏，實際上僅能用其半數于戰場，此因我國之抗日，旣係舉國一致之行動，而日海軍復完全控制黃浦江及揚子江，故我軍勢必分佈兵力于受日軍威脅之各地，因此我軍之集中於第一道防線者，決不能如日軍所能遣來上海之衆。㊃所有公共租界之馬路及吳淞上海間之汽車路，均在日艦來復線之內，且爲日方所佔有，日軍利用此項道路，易於使用坦克車鐵甲車及重砲，而我軍則須往來於泥濘途滑之中，以取得後方之接濟，且因日海軍控制揚子黃浦兩江，我前線乃易爲其登陸軍隊任意襲擊，至日軍之不惜鉅大犧牲，從事於徒勞無益之正面攻擊，適足見其缺乏戰略上之知識，蓋彼若在黃浦江揚子江沿線任何一處上岸，則我軍爲避免後防之切斷，必早已撤退矣，現日軍卒遣一師團在瀏河登陸，於是我軍乃不得不自動退守第二道防線，我軍茲已到達第二道防線，日方以前之利益，乃因之盡得其反，蓋日軍此後之動作，旣須遠離軍艦之保護，而其坦克重砲，又無大道可資輸送，且其兵士之一切行動，自必遠距其根據地，因而失其掩護，至於我軍則後防旣得保護，此後每一行動，將較近根據地，因而軍實援軍，易於到達，且可盡得地理上一切利益，目下全世界所屬目者，厥爲第二步將如之何之一問題，我政府決不與日本簽定任何損害國家主權之協定，此已充分明瞭，毋庸贅述，今後日軍如進而攻擊我之第二道防線，則我必起而抵抗，設因其人數軍備之侵越，致我被迫再退，則我亦必向之再度作戰，總之，現在距戰爭之終點尙遠，戰爭實正在開始進行中，月餘以來，我國軍隊，對抗日軍武力，毫無畏懼，日軍擁有坦克車飛機野砲最新式之重砲，凡人類知識所造之器械，無不應有盡有，而我國軍隊，祇有步槍及機關槍，以抵抗日本之激烈砲火，據某外國武官言，戰場之上，缺之戰爭之嚴厲，實情有如假戰，蓋所有砲火，俱由日方發出，中國大砲，均被日機炸彈轟燬，中國軍隊，祇有靜居壕內，接受日砲砲彈日機炸彈，必俟砲火已停，日軍出而衝鋒時，始能以步槍機關槍應戰，上海附近戰事，業已證明兩點重覆之事實。㈠證明日本海陸軍可畏之作戰能力，不過一種紙老虎，業經揭破。㈡證明日本優於蓄量宣傳，每日世界均飽觀日軍個人之英勇，及日軍之英勇，因其有多數之飛機坦克車海軍砲火協助之種種優勢，在如斯軍隊之中，倘有個人英勇可言，當用之於比較高尚之主義，至我軍之英勇，皆由外人眼見所傳述，毫無偏袒於其間，蓋中國軍隊，並不僅以個人英勇見長，全軍均英勇奮發，無一例外，數萬健兒，誓保國家之榮譽，不惜以血肉之軀，抵抗新式武器，誰謂如此英勇之民族，能終於失敗耶。

■日軍據我陣地

▲滬西　日軍得悉我軍改變陣線全師引退後，惟恐我軍乘機襲擊，乃於正午先遣飛機兩架，在滬西一帶空中偵察，同時即以焚王渡豐田紗廠內陸軍及其便衣隊，向北新涇一帶偷進，並屢以大砲轟擊，至二時許，已達北新涇口，便衣隊在沿路中，見係我國人民，不以槍殺，即以刀刺，倘見雙屏緊閉者，即舉火焚燒，室中存物，見貴重者一碎了之，因此我國逃難者，均遭其毒手，沿途屍橫遍地，火光燭天，慘號之聲，達於四野，未幾日軍，仍繼續前進，刻已達北新涇西面約三里許之江橋鎮，將逼近我軍步兵線，故區沈兩師長表示，如日軍再進逼不已，則將繼續抵抗，以盡自衛之責。

▲閘北　日軍既進滬西，於下午五時，即遣兵進據閘北，以便衣隊爲先導，北車站爲其第一目標，未幾虬江路，天通庵路，青雲路，亦次第到達，日軍見沿途未燬房屋，輒舉火焚之，因此下午六時左右，滿見閘北區內，火光一片，火頭有十餘處之多，即日軍縱火之結果，所有未及逃避難民，均已葬身火窟，即幸而脫險，亦在中途，被日便衣隊所槍殺，寶山路未遭災各商店，貨物均已一空，至五時半左右，日便衣隊及其陸軍，沿鐵道向麥根路再進，該處人民，正在逃避，日軍以爲我軍兵士，乃以機關槍向四面掃射，同時更用大炮亂轟，因此該處居民，不死於槍彈，即死於炮彈，附近各處房屋，亦被日便衣隊縱火，居民被焚斃者無數，青陽港鐵路大橋，於是午亦被日飛機炸燬。

■閘北徧地大火

是日上午六時許，遙望東首火光冲天，烟燄密佈，向東再進，見永興路育嬰堂路口火勢正熾，延燒二百餘間，北首嚴家角火亦未熄，約燬一百間，指江廟前高家宅，及宋公園路南面虬江路，中華新路等，徧地大火未已，惟火勢以育嬰堂路口爲最盛，蔓延亦最廣，舢板廠新橋，逃向租界之市民約有二三千人，擁擠如潮，雖有通行證，亦不能通過，該處渡船，只准華界人民往租界，不准租界華人往閘北，惟每人須收渡資銅元十枚，河中船隻甚少。

■我軍退出吳淞

▲三月三日▼

▲敵艦進攻　今晨敵方除派大隊陸軍對我吳淞砲台陣地實行包圍外，在淞口日本砲艦，又集中火力，向吳淞口進攻，一時大砲之聲，隆隆不絕，而飛機之在吳淞砲台上盤旋拋擲炸彈，我方守兵仍沉着應戰，結果，日兵仍不支而退

▲退出吳淞　據守吳淞砲台之翁旅，與敵軍大小二十餘戰，日軍傷亡甚衆，而我軍仍固守陣地不退，此次十九路軍全師退守二道防線，翁旅長仍堅守不去，嗣經各公團來，向翁旅長請求保存實力，為國宣勞，翁旅長始容納民意，遂於是日上午九時許，下令撥旅而退，日軍於我軍退離後一小時，始派兵前往，至上午十時，方易旗號，故上午十時以後，進口商輪，始悉砲台改易旗幟矣

■閘北敵軍踪影

▲閘北　日軍進閘北後，在高大房屋處，遍懸日旗及軍旗，新民路之車站棧房殘餘處，有日軍三五百名駐紮，而該處鐵軌已破壞無餘，頹瓦殘磚，彌望皆是，遙見有數十便衣隊，正從事修築，西首之旱橋，斷去一段，電線木桿，均橫臥道旁，在車站西，有大批屍首，上蓋稻草，路上遺有殘壞之人力車與小車數輛，泥土隆起不平，似為炸彈所毀，槍彈殼滿地。

▲眞茹　日軍於進佔眞茹後，即在該處布置防務，鎮上居民，因被搜獲十九路軍所遺棄之衣服，而被槍殺者，有四十餘人之多，同時即在麗川浜一帶放火，四鄉村莊，則均已懸掛日旗，所有日便衣隊及漢奸，則四出活動，遇婦女之稍具姿色者，無一倖免，現遙望四鄉火勢，不下四十餘處，可謂慘矣。

血歌錄

口滬戰哀

白蕉

一夕驚，三省失，不抵抗，禍乃烈，田中執政昭和初，大陸遺策謀貫澈，碩鼠逐逐竟無厭，又向江南圖囊括，敵艦如鯨啣尾來，要塞之砲成廢鐵，戰雲擾擾一月寒，不夜城頭天如漆，噫嘻賊氣一何驕，誇謂攻城月可拔，糾糾三將軍，聞言怒難遏，拔劍砍地吼如獅，蕞爾么麼爾何物，今日之事無他言，當爲玉碎不瓦全，別妻揮手上馬去，民族生存唯向前，深宵傳令出虎幃，槍如聯珠砲如雷，疎鐘不語簫聲咽，昏夜漫漫飛劫灰，廬舍爲墟火半天，血流漂杵欲紫泥，一以當十聲勢鬨，前仆後繼敵氣奪，敵機如鶻鵑時落，敵艦如鯨鯨身裂，利器疇言煙幕彈，渡河渡河盡魚鱉，一戰先捷蘊藻浜，再戰又見捷江灣，三戰三捷廟行鎮，敵屍不收堆如山，又須十萬劍橫磨 碧眼胡兒驚則那，十九軍非垂辮比，青白旗豈黃龍科，昔言華軍善屈服，此日方知昔言訛，嗚呼認仇作父當時任宰割，不屈男兒今日有南八，如何後援竟不至，坐使蝦夷送豕突，全師總感將軍威，誤國何人眞咄咄，不見蝦夷重洋隔，源源增援來倏忽，嗚呼援兵援兵，如何聞聲不見臨，抵抗抵抗，中樞何曾有決心，和戎自古誤大計，秦庭哭訴羞喑喑，狐裘蒙茸國三公，洛陽冠蓋徒浮浮，君不聞壯士沙場爲國殤，臨死高呼中華民國萬歲聲，君不見後方折臂斷足衆勇士，創口未瘳奮起欲從征。

◻日軍殘殺侮辱

中西人士之真相

毆辱美副領事

二月十日正午左右，美副領事林華德陪楊夫人各攜通行證，至白保羅路一百二十九號楊夫人故寓，覓其失蹤之七齡女童，當過北四川路時，由日本海軍防兵與在鄉軍人之巡邏隊驗視通行證後，派在鄉軍人二名，隨之同行，行未數十武，復為日本在鄉軍人所阻，搜楊夫人之身，林副領以日人侮辱渠所照管之女子，與之抗爭，亦為所毆，但林副領堅主渠奉政府之命辦公，不得受人干涉，故卒達白保羅路一百二十九號，至則見門已被毀，室內闃無一人，乃回總領事署報告被辱情形，即由總領事向日總領事提出抗議。

撕碎兩通行證

英人派克斯，前充西童公學拳術教員昨午（十四）乘車至北四川路狄思威路口，距狄思威路捕房不過十數武，突有日本在鄉軍人（即預備軍人）約五十名，上前阻止，派克斯出示通行證兩張，一係工部局所發，夜間戒嚴後通行者，一係戒嚴時期准許出入租界者，其上蓋有日海軍司令鹽澤少將印信，乃日人遽攫兩通行證，撕為碎紙，附近有三道頭西捕兩人，亦無能為力，派克斯抗議撕碎通行證，日人即加以兇毆，並扣留汽車，派克斯已將此事呈報英總領事請求提出交涉。

日軍使用毒彈

據二月廿三紅十字會報告日軍使用國際禁用之達姆達姆彈後，日總領事村井即發聲明書，加以否認，翌日紅十字會醫院德國醫生皮姆博士曾在歐戰中獲有豐富經驗，復致函院長，詳述在華兵傷處檢獲達姆達姆彈片情形，旋中國代表亦在國聯理事會聲明日軍使用國際禁品事實，乃昨日（二十一）日軍島田少將在旗艦出雲接見外報記者，仍鄭重否認日軍使用達姆達姆彈，且反稱中國軍隊使用達姆達姆彈，並出子彈作為證據，但該彈究於何處檢獲，及日兵有無中彈者，則島田俱未說明，足見日人之善於狡賴誣衊，可謂無所不至。

日兵拘殺西人

崑山路東吳大學第二中學校長卓（譯音）某，星期日晨八時許，在校前為日陸戰隊與商團一隊拘去，至今無下落，昨晨由美以美教會代表郝克，請美總領事向日當局提出抗議，又英人班生克利，星期日晚間乘汽車赴四川路往救一華人之老母，至今失蹤，想已遭遇不測矣。

日兵槍殺華童

一日有一華童，在檳榔路勞勃生路口，適有日陸戰隊乘汽車馳過，該童俯身方拾石片，日兵即開槍，彈自肩際射入，洞貫全身，由股際穿出，其家屬立抬該童入室，但數分鐘後，日兵踵至，將孩屍取去，擲入汽車，疾馳而去，按開槍地點，係在英兵巡邏界內。

投屍蘇州河內

二月一日下午，有市民二十餘人，陸續行經滬西勞勃生路，被該處日兵與日本便衣隊攔阻，一一擄入日華紗廠，非刑毒打之後，始將殺害，爲圖毀尸滅跡計，復將尸體擲於附近蘇州河內，移時各尸浮於水面者，次第發現十三具之多，另有幼孩一口，亦於前日午後，在滬西普陀路面朝路旁竹籬笆立而洩溺，突一日兵經過，放槍射之，砰然一聲，孩斃於地，該日兵亦將孩尸投於左近浜中，此種慘酷舉動，凡處暴力範圍之內，時有發生，所望我市民愼重行止，否則無異自投豺狼之口也。

無辜屠殺民衆

虹口漢璧禮路三角小菜場五鳳臺茶樓主馮春發•馮阿二•兄弟及夥友等十餘人，於十三日夜半，被日兵拘至司令部後，迄無下落消息，昨據被拘釋出之小販云，曾見該日司令部內共押有華人一百四十五名，大都已被日兵刀洞胸腹而死，將尸裝入蔴袋車運而去，馮氏兄弟等，均已遭害身死。

槍殺紅會會員

國難戰士救護會發起與上海醫師公會，同德醫學院，東南醫學院，震旦醫學院，中法藥學院，等合辦之紅會第七救護隊，隊長劉郁端，於二月十五日上午，率領着護赴閘北戰區救護傷兵，忽被日軍伏兵槍擊，當送寶隆醫院，施用手術後，因傷中要害，延至十六日下午逝世，茲已由各團體從優治喪，一面質詢日軍，並向紅會總會宣布其橫暴云。

戰地傷聞

◘一封傷兵的信

▲不貪財　不怕死

▲愛國家　愛百姓

茲有天主堂傷兵醫院八十八號傷兵何雲，寄上海報界一封信，今特爲發表如下　我們中國四萬萬同胞各位同志，看日本帝國主義，在我們中國的地界暴動，我們中國四萬萬同胞，速聯合救國，各同志，要怎樣才能夠和日本抗拒，我們中國四萬萬同胞，各界聯合起來，打倒日本帝國主義，我們中國才能夠安居樂業，我們武裝同志犧牲救國，我們抛棄了家中父母妻子，帝國主義者強佔我們東三省，現又來佔我們的上海，各同志，看十九路軍前方打日帝國主義，打了半月多，未退一步，我們師長演說，命我們去打日本，並無一個人開小差的，我們好久沒有發餉，我們官兵遵守師長命令，不發錢，也願打仗，我們士兵遵守命令，打日本帝國主義，我們被打死，我們便是救國，各同志，我們士兵犧牲救國，是不怕死，不貪財，愛國家，愛百姓，八十八師傷兵何雲。

■我方當局抗議日軍暴行之經過

市府致日領通牒 一月廿八日市政府致日領復牒云逕復者，案准一月二十日大函略開，日本僧侶天崎，水上，信徒後藤，黑岩，藤村，等五名，於本月十八日下午，在馬玉山路附近被毆傷，提出條件四項，請求接受等因，准此，査本案發生，殊屬不幸，本市長深表歉仄，當日據報後，以案關傷害，法有明文，當即嚴令公安局，限期緝兇歸案法辦，所有被害人等之醫藥及撫慰金，本市長亦可酌爲給予，以示體恤，至來函所提，關於取締抗日運動一項，現査本市各界抗日救國委員會，有越軌違法行爲，業經令行主管局，將該會取銷，以維法紀，關於類此之越軌違法行爲，本市長仍當本法治精神，令行取締，至其他各抗日團體，幷已令局，予以取銷，相應函達，請煩查照爲荷云云。

市府答復日方抗議書於昨日下午一時四十五分發出，各記者於是日下午，往訪吳市長，詢問答復情形，吳市長態度沉痛，靜默良久，不發一言，旋以果毅鄭重之詞，向記者表示數語如下，（余爲上海市公僕，本市安全之責，關係極大，而余實負之，故不惜犧牲一己，以求上海市之安全，榮辱毀譽，在所不計，）吳市長繼謂，以後關於本案，不願再有表示云云。

▲通告各國領事 市府致各國駐滬總領事函云，逕啓者，査關於最近中日交涉事件，本市長爲求和平解決，以保本市安甯計，業已完全接受日本總領事所提條件四項，並於今日下午一時四十五分，函復日本總領事，並已表示滿意，詎料今（二十八日）晚十一時廿五分，市公安局接到日本總領事信封一件，內附日本第一遣外艦隊司令官致本市長及公安局長公告各一件，略稱，帝國海軍，鑒於多數邦人，居住閘北一帶，爲維持治安計，欲以兵力配備各處，以負保安之責，本司令希望中國方面，應將閘北方面所有中國軍隊及其敵對設施，從速撤退等語，旋於即晚十二時市公安局接到閘北報告，日本海軍陸戰隊，在該處開始自由軍事行動，向華界進攻，査日本總領事既經對本市政府答復，表示滿意，而日本海軍方面，突有此種軍事行動，殊甚詫異，所有破壞和平，妨礙本市安甯之一切責任，當由日方負之，除向日本總領事，提出嚴重抗議外，相應函達，即煩査照，主持公道，實級公誼，此致英（壁約翰），法（柯克林），美（克銀漢）。意德（豐理德）國駐劄上海總領事。

▲向日領嚴重抗議 市府致日本總領事抗議書云，逕啓者，査關於本市最近中日交涉，本市長爲求和平解決計，對於貴總領事所提條件四項，業經接受，並於今日（二十八日）下午一時四十五分函復送達在案，當時貴總領事，並經表示滿意，詎料

今晚十一時二十五分，市公安局接到貴總領事館信封一件，內附日本第一遣外艦隊司令官，致本市長及公安局長公告一件，略稱，帝國海軍，鑒於多數邦人，住居閘北一帶，爲維持治安計，欲以兵力配備該處，以負保安之責，本司令希望中國方面，應將閘北方面，所有中國軍隊及其敵對設施，從速撤退等語，查貴總領事，對於本市長之答復，現經認爲滿意，而貴國海軍，突然有此軍事行動，殊堪詫異，所有破壞和平，及本市安甯所發生之一切責任，應由貴方負之，本市長相應提出嚴重抗議，即煩查照，轉致貴國海軍方面，迅予停止軍事行動，以免事態再行擴大，並希見復爲荷，此致日本國駐劄上海總領事村井倉松。

外部照會華約簽字各國

外部爲滬案致國聯及九國公約簽字國駐華公使牒文，原文如下，

爲照會事，查自上年九月十八日，日本無端侵佔瀋陽後，即繼續在東三省及中國其他各重要地方，積極實施其武力侵略政策，今且侵及國際商務集中之上海矣，本月廿八日下午一時四十五分，上海吳市長對於日本一月二十日之來文，業經予以駐滬日本總領事認爲滿意之答覆，乃是夜十二時，日本第一遣外艦隊司令官忽通告市政府，要求中國軍隊撤退，由日軍佔領佈防，同時即以武裝軍隊衝入閘北，向中國軍隊首先用機關槍施以襲擊，廿九日繼續進攻不已，并以飛機二十餘架，不停止且無區別轟炸居民稠密區域之閘北，該處已遭大火，居民死傷極多，當地交通機關及暨南大學商務印書館各文化機關，與主要商店，多被炸燬　現仍繼續其敵對行爲，實屬違反國際公法凱洛格非戰公約及國聯盟約，并蔑視國聯行政院迭次決議，而對於華盛頓九國公約，尤屬直接侵犯，因此不獨各國人民生命財產均受重大危害，即人道與文明基礎，亦受威脅，其責任應由日本完全担負，中國政府爲遵守國聯迭次決議，對於日本種種侵略行爲，極端隱忍，詎意日本悍然不顧，竟令日軍攻擊上海，威脅首都，其故意擴大事變之軍事行動，中國當局，忍無可忍，不得不採取相當手段，以實行其國家正當防衛權，上海爲中國之國際商業中心，現既嚴重局面之下，中國重要各地，亦隨時均有重大危險發生，日本違反華府會議九國公約危害中國主權與獨立暨領土與行政之完整，貴國政府爲該公約之首創者，（簽約國）相應緊急照會，請貴公使迅電貴國政府本其在該公公約上之神聖責任，速採有效之手段，嚴正制止日本在中國領土內之一切軍事行動，以及違反該公約之一切其他行爲，俾公約之尊嚴與遠東之和平，均得維持，并希查照立予辦理見復爲荷，須至照會者。

羅文幹發表對日宣言

羅外長三十日發表宣言如下，

當茲中華民國歷史上國難最嚴重之時

期，鄙人為責任心所驅使，遂不得不勉應國家之急，以服務於外部，查自去歲九月日軍侵占瀋陽及東三省之其他各地後，形勢日難忍耐，現在日本軍隊復又攻擊上海，情形尤更緊張，蓋不惟國際間之利益發生危險，即我首都之安全，亦頓受威脅，日本方面現雖已連續實施其種種暴行與侵略，中國方面則對於反對侵略及以戰爭為國家政策之國聯規約非戰公約及九國公約，仍行繼續遵守，中國政府現已決定，此後日本軍隊對於中國領土，如復更有攻擊，則必盡其能力之所及，從事正當防衛，須知自衛自保，乃各國應享之權利，無論在何情勢下，固不能希望其放棄者也，中國人民極願與一切以平等相互原則待我之各國人民，維持並增進其友誼，今若中日兩國人民間之友誼維持發生障礙，則實以日本之連續的侵略為之厲階，蓋此連續的侵略，自不能不於中國人民之感情上發生其必然之結果也，現如欲使中日兩國人民恢復友誼關係，則必須日本政府採用武力壓迫以外之手段，蓋武力壓迫，不惟不能醫此創痕，且反使其日益加劇故也，現在鄙人業已就外長之職，自當遵照國民政府決定之政策，竭其能力，勉效棉薄，凡我國按照國際法律國際條約所應享有之主權獨立領土及行政，完整均應使其毫無損害，尤願舉國上下，予鄙人以充分之贊助，俾鄙人之努力到底於成。

日軍違約進攻　市府又提抗議

閘北戰事，經英美領事等調停，雙方以三日為限，暫行停戰，據司令部與市政府宣稱，須至今日(三日)下午四五時許，始滿三日之期，乃昨日日軍，不守停戰信約，於下午一時二十分，復以大砲機槍等，向我進攻，市政府遂於昨日下午二時許，向英美日三領事，提出正式抗議，原文如下。

▲通告各國領事　市府通告英美暨各國總領事云，逕啓者，查關於日本海軍侵攻閘北一節，前經函達貴總領事在案，旋經英美總領事為維持和平避免戰禍起見，邀中日兩方當局，及各國防軍司令，於一月卅一日，在英總領事官舍會議，當經英國防軍司令建議，避免兩軍衝突辦法，並約定由日總領事請示日本政府，以三日為期，如日本政府不能同意，再由本府請示本國政府，在此請示期內，仍各不相侵，以上各節，均有記錄可稽，乃自該日會議後，日軍屢向我本國軍隊襲擊，迨至今日下午二時五十分，本府忽接到日本總領事署電話通知，謂日本政府對於上述建議辦法，不能同意等語，殊為詫異，且在本府未接到日總領事署通知前一小時，日軍已向我方駐在閘北之軍隊復行攻擊，且用飛機任意轟炸該處，查日方既遽背信約，且不顧上海市內我國人民與各國僑民生命財產之安全，重行開釁，所有一切責任，當全由日本政府負之、除向日本總領事提出抗議外，相應聲明，並函達貴總領事，請煩

查照，主持公道爲荷，此致英國美國駐滬上海總領事暨各國總領事，

▲向日領提出抗議　市府向日領抗議云，逕啓者，查關於貴國海軍侵攻閘北一節，前經向貴總領事提出抗議在案，旋經英總領事，暨美總領事，爲維持和平避免戰禍起見，邀貴我兩方當局，及各國防軍司令，於一月三十一日在英總領事官舍會議，當經英國防軍司令建議，避免兩軍衝突辦法，并約定由貴總領事，請示貴國政府、以三日爲期，如貴國政府，不能同意，再由本府請示我國政府，在此請示期內，仍各不相侵、以上各節，均有紀錄可稽，乃自該日會議後、貴國軍隊，屢向我本國軍隊襲擊，迨至今日下午二時五十分，本府忽接到貴總領事署電話通知，謂貴國政府，對於上述建議辦法，不能同意等語，殊爲詫異，且在本府未接到貴總領事署通知前一小時，貴國軍隊，已向我方駐在閘北之軍隊復行攻擊，且用飛機任意炸轟該處，查貴國既違背信約，且不顧上海市內我國人民與各國僑民生命財產之安全，重行開釁，所有一切責任，當全由貴國政府負之，除函達英總領事，暨各國領事聲明外，相應提出抗議請煩查照爲荷，此致日本駐滬上海總領事村井倉松。

市府對日軍仇殺華人提出抗議

▲函日總領　逕啓者，查自一月廿八日日本海軍陸戰隊，向我駐軍開釁以來，連日在公共租界之一部，暨越界築路地段，以及閘北其他地點，有中國市民橫遭逮捕，不經審判手續，被處私刑或加殺戮情形，據報至今受非法監禁者尚有數百人，似此違反人道，及國際公法，本市長不得不提出嚴重抗議，用特函達，請即飭知貴國海軍司令官，迅予釋放，並對此項橫施私刑及殺戮之兇犯，迅即依法嚴加懲處，以後對於此項事情，務請負責加以取締並希見覆爲荷，此致日本國駐滬上海總領事村井倉松。

▲函工部局　逕啓者，查關於公共租界當局，容許日本軍隊　以租界區域，爲攻擊本國軍隊之根據地一節，本府業經向貴局提出嚴重抗議在案，未蒙見覆，在過去數日間，復疊接報告，日本海軍陸戰隊、屢次武裝通過租界，以達滬西及其他地點，作種種軍事行動，危及本國人民之生命財產，而租界當局雖經宣言中立於先，復經本府抗議於後，仍復予以優容，尙未見切實制止，殊爲詫異，相應重提抗議，並嚴重聲明，所有因此而發生一切之責任，當由租界當局負之，請煩查照見覆爲荷，此致公共租界工部局總董麥克那敦。

日提哀的美敦書後外部發表宣言

外部十九日酉刻發表宣言云，日本在滬軍隊，利用各種戰爭利器，繼續向閘北吳淞地帶轟擊，歷時兩旬之久，致中國無數無辜人民之生命財產，蒙受鉅大損失，

猶以爲未足，復於十八下午八時四十五分，由其司令埴田致送最後通牒於我國十九路軍長蔡廷楷，要求中國軍隊應於本月二十日下午五時前，自其現在防線向公共租界東西兩方各完全撤退至二十基羅米突以外，並要求將撤退區域以內所有之一切砲台及其他軍事設施，均一律永久卸除，同時並由日駐滬總領村井以同樣通牒送至我國上海市長吳鐵城，查日本政府恆宣言維持中日和平，而在國聯盟約第十條之下，又曾擔允尊重並保存國聯各會員會之領土完整政治獨立，最近國聯行政院且曾致請求書於日本，忠告其對中國採取和緩之行動，乃竟提出如此出人意外之過當的要求，不但對中國國民予以重大之威脅，且實係對國聯之權威及非戰公約及九國協約等國際協定之尊嚴，予以直接之挑戰，此種要求，實危及中國主權及國格，中國地方當局無論其具有何種避免流血之誠意，要絕對不能接受，日本軍隊憑藉其多數之援兵及最新之武器，殆將重新從事大規模與更橫暴之攻擊，彼對於一切和平之籲呼，均充耳不聞，惟一決心即在作戰，中國在滬駐軍爲保衛中國土地計，迫不獲已，亦惟從事自衛奮鬥到底而已，

駁覆日方通牒

二十八日晚九時，日軍司令埴田謙吉，及日總領事村井倉松，向我十九路軍，及市政府當局所遞之最後通牒，我十九路軍軍長蔡廷楷，吳鐵城，同時將覆文分別送交日軍司令部，及日總領事署，十九路軍總指揮蔣光鼐，軍長蔡廷楷，並發表負責談話，表示軍人守土有責，絕不因敵人之恫嚇而畏縮，茲將覆文原文等，詳誌於下。

▲十九路軍覆文　逕啓者，頃接貴司令二月十八日下午九時來函，備悉種切，本軍爲中華民國國民政府所統轄之軍隊，所有一切行動，悉遵國民政府之命令，來函所開各節，業經呈報國民政府，核奪辦理，由外交部逕行答復貴國公使，本軍長未便答復，此致大日本軍司令埴田謙吉，中華民國第十九路軍軍長蔡廷楷，二十一年二月十九日午後七時。

▲市政府之覆文　逕復者，昨晚九時，接准貴總領事來函所開各節，業經閱悉，查來函所述，上海方面嚴重之形勢，均係貴國軍隊，違反公約公法，任意進攻吾國領土，慘殺吾國人民所造成，其一切關係應由貴國方面負擔一節，迭經函達在案，即請貴總領事所請轉達本國軍隊，要求實行之各項條款，本市長未便轉達，查來函所指各節，均爲足以影響中日兩國一般關係之問題，應由兩國外交核奪，由外交部逕行答復貴國駐華公使矣，惟應聲明者，貴國軍隊，現仍實行挑釁攻擊轟炸，無所不爲，以致本國國民之憤慨，日見增加，在此情形之下，所謂抗日運動，自難消滅，因此而發生之一切責任，貴國自應完全負擔，相應函復，即煩查照，此致。

▲日領致市府函　日總領村井倉松致市府原函，逕啓者，自一月二十八日晚，貴國第十九路軍及便衣隊，向日本陸戰隊攻擊以來，閘北方面，中日兩軍，成對抗之形勢，二十九日晚，雙方雖有停止戰鬥行爲之成約，但貴國軍隊，仍背約向我方射擊，或加轟擊，使我方不得不予以應戰，且以貴國軍隊，實行其有計畫之挑戰，於是吳淞及江灣方面，亦發生軍事行動，在此時間，貴方一方面散布關於第十九路軍勝利等無稽之虛報，一方面對於我方公正之行動，加以種種誹謗，其結果十九路軍對於防衛租界保護居留民而絕無他意之我軍，加以新的攻擊，便衣隊出沒於各處，依然不停止其惡劣兇暴之行動，在留日本人固無論矣，即上海租界，亦受到非常之威脅，本總領事，認爲在此之時，從速解決，由兩國軍隊衝突而起之事態，乃極爲必要，故希望依照左列條件，從速終止戰鬥行爲，切望貴國軍隊，接受該項條件，並希望貴市長即行轉達貴國軍隊，接受該項條件，同時予以切實之履行，如貴國軍隊不接受該項條件，日本軍隊，將有自由行動之事實，(一)中國軍隊，須於二月二十日午前七時以前，將第一線撤退完了，於二月二十日午後五時以前，從黃浦江左岸，由公共租界北端，連結曹家渡鎮周家橋鎮及蒲淞鎮之線起算之租界北部境界線以北，及接連黃浦江右岸瀾泥渡及張家樓鎮之線以北，完全撤退，至距離租界線二十基羅米突以外之地域(包含獅子林砲台)即將該地域內之砲台，及其他軍事設施撤去，並不得重行建築，在上海附近而不屬於上述撤退地域內一帶之日本人生命財產，須由中國方面完全保護，如上項保護有未完全之情形，日本方面，得執行適當之手段，便衣隊，中國方面應一概有效禁止之，(二)日本軍在確認中國軍隊，業已撤退之後，僅祇保持虹口附近之工部局道路地域，(包括虹口公園之周圍)日本軍自中國開始撤退以後，停止射擊轟擊及追擊之動作，但飛機之偵察，不在此限，(三)中國軍第一線撤退完了後，日本軍爲難認其實行起見，得派有護衛之調查員於撤退地域，(四)關於保護上海附近(包括撤兵地域)之外人，另行商議之，再關於第十九路軍，此次採取此種行動之經過，業於二月十五日本總領事致貴市長函中言及，認爲畢竟由於貴市長對於一月二十八日答復一月二十日本總領事要求所稱即時解散抗日會及禁止其他排日運動之諸言，未有切實實行之誠意與能力而發生，是以本總領事，應重新向貴市長要求，從速而且完全實行上述貴市長之諸言，本總領事以極大之關心，監視貴市長對於本案之實行，如貴市長不能實行，我方不得不採取適當手段時，由此所發生之一切責任，應由貴方擔負，合併聲明，相應函達，即煩查照，此致。

外部向日使提出嚴重抗議

外部對日本埴田司令最後通牒，已向日使提出嚴重抗議，原文如下，據上海蔡軍長廷楷電稱，十八日下午八時四十五分，接到日軍司令植田謙吉來文，請中國軍隊從速終止戰鬥行為，於二十日午前七時以前，將現據之第一線撤退完了，並於是日午後五時以前，從黃浦江東西岸指定地面，各離租界線二十基羅米突之地域內撤退完了，又在撤退區域內之砲台及其他軍事設施，予以撤去，並不新設，並開列其他條款，要求實行，否則將採自由行動等語、又據吳市長鐵城電稱，駐滬日本總領事村井倉松亦有同樣公函致該市長，查自上年九月十八日日本軍隊在瀋陽無端開釁以來，節節以武力進逼，侵佔東北各地，迨本年一月二十八日，日本軍隊又突然向上海閘北地方進攻，二旬之間，日本大隊海陸空軍在閘北吳淞各地肆意攻擊，中國駐軍為自衛計，不得不加以抵抗，乃在滬之貴國軍司令及總領事，竟復分向蔡軍長及吳市長提出種種不可能之要求，實屬無理已極，倘日本軍隊再行進攻，中國軍隊仍必竭力抵抗，所有因此發生之一切結果，應由貴國政府負其全責，相應提出嚴重抗議，照會貴公使，即希查照為荷。

外部致四國公使照會

關於日軍利用公共租界作戰事件，外部二十五日晚發致英美法意駐華公使（或代辦）照會云，為照會事，頃據報告，關於傳稱中國軍隊砲擊公共租界內各地點一事，貴國駐滬總領事聯同其他各國領館長官，向本國地方當局提出抗議，查中國政府對於公共租界內居民之安全，因此所受之危險，雖誠為惋惜，但無論所稱之砲擊來自日方抑或來自本國方面，本部長有不能不鄭重聲明者，即此種狀態，本國殊難負責，本國政府業經迭次指明，日本軍隊完全不顧公共租界特殊之地位，而以該租界為根據地點，俾軍隊得以登陸，向本國管轄地帶內之本國無辜市民及軍隊肆行不當之攻擊，本國政府對於此種侵略行為，既不得不予抵抗，以維護國家之榮譽與生命，則因此種抵抗對於公共租界所發生之一切損害，其責任應由大半賴公共租界為其侵略行為發動地點之方面負之，此節業經本國當局向有關係國通告在案，中國政府現據報告近數日來又有日本軍隊開抵上海，並再有多數援軍正自日本開拔，本部長茲特請貴公使（代辦）立即採取必要步驟，防止日軍在公共租界登陸，並利用該租界為軍事行動之根據地點，本部長並請貴公使（代辦）用最有效之方法，使公共租界現在之狀態，不致仍然存在，誠以公共租界附近流血之爭鬥，該項狀態使之然也，所熱切希望者，即公共租界當局勿再使日軍繼續利用該租界以犯違反國際公法及人道之罪惡也，相應照會貴公使（代辦），查照辦理爲荷，須至照會者。

汪兆銘電告答覆日牒經過

汪兆銘通電云，特急，各省市政府，各軍隊長官，各民衆團體，各報館公鑒，皓辰接上海蔡軍長廷楷巧亥電下，本晚八時四十五分，接到日軍司令埴田謙吉通牒，文曰本職基於欲以和平友好之手達到任務之熱烈希望，茲對於貴軍通告左開各件，（一）貴軍應即從速中止戰鬥行爲，於二月二十日午前七時以將現據之第一線撤退完了，於午後五時以前，從黃浦江西岸由租界西北端連結曹家渡鎮周家橋鎮及蒲淞鎮之線起算，黃浦江東岸，由連結爛泥渡及張家樓主線起算，各從租界境界線向北二千基羅米突之地域，包括獅子林砲台在內，撤退完了，且在該地域內撤去砲台及其他之軍事設施，並不新設之，（二）日本軍於貴軍開始撤退後，不行射擊轟及追擊動作，但用飛機偵察，不在此限，又貴軍撤退後日本軍僅祇保持虹口附近之工部局道路地域，包含虹口公園之周圍，（三）貴軍第一線撤退完了後，日本軍爲確認其實行起見，派遣有護衛兵之調查員於撤退地域，該項調查員，攜帶日本國旗以資識別，（四）貴國對於在撤退地域外上海附近之日本人生命財產，應完全保護之，此項保證如不完全，日方當取適當之手段，又對於便衣隊應一概有效禁止，（五）關於在上海附近包含撤退區域外國人之保護，容另商議，（六）關於禁止排日運動，一月廿八日吳市長對於村井總領事之約諾，應嚴重實行，關於此項，當另由帝國之外務官憲對貴國上海行政長官，有所交涉，如以上各項不能實行時，日本軍將對貴軍不得已採自由行動，其結果所生一切責任，應由貴軍負之等語，同時上海吳市長鐵城來電，亦接到日本總領事同樣之通牒，請示辦法前來，當經復電蔡軍長吳市長大旨如下，自去年九月十八日日本軍隊在瀋陽無端開釁，侵佔東省各地以來，吾國各處人民，鑒於日本軍隊之橫施侵略，無不憤慨塡膺，洎上月十八日，上海發生毆傷日本僧徒五人之事，固屬遺憾，然同月二十八日，日本浪人在馬玉山路附近，公然殺人放火，較之毆傷事件，更爲嚴重，乃日本駐滬總領事，藉口該案，向上海市政府提出嚴重要求，一面調遣大批軍艦，造成威脅形勢，限期爲滿意之答復，吳市長鐵城，顧念上海中外人民生命財產之安全，不得已委曲求全，於二十八日下午，勉強採納該項要求，業經日本駐滬總領事認爲滿意，至是晚十一時，日本海軍司令，忽向我淞滬駐軍發出通告，內稱日本陸戰隊將出發至閘北地方，要求該處駐軍從速撤退等語，並於當晚十二時左右，實行進兵至閘北地方，我駐軍爲自衛計，乃不得不加以抵抗，惟吾國方面，始終抱定維持和平之宗旨，復以上月二十九日各友邦駐滬領事提議休戰，暨三十一日英美總領事及陸海軍司令官建議雙方撤兵之辦法，以及本月二日英美法意四國政府之調停方案，吾國均無不誠意接受，而日本方面，或則一面佯允停戰，而他方藉端依然攻擊，或則不照原議辦法，予吾國以考量機會，遽行違約，向我進攻，或則漠視各友邦苦心，調停之好意，使各國整個調停計畫，成爲一種空言，觀於此種態度與行動，實不能不認日本軍隊對於停止戰鬥恢復和平一節，毫無誠意，況自日本軍隊在滬開釁以來，日本藉口保護三萬日僑，除陸戰隊五千人外，復增調陸軍第三師團，並有陸續增兵之訊此外在滬有大小軍艦四十餘艘，航空母艦三艘，飛機一百餘架，野戰砲重砲，及其他軍械，不計其數，攻擊轟炸，無日或已，於是所謂保僑之結果，乃將閘北及吳淞地方，悉成灰燼，吾國教育文化機關及醫院等，橫遭擊燬，吾國無辜良民及水災被難人民以及婦孺等，遭殺戮者數千餘人，而其他人民之被難流離失所者，何啻數萬，吾國方面，始終努力於和平之進行，是以最近英美法三國公使來滬居間斡旋，吾國復以誠意接受，原冀根據雙方同時撤兵之原則，實行停戰，使各友邦公使調停之好意，不致終成泡影，乃日本方面，始終缺乏誠意，不但不能諒解吾國與各國斡旋和平之意旨，並對吾國提出不合理之要求，以使上海形勢益趨嚴重，此則吾國政府所深抱憾者、查日本來文內所請終止戰鬥行爲一節，本國軍隊始終抱定自衛宗旨，倘使日本方面，確能表示停止攻擊之好意，吾國軍隊，決不還擊，惟所指撤兵區域，均係吾國管轄領土，吾國駐軍毫無撤退之理由，其撤兵區域以外之日本人生命財產，須由中國方面完全保護一層，中國方面對於外僑，無論在中國何地，向來加以保護，自不待言，至謂上項保護如有不完全情形，日本方面得執行適當之手段云云，似欲俟我軍撤退以後，再行藉端尋釁，中國政府尤難承認，再行稱排日運動一節，當此日本軍隊在此中國境內多方挑撥尋釁之際，本國人民之憤慨，自必日增，假使日本不將其軍隊從速自中國境內撤去，而誠意表示尊重中國主權與領土行政之完整，則中國人民之所謂排日運動，恐亦無從使之消滅，總之日本軍隊，此次藉口保護上海租界，而竟將租界地方作爲侵略吾國管轄領土之根據地，其因此而華租兩界人民所受之一切損失，自應由日本方面負其全責，基於上述理由，日本來文所述各節，吾國確難接受，倘日本軍隊再行進攻，我淞滬駐軍，惟有遵照政府命令，竭力抵抗，其因此而發生之一切影響，當由日本政府負其責任，如日本政府確能命令日本軍隊即日停止一切侵略行動，而爲進一步誠意之表示，則吾國爲貫澈維持和平之初衷，仍願加以善意之考量也等語，覆電業已發出，蔡軍長吳市長必能根據政府意旨，妥爲處置，茲將經過始末，電達左右，並申述要點如下，(一)觀於以上所述日本軍隊之橫暴與吾國維持和平正誼苦心，乃中日所共見共聞，（二）日本軍隊如繼續其侵佔行爲，我淞滬駐軍必本其兩旬以來，不屈不撓之精神，爲堅決之抵抗，（三）凡我軍民，當知此次軍事抵抗，雖在淞滬一隅，而其影響實遍於全國，國家爲有機體之組織，凡我軍民，對於淞滬之自衛行動，當如手足之互救，不容漠視，必須舉國一致，以最大之决心，爲長期之奮鬥，然後暴力始無所得逞，吉令在原，兄弟急難，倘祈垂察爲荷，行政院長汪兆銘叩，

（二十一日）

戰地雋聞

■歐美軍人驚歎我軍神勇

據西報消息，此次日軍向華挑戰，日方早出驕矜誇大之詞，曾謂華軍不値一擊，日軍於數小時內即可佔領上海全埠，不料事出意外，日軍迭戰皆北，日當局更憤愧欲死，於是惱羞成怒，遂不惜孤注一擲，竟竭海陸空全軍之力，向吳淞炮台及閘北方面大舉進攻，但効力更等於零，且全軍大受重創，日艦一沉四傷，此種消息傳出後，不獨華人聞之悲喜交集，即外人方面，亦同時感到愉快，於是留滬歐美各軍事家，乃組織一戰地觀察團，紛往前線陣地觀察，抵江灣路，適該處戰事正烈，日軍以大批野砲及機鎗向華軍防線猛攻，華軍初僅回砲還擊，既見日軍發砲勢若聯珠，華軍防禦物被燬數處，此時華軍非獨不退，反一聲喊殺，面迎雨之炮彈方面，衝鋒而出，前仆後繼，勢如潮湧，結果，日軍大亂，紛紛丟鎗棄砲而逃，是役華軍共奪得機鎗十七挺，野砲七門，步鎗子彈無數，當華軍衝鋒時，不獨日軍望風披靡，旁觀者亦且驚心咋舌，悉認爲此種犧牲精神，即歐洲大戰中亦所罕見也。

■各國輿論批評之一斑

英報批評日軍驕橫黷武

倫敦孟卻斯德指導報今日載有社論，謂中國既已承認日本哀的美敦書之要求，而日兵復接以確實佔據中國土地，中國人民之公憤，使提倡抗日抵制者數次扣留與毀壞日貨，然無論如何，此種可指摘之行動，不足爲異，抵制之蔓延，如可爲日兵佔據上海華界之合法藉口，則日兵侵略中國之大部分，亦可同一有理矣，泰西各國在中國沿海之利益，視日本在滿洲之利益爲大，今已處於危險中，如彼等之商務與投資受重大之危害，則在原則問題上彼等所不願取之行動，今已有迅速取之之可能，指導報之意，將來之發展　全視日本想像能依賴泰西各國所已表示之非常忍耐可再倚賴幾久爲定，美國顯將歡迎英國合作施行更有力之政策，雖今日尚未成事實，但日人如再前進，則必實現，指導報末謂英國在

爭端之初步如準備與美國合作，則今日上海之事變不致發生云。

倫敦各報之社論，謂國聯得日軍拋擲炸彈轟擊上海之消息，爲之驚愕不已，凡日本之友未有不感覺文明國之名譽受此打擊者云，泰晤士報社論謂日本政治家如不能制止其海陸兵之氣焰，則世界輿論定將使之負責，又謂目前要着在積極利用上海暫時停戰之時機，過去兩日之事件，已證明國際行爲，須較國聯行動更爲迅速之重要，中日間一段關係之大問題，終必爲國聯事件，因中日兩國皆係國聯會員也，但若能使國際利益不受目前之危險，則對於遠東和平至有關係之各國政府，又何嘗不應於國聯努力而外，再致其聯合力量歟云，自由黨黨聞報今晨表示意見，以爲如欲恢復上海秩序，必須由國聯爲之，因國聯乃國際公法之最後公斷人也云，工黨每日驛報稱，國際強盜行爲而蒙容忍，則將來結果，必使各國連日本在內，悉受莫可補

救之危害云。

大美晚報駁斥日人照會

大集晚報云，日政府由其駐華盛頓大使照會美政府，謂其增援赴滬，乃因上海之安甯須將危害該城之華軍逐出大砲射程以外云云，其意以爲日軍之作戰乃爲保護上海市民也，此種無理之主張，必須加以駁斥，吾人否認日軍乃爲吾市民作戰，吾人否認上海之安甯，須多派日軍，或任何日軍，吾人否認上海現爲任何人所危害，有之，唯中日軍交轟之砲火耳，吾人戶前之戰爭，實全由日人促成之，吾人否認日本之增援來滬，除圖戰勝中國外，另有其他作用，吾人斥責日人促成此種慘烈之戰禍，乃圖以武力佔據閘北中國土地，以期迫令中政府承認日本關於滿洲之要求，及取銷因滿案引起之抵制運動，吾人斥責日軍以租界爲對華作戰之根據地，致陷吾人於危境，而大勞中國當局約束其義憤塡膺之軍民，吾人斥責日人慘殺及虐待無辜應由租界

當局保衞之中國平民，致更陷吾人於危境，蓋華人因租界警隊或防軍不能遏制此種暴行，乃要求應許華兵保護其同胞也，吾人完全拒絕將上海市民與刻在吾人四周一帶所進行之武力侵略與暴行牽爲一起之任何企圖，以炸彈轟擊安靜之村莊，慘殺無辜之鄉農，絕非市民保衞租界任何計畫所應有者，亦永不應有者，日本所謂之危害，並不存在，吾人以上所述者，確爲危害，噫日本爲惡，終將受其酷報也。

英國星期觀察報警告日本

倫敦星期觀察報社論，不主張英國加入戰爭漩渦，據該報意見，中日直接交涉，乃成立休戰之最快方法，但該報亦謂美國及國聯諸會員國應保留全權，務使中日間所訂任何協定　尊重自己事件，並在遠東植立更佳之基礎，以維護國際和平之將來利益，該報並發警告日本之詞，如各國不得已而促進中國之組織，則日本之衰敗，必不可免，始則逐漸式微，終則莫可救藥云

意德輿論對日不滿

羅馬意大利各報對於遠東事變，初時袒護日本，現皆呵斥其非，敢言報載稱，日本干涉之舉，除思侵略滿洲外，無他理由可言。

柏林波爾森報以中日戰爭比擬英法百年之戰爭，而法卒成爲統一國，以全力抵抗外敵，全行恢復失土，該報之意，遠東或將有與此相同之發展，故日軍縱佔據上海，戰事亦決不致終止，美國現沉機觀變，非至日本與中國久戰而疲弱後，不欲出而干涉云，又伏錫志報亦載有社論，批評滬局，亦謂日軍縱在上海獲勝，戰事不特不能終止，且恐將更轉劇烈云。

大美晚報公論罪在日本

大美晚報社論云，凡持鎗尋釁者，恆得其所欲，中國之嚴詞拒絕，實日本所自肇者也，特日本軍閥威嚴之代價，須吾人大衆負之，斯爲不可解耳，誠然，吾人今日已俱在日本侵略的自衞「保障」之下，日本參謀長田代之言曰，「租界之危機，居民之不安，至今已臻其極，故實不能再任時機之一誤，」惟有一點，爲田代及日本一般發言人所無法宣告世人者，即現在形勢下之危機及不安，其罪不在中國，而在日本也，吾人平日常覺中國內亂足以危及吾人之本身，日本竟思利用吾人此種思想上之習慣，奈事實過於明顯何，㈠日本在滿洲侵略行爲，實爲此次上海形勢緊張之造因，㈡日本之誤認虹口一帶爲日本之領土，實爲現在一切衝突事件之發源地，㈢因日本提出要求之後，上海工部局始宣佈戒嚴令，㈣日軍判決錯誤，走入中國境界，實爲眞正戰爭之起點，㈤日本在華界天空擲彈，以及種種暴厲行爲，非但在華界，並波及租界上之華人，遂造成日本不可赦免之處境，㈥及至現在，因日本陸戰隊開始之失利，致日本不得不調集大隊人馬，遂使中國遭遇非禮無狀之要挾，並不合規程之

行動，知以上種種之造因，然後日本尋釁之原因可知矣，本日某晨報，謂「凡一爭端，總須有一方讓步，惟依照尋常之慣例，弱者往往先退讓耳，」（記者按此係上海泰晤士報昨日社論之主張，）惟某報作此表示後，忽有自辯，並非主張「強權卽公理，」又稱。「中國非無友助，若能與日本開誠布公交涉，中國實無須畏葸」云云，斯誠思想上之糾纏，亦卽日本慣用之理路，並欲引吾人與作同一思想者也，該報復稱，「中國軍隊自有駐紮中國土地之權，斯實無可疑義者，惟中國軍隊抵死不去，是否乎理智，（嘖嘖）（原文如此）實屬可疑耳」，換言之，卽中國軍隊駐所，無論是否與外人相去絕近，實有其駐在之權，惟中國弱於日本，故一遇日本之威嚇，卽應退縮，但中國之退縮，又非因弱於日本，乃因中國在國外多得友助，故對於日本理想上之開誠布公之交易，不妨讓步，因友助卽屬一種安慰云云，日本復竭力辯白，滿洲事件與上海事件之不相關屬，斯二事固因不抵抗與抵抗之故，不能同日而語，然吾人以毫無吞吐而大聲疾呼者，卽滿洲事件與上海事件，同為日本自尋的帝國主義之行為，中國復牒之文字，實已使日本種種理由之表現，益見明顯，如畫龍之點睛，中日雙方軍隊之互相撤退，實足完成日本宣稱之目的，若欲於此時儼然以戰勝者自居，實為辦不到之事也，至於排日之事，應以法律為歸宿，中國政府，固應以法律限制排日行為，然不思消其源而絕其因，中國政府，將何以擔保排日行動之絕止，復如解除其中國之國防，斯誠可謂極端之要求，如他一國要求日本解除其本國之國防，日本之答復如何，吾人可想像而知之矣，中國政府宣言，中國軍隊平日並不常駐紮上海，此言亦極得體，因此次加危害於中國人民，而非中國軍隊之危害日本人民也。（下略）

戰地雋聞

日軍被俘跪地哀泣

當吾軍與日軍血戰於廟行時，有日軍某一小隊因失戰鬥力，被吾大刀隊及手鎗隊所包圍，我軍迫其繳械，旋迫其卸去身上武裝，彼均唯命是從，彼輩有見吾雪亮之大刀，恐不利彼，戰戰兢兢，竟至跪地叩頭饒命，甚至有哀泣嗚咽者，可憐亦復可笑然吾軍大量，無一加害焉。

血歌錄

嚴桂生死事詩

夢茗盦主

桂生，湖南人，官十九路軍第四團三營七連中尉連附，殉於二月三日上海永興路之役，君每臨陣，輒身先士卒，敵人望風披靡，是役、敵兵由橫浜路東寶興路猛衝我軍陣地，君竟脫去上衣，赤膊持機槍應戰，大呼殺敵，衝入敵陣，敵軍爲之胆落，奔潰而逃，我軍前綫，遂大捷，俘敵軍鋼炮九尊，機槍十三挺，將軍亦身中數槍，猶大呼殺殺殺，前進不已，可謂烈矣。

君名桂生其姓嚴，身長數尺雄鬚髯，馬上馬下戰略諳，山川奇氣鍾瀟潭，
半生百戰經危阽，未滿國恥心如惔，敵氛雖惡力可戡，願殲島寇安江南，
江頭戰鬥旬日淹，彼賊畏之如哮虤，二月三日毒霧涵，戰場風黑天鬱黮，
賊來如雲步馬兼，雷車壓地高巉巉，君也大呼起裂衫，是何小醜敢狼貪，
滅此朝食我猶堪，毋謂我刃鋒不銛，赤其胸膊毛髟髟，手持鐵槍驅兒獑，
彈丸脫手快於鐮，賊軍如草恣一芟，我軍隨之馬脫銜，一心陷陣無返瞻，
萬賊勢潰如崩巖，是役敵軍盡數殲，生者逃出不二三、君身亦被千劍劖，
浴血應戰戰益酣，爲國而死死亦甘，我力已竭血面蚶，大聲呼殺張怒髯，
垂死罵賊猶趦趄、嗟自胡馬來諵諵，山河破碎那忍談，遼河之水成青藍，
金城千里甕中探，遂登長城虎視眈，諸軍棄甲馳驚驂，亦有虎將能韜鈐，
變節不死強蝍蛉，彼哉獨非七尺男，以視嚴君能無慚，惟君之體齊鷹巉，
惟君之名人心嵌，英魂在天爲星蟾，光明常照衡山尖。

英美領事團商勸停戰之無效

英美兩領商勸雙方停戰

滬戰初開時，蔡廷楷軍長之代表吳鐵城市長，日總領事村井，日海軍司令鹽澤，及駐滬英防軍司令佛禮明等，於三十日晨十時，在英總領事署會議中日息戰辦法，英美總領事亦列席，中國方面允日軍如撤退，則華軍亦撤退離租界邊線二千米突，日方要求華軍退出之地，須由英美兵佔據巡邏，當時雙方頗謂接近，希望午後續開會議，英司令佛禮明對於日人之要求，不肯接收，因租界與閘北有許多小路可通，深慮中日雙方仍起衝突，將令英美兵處爲難地位，是時日方又要求華方撤退砲隊，華方以日方不得再以飛機轟擊爲條件，日方不允，雙方各執一理，互相辯難，會議歷三小時之久，卒不能獲有結果，於是乃於五時四十五分，宣告散會。

英美兩領照會日總領事

美總領事克甯瀚英總領事白理南，爲保護租界外人利益及維持租界中立事，三十日會晤日當局，並照會三份，致日總領事村井，對日本擴張其防兵至公共租界條約所定界線之外，表示憤懣異常。

英美兩國提議停戰計劃

二日，我政府已接到美國政府關於中日間上海爭端之牒文，其內容，係提議㈠中日兩方應即停止軍事動作，㈡雙方軍隊應撤退至原防，㈢其間緩衝區域，應由中立國軍隊防守，㈣中日兩方應即按照國聯盟約及非戰公約開會議，並由各國參加，以解決爭端。

領團報告和平談判決裂

上海領事調查團，係由意大利代辦及法國、英國、德國、西班牙、挪威各國總領事組織成立，幷與美國總領事合作，前於本月六日暨十二日，將第一第二兩次報告書，電達國聯會，茲又於本月二十日將第三次報告書，用電報發出，其全文如次。

中日雙方經中立國外交代表，居中調處，均允召集軍事長官開會，而以雙方退兵爲基礎，從事討論。

此項會議係於二月十八日午前舉行，當中日雙方司令官各派參謀長代表出席，由日本代表提出條件，中國代表認爲不能接受，討論亙兩小時之久，毫無結果，日代表謂日方所提條件，將於下午九時以前，用書面通知，並云希望中國速即答覆，討論之舉，即此破裂。

下午九時左右，日方將所提條件，分別送達上海市長及十九軍軍長，此項條件，其詞語各有不同，其內容如下。

一、中國軍隊應停止敵對行動，幷於二月廿日午前七時，完全退出第一道防線，幷於是日午後五時，完全退出第二道防線，至北面廿公里地點，（二十基羅米突包括獅子林砲台在內）即自公共租界暨蘇州河北端，至蒲淞鎮，又自黃浦江東岸瀾泥渡至張家橋，（即自蘇州河向東延長之線），所有撤退區域內之砲台及軍事設施，均須撤除之並不得從新設立。

二、日本軍隊對於中國軍隊不加攻擊，幷不追逐，但得遣派飛機，從事偵察，中國軍隊撤退之後，日本軍隊僅保持虹口附近，工部局築有道路之地域，幷虹口公園包含在內。

三、中國軍隊由第一道防線撤退之後，日本軍得派調查員，攜帶衛兵及旗幟，前往撤退區域。

四、撤退區域以外，凡日僑生命財產，應由中國負責保其安全，遇必要時，日本當自行採取必要手段，所有便衣隊，均應切實撤銷，

五、上海附近撤退區域內外人保護問題，將來再議。

六、關於抗日運動 一月十八日上海市長所應允各節，應嚴切實行此事，當由日本外務省與上海中國行政官以外交談判處理之。

以上各款，若不接受，則日本軍隊不得不自由行動。

次日即二月十九日，中國方面之復文，一方由上海市長送達日本總領事，一方由中國軍隊司令官送達日本軍隊司令官，上海市長於其復文中聲明，上海現在嚴重時局，全由日軍違反一切條約及國際法，侵略中國領土，並慘殺中國人民所致，日本總領事要求各節，直接與中日國交有關，應由兩國外交當局處理，業將日本總領事之函，轉呈中國政府，請其考慮，幷經由中國外交部答復日本公使，上海市長又謂，日本軍隊挑撥行為，繼續不已，致使中國人心，日益憤激，所謂抗日運動，未能停止，乃係自然之理。

中國軍隊司令官之復文，謂所屬軍隊，係國家軍隊之一部份，受國民政府之指揮，因此日本軍隊司令官來函，業已轉呈國民政府。

至於中國政府如何答復，現尚不知（幷不知曾否答復）

二月十九日至二十日之夜，日本軍即自公共租界根據地，向前線增加援兵，並遣派飛機，預行偵察，知中國軍隊未按照日本要求，退出防線，當於二月二十日午前七時，在江灣吳淞兩處，開始攻擊，竟日不停，調查團主席齊亞諾署名。

戰地傷聞

德人慷慨捐助

上海江西路六號德商美狄根洋行，鑒於此次暴日犯境，我兵士及平民慘遭傷害，需要大批醫療藥品，特將價值一千七百元之像皮膏，棉花，紗布，及綳帶等，分送二馬路及海格路紅十字會，以救治受傷軍民，可知公理猶存，而德人之仁義，亦大可風世也

十九路將士誓死殺敵之表示

蔡將戴立遺囑誓死報國

此次對日誓死抵抗之前淞滬警備司令戴戟氏第十九路軍總指揮蔣光鼐氏，第十九軍軍長蔡廷楷氏，召集將士，插血立誓，以死報國，所發聯名通電，關係戴之親筆，戴預立遺囑，託妻寄子於其友李立民，將因病養疴醫院，屢徵不起，一得戴氏電話，力疾驅車趕至，蔡有二妻，亦事先話訣，送之他所，不啻死別，部下將士，無一不抱決死之心。

十九路軍將士通電決死抗日

十九路軍將領蔣光鼐、蔡廷楷、戴戟、等，昨日通電全國，表示以純潔之心，純潔之血，貢於黨國，原文照錄如下，洛陽中央黨部，國民政府林主席，汪院長，蔣委員，各院部長，各省市，各級黨部，各級政府，各軍師旅，各民衆團體，各報館，均鑒：暴日貫澈其武力侵略之政策，傾其國力，意圖吞併我疆土，消滅我民族，東三省既被佔領，乃肆其兵威於長江流域，我不得已，乃有自衛之抵抗，中央政府，因首都地位危險，時時在敵人砲火脅迫之下，應急制變，斷然不疑，遷移洛陽，與法都之遷波爾多，土都之遷安哥拉，同為禦敵圖存之必要政策，武裝同志，全國國民，方幸有安全行使職權之政府，以領導民族鬥爭，不容懷疑，無可非難，方今寇盜深入，國瀕於亡，血氣之倫，祇有發揮一致效死之精神，滌除詆排傾軋之惡習，舉凡私見之異同，權利之夢幻，一洗而空，我十九路軍奉命守土，本捍患之天職，自衛之正義，洞胸斷首，萬衆一心，犧牲最後之一彈一卒，對於中樞之遼遠，應援之困難，絕無顧慮，全國武裝同志，激發於愛國自衛之良心，人自為戰，在其守土之下，敵來則與之死戰，成敗利鈍，不容計及，吾人深信能奮鬥者不滅亡，服正義者得勝利，世界苟有公道，暴日斷不得逞，吾人尤切望於散處各方之中央委員政治領袖，發揮其拯救危亡之抱負，致力應付存亡一髮之危局，古人有言，覆巢之下，無完卵，不自救者，其結果為自殺，我十九路將士以純潔之心，純潔之血，貢於黨國，貢於全民，邦人君子，聽此最後之哀鳴，其亦鑒其至誠，宥其戇直 蔣光鼐、蔡廷楷、戴戟、暨十九路師旅團長全體官兵同叩冬。

翁照垣勗勉官兵為國殺敵

翁旅長，告全線官兵文云，忠誠義勇的官兵們，中華民族之生死存亡，已在我們的肩膊上了，大家要確實的負起我們的責任，發揚我們鐵軍的精神，保維我們過去光榮的歷史，日本陸軍在世界算是第一強硬的，我們務要把這世界最強的陸軍來銷滅，奪取世界第一之地位，創造新的鐵軍榮譽，忠誠義勇的官兵們，機會是難得的，為國家民族而犧牲，雖死有光榮，大家不要錯過了這個報國的機會，大家盡量發揮素日沉着的精神，不慌不忙 把槍描準，務要一彈一敵，至低限度，也要使子彈從敵人耳邊飛過，嚇得他不敢抬頭，子彈用完了，上起刺刀來殺敵，刺刀殺斷了，用鎗桿來擊敵，鎗桿擊壞了，揮拳去打敵，兩拳打痛了，還有你們的牙齒可以咬敵・忠誠義勇，官兵們，當爲槍下鬼，莫作亡國奴，努力奮鬥，堅持到底，民族之再造，就是這一回了，大家殺上去，殺個痛快淋漓，我們的口號，軍民團結一致，反抗日本侵略，誓死爲國家求獨立，誓死爲民族求生存，中華民國萬歲。

十九路軍復謝慰勞團體

全國各機關各團體各同胞海外各僑胞公鑒，暴日入寇東省，我國隱忍退讓，以謀和平正當解決，不料敵方以進尺得寸之慣技，復大舉入寇淞滬，敝軍守土有責，爲正義而自衛，兩旬以來，敵以雄厚之援軍，挾犀利之槍砲，結果迭遭慘敗，不得一逞，此乃強甚則折，不義自斃，非敝軍所敢貪天也，邇者迭接各界同胞函電，或予精神上之鼓舞，或予物質上之補助，熱情俠骨，益增感奮，祇以惡敵未平，軍書旁午，無暇一一覆謝，敝軍將士，誓以最後一滴之血，洒在黃浦江頭，以副我愛國同胞之期望，堅持此志，以當謝忱，枕戈陳詞，諸希照察，十九路軍全體將士敬啓。

我軍將領通電共抗暴日

蔣光鼐等通電云，（銜略）暴日縱兵遼瀋，轉寇東南，我十九路軍奉命守土，作緊急之自衛，與之相搏於淞瀆者一月有餘矣，最初與敵之海軍陸戰隊及其初到陸軍，鏖戰二十餘日，殺傷過當，敵不得逞，而其第二批陸軍運到，我駐在蘇浙之中央直轄第五軍兩師，亦加入作戰，相持者復一旬，殲敵者又六七次，彼虜仍不得逞，最後又以其白川大將，率領兩師團來，而我始終在戰場者僅五師，爲數不滿四萬，敵則加倍於我，至是彼虜一面以講和形色，誆商停戰，欺騙國聯，一面以一師加入正面，一師由瀏河附近登岸，襲我後路，使我腹背受敵，而我運輸困難，援師不及，不得已乃東夕奉命，將前綫陣地放棄，爲戰略的撤退，再圖反攻，此我十九路軍第五軍一月以來與敵苦戰之經過情形也，夫暴日挾其既定整個之計劃亡我，我非全國動員，以極大之決心，作普遍之奮鬥，不能得最後勝利，我十九路軍與第五軍抗敵，非求一隅之勝負，與彼虜爭一日之短長，乃欲以此僅存血肉，供救國犧牲，作同胞馬前之導卒耳，自政府遷洛，已決定長期抵抗政策，我全國軍民，正當秉承此旨，一致奮起，電聲響應，此仆彼繼，勿以滬海之偏隅進退爲念，勿爲敵人分化之詭謀所中，尤望我東北同胞，嚼爲虜之痛，急起遺兵，收復失地，使敵備多力分，我十九路軍第五軍當蹈此未盡餘勇，與強虜作最後週旋，藉收夾擊之效，士耳其苦戰三年，卒大破希臘廿五萬衆，轉敗爲勝，杜蘭斯窪一小部落耳，亦能血戰三年，不稍屈服，况我以三萬萬方里之地，四百兆人民之衆，果能全國一德一心，不能殲此跳樑小醜，吾不信也，朝鮮之亡也，猶有陸軍數萬，卒被日人解散以盡，今我國現額之兵，統計不下百餘萬，與其待國亡後供彼宰割，何如及此未亡之時，作一光榮之犧牲，此次暴日蹂躪上海多時，炸彈所至，廬舍坵墟，死亡枕藉，孑遺黎民，莫不同仇敵愾，不聞怨聲，此等悲壯之劇，可泣可歌，國土猶是也，人民猶是也，苟一旦主權既失，寄生命於仇人之手，其慘狀又當何若也，惟願我全國父老兄弟，毋忘閘北江灣，全國軍事領袖毋忘朝鮮及今日之東省，暴日向國際公開宣傳，詆我謂非有組織之國家，卽謂我國人不知鴒原急難，擊首而尾不動，可以各個擊破也，而我國軍民，猶以巢幕游釜爲安，罔識鬩牆禦侮之義，忘同屋之纓冠，作鄉鄰之閉戶，是誠爲見仇者所快，而爲見愛者所痛矣，

我十九路軍第五軍，亦惟有收拾餘燼，背城借一，事之不濟，則拼命於沙場，以謝我炎黃祖宗在天之靈，不願爲亡國之民也，敢曰乾時之戰，雖敗猶榮，倘幸卽墨不亡，使其終反，擐甲兵鳴，淚盡以血，惟我同胞，實昭鑒之，總指揮蔣光鼐，十九路軍長蔡廷楷、司令戴戟，第五軍長張治中，暨各師旅團長同叩。

戰地雋聞

■飯店老主人火線出險

吳淞砲台飯店主人八十四歲之海軍上校台維斯，自二月三日日軍艦轟擊吳淞砲台後，留居戰地，歷兩月之久，始棄其經營數十年之故居而來滬，蓋由萬國商團情報處之波蘇斯托與菲列浦斯先行商准中日雙方軍隊，在某時間停止轟擊，僱定小輪一艘，前往砲台飯店，覓見台氏，而台氏仍執意不行，經二氏勸之再三，甚至欲強挾之走，於是台氏始怏怏取拾細軟，隨二氏登船來滬，且挾其愛犬焉，台氏畜猫數頭，愛之綦篤，時適走散，遍覓不得，乃棄於戰地，台氏至以爲憾云。

血歌錄

□馬將軍歌

夢苕盦主

去秋馬氏江橋一戰，震爍寰宇，余作歌張之，及聞馬氏變節，此詩亦棄諸敝篋，昨閱馬氏反正一電，爲之一快，則我詩固不可以不存也，乃錄之，以核其將來。

關東作賊皆豪傑，將軍馬上技尤絕，白骨成山卷甲回，一馬如龍萬馬啞，幡然虎變作干城，十年坐嘯淨塵清，豈獨雄威振殊俗，兒啼不敢聞姓名，一朝遼陽動鼙鼓，蝦夷跨海來縱橫，玄菟城頭角聲死，貔貅十萬餘空營，鐵騎橫馳一千里，投鞭欲斷嫩江水，將軍奮臂裂眥起，男兒報國此時矣，八千子弟從如雲，帳下歡呼各效死，巨刃在手摩天揚，會看驅敵如驅羊，九月癸亥賊大舉，飛船般天彈如雨，鶩翻地穴江倒流，血浴玄黃迷處所，將軍令出威如山，萬馬無聲齊出堵，黃雲下蕩旗角開，將軍一騎突陣來，赤幖射破鯨魚浪，將軍逐賊江橋上，回頭躍馬十丈高，十盪十決翻賊巢，是好男兒死此土，敢有後者膺吾刀，我氣益振賊益蹙，再接再厲無一撓，天搖地沒龍蛇走，不見賊前見賊後，四野惟聞霹靂聲，紛紛碎落貪狼首，將軍人馬皆天龍，入陣馬蹀出陣紅，山河北戒獨撐拄，邊功第一今誰同，吁嗟乎，一從胡騎牧遼野，七十餘城望風下，江橋一戰賊膽攝。相戒莫攖龍江馬，關河北望淚眼枯，失羣哀雁雲中呼，爲語將軍志莫渝，一心殺賊當如初，功成待繪凌煙圖，吾筆猶能一歌再歌爲君書。

□軍政黨領袖響應援滬抗日到底

▲河南省政府　日本強橫兇暴，威逼備至，直視我國已無一人，爲所欲爲，罄耗迭傳，髮指眦裂，此次兄等以最大之决心，爲正當之抵禦，義憤血誠，薄海同欽，倘祈不屈不撓，奮鬥到底，殲倭寇之兇燄，張國威於世界，保種興邦，在此一舉，弟等誼切同仇，誓爲後盾，刻已應備一切，靜待後命，前線兵力，是否敷用，情況奚似，祈即見告，并盼捷音，俾慰遠念，弟劉峙卅巳。

▲第三師　暴日佔我東北，舉國震駭，近復遣陸戰隊到滬，殺人放火，肆行無忌，竟於本月廿八日夜公然犯我防線，向我挑釁，犯天下之大不韙，此而可忍，孰不可忍，兄等職責所在，作英武之抵抗，殺敵衞國，義無反顧，至爲欽佩，望秉百折不囘之精神，具有死無生之志願，將日軍盡行驅逐登艦，迫令離我疆土，凡屬無理之要求，概行拒絕，弟分屬軍人，何甘坐視，謹當擐甲執戈，爲兄等後盾，臨電迫切，無任神馳，弟陳繼承世。

▲第八十七師　日兵侵滬，憤激同深，值此國難垂危，千鈞一髮，貴部本其捍國衞民之責志，發爲禦侮救亡之先聲，血肉周旋，防衞正當，凡在袍澤，欽佩莫名，敵愾同仇，誓取一致，仍盼時錫明教爲何，陸軍第八十七師長樓景樾叩世。

▲第八十三師　日人憑藉暴力，尋釁滬濱，消息傳來，殊堪髮指，自東北淪陷，士氣消沉，公等擐甲執戈，能爲正當之防衞，足增袍澤之光榮，存吾民之人格，伏生業已電請上峯，願率所部與之周旋，誓作後援，義無反顧，臨電悲憤，不知所云，陸軍第八十三師長蔣伏生。

▲安徽省政府　孫哲生先生李德鄰先生并轉中委會各委員均鑒，日寇逼我太甚，起而爲自衞之計，同茲哀憤，義不後人，切盼諸先生振領提綱，艱難宏濟，調元等忝膺軍職，枕戈待命，願効前驅，臨電不勝馳仰，陳調元岳盛宣阮肇昌李松山同叩東。

▲鄂豫陝邊區清鄉督辦署　孫委員哲生先生并轉在滬中委諸公大鑒，兩豔電奉悉，此次倭奴繼續在滬擾亂，幸我十九路諸同志，忠勇防衞，寇不得逞，露布飛來，髮指眦裂，公等目擊禍難，歷述阽危，大聲急呼，薄海奮起，源泉分屬軍人，身早許國，雪恥復仇，尤爲宿願，刻爲國族挽危亡，爲華胄爭人格，已率勵所部，昕夕申警，枕戈待命，誓死爲國，決當與我神皋共存亡，不與此島夷戴日月也，臨電悲憤，不知所云，敢布鄙忱，惟祈朗照，鄂豫陝邊區清鄉督辦徐源泉叩東祕。

▲第廿二路總指揮部　孫委員哲生先生并轉各委員勛鑒，奉尊電敬悉，日寇又在吳淞登陸，與我十九路軍激戰甚烈，聞訊之下，氣憤填胸，政府不能鞏固，內患未已

，外患又如此迫切，眞令人欲哭無淚，當即集合官兵宣告日奴暴橫情形，言未竟而悲憤之事已瀰漫全場，誓不與倭奴共戴天日，諸公犖倫領袖，抵禦之策，當有成竹，甚盼速為籌劃，鈁雖不敏，愛國微忱，向不敢後，定當督率數萬健兒，追隨諸公之後，與倭奴一決存亡也，肅復下悃，惟盼時教，張鈁世叩。

▲第八十九師　駐滬中央委員孫哲生先生，幷轉各中委均鑒，來電奉悉，日寇進襲上海，犯我領土，凡屬國人，莫不同深憤慨，大鈞等分屬軍人，衞國有責，自當謹率所部，整裝待命，滅此寇仇，為民族爭光榮，第八十九師師長錢大鈞副師長胡伯義率全體官兵同叩冬。

▲第四十一軍　探轉孫委員哲生先生並轉諸委員鈞鑒，兩奉鈞電，敬悉一是，暴日耽逐，復擾滬濱，凡屬國人，同深憤慨，我十九路武裝同志，忠勇自決，殄[illegible]殺賊、捷音傳來，天地震動，魁元忝列戎行，

衞國有責，前者遼吉淪沒，即已兩次請命，願効前驅，耿耿此心，諒荷昭鑒，先生等抱救國之謀，定自衞之計，民族生存，實深利賴，魁元淬礪所部、枕戈待命，誓當從諸先生之後，以與此破壞和平蔑棄信義之暴日相周旋也，謹電奉復，惟乞垂察，第四十一軍軍長孫魁元叩江印。

▲第四路總指揮部　孫院長哲生先生，幷請轉駐滬各委員賜鑒，冊電奉悉，暴日橫行，愈演愈烈，十九路軍袍澤，決死抵抗，為民族爭光榮，為天地存正氣，遠道遨聽，仰佩莫名，鍵分屬軍人，荷戈禦侮，義無反顧，疊次電請効命前驅，計曾察及，現已準備妥當，一時明令頒下，隨時可率部就道，先電奉復，無任屏營，第四路總指揮何鍵叩江。

▲騎兵第一師　第十九路軍蔣總指揮蔡軍長，戴司令，幷轉各師旅長勛鑒：上月馳電慰問，想邀鑒及，慨自淞滬停戰，現已匝月，雖列強促開和議，暴日仍毫不悔禍

，非特撤兵無望，抑且陰謀大舉，全國岌岌，朝不保夕，而我攻守之計，迄無通盤籌劃，猶或勾心鬥角，爭權營私，以公等之忠勇奮鬥，壯烈犧牲，竟不能震醒昏昏者之迷夢，急起團結，共謀禦侮，心死至此，可勝浩嘆，國家民族，危如壘卵，每一念至，輒為痛哭，際此大廈將傾，不惜摧折孤木，支撐者捨公等其誰乎，鳳岐雖昧韜鈐，粗識義方，效死莫由，悲憤塡膺，深仰公等軍人楷模、國家干城，智深勇沉，文經武緯，既建奇勛於前，定有務算于後，翹首南天，不盡依馳，倘蒙不棄下乘，賜以鞭策，俾為追隨驥尾，報國殺敵，尤所寤寐馨香以禱祝者也，特電佈悃，維祈鑒詧，騎兵第一師師長劉鳳岐叩齊。

▲騎兵第二師　（銜略）滬戰將匝月，屢暴日迭次之增援，與重大之犧牲，仍未能進佔淞滬，萬惡日醜，方知華軍之不易侮，自九一八以來，吾人滿腔積憤，於以稍

舒，我忠勇衛國之十九路軍暨前敵各隊部將士之碧血頭顱所換來之代價，亦直合與我大漢山河共不朽，遠瞻滬瀆，憤慨交并，現日軍不願中止戰爭，私行增援，最後決鬥，自此不免，全國之心力集於此，中國之存亡繫於此，千鈞一髮，不容忽視，本師全體武裝同志，除以熱誠謹致慰忱外，并盼繼續努力以克強寇，并獲此最後勝利，本師枕戈待命，誓爲後盾，謹電奉陳，并祝戎祉，陸軍騎兵第二師特別黨部籌備委員會叩皓印。

▲江蘇綏靖督辦公署　江蘇綏靖督辦張之江，頃由揚州致留滬之薛子良　程頌雲，等電云，元日，江上蔣介石先生一電，文曰，頃接滬信，日續派陸軍來滬助戰，並宣示決不受任何列強之威脅，而阻其軍事行動，於不得已時，雖全國動員，亦所不惜云云，證以今日滬戰日趨激烈，此信當非訛傳，十九路軍，忠勇抵抗，神武無比，若日以其傾國之師，合力來犯，衆寡懸殊，深爲可慮，竊以此次上海戰事之勝負，即關係國家之存亡，日既以武力威迫，而我亦當拚全力作殊死戰，若能再接再厲、與暴日以重創，則我民族始有復興之機會，鈞座藎籌遠略，必已早有成算，而私心所殷憂者，暴日去滬甚近，增援三日可到，我軍交通不便，雖在本國，而行軍遲緩，尤須先行調集，期赴時機，現在江北一帶，尚屬安謐，謹當激勵所部，荷戈待命，如有驅遣，願爲前茅，以與暴日爭死生也，等語，尚未奉復知注特聞，並希隨時示教爲荷，弟張之江叩，銑印。

▲第四集團副指揮（銜略）暴日在滬起釁，幸仗諸同志正當防衛，挫其兇鋒，爲中華民國保領土，爲中華民族爭人格，功在黨國，薄海同欽，崇禧辱掌師干，僻處邊境，未能即時赴援，慚悚曷極，經整飭敝軍，並向中央請命，共赴國難，謹電馳賀，並祝勝利，弟白崇禧叩。

▲江蘇省政府（銜略）各電頃始讀悉，日兵犯境，舉國同仇、兄等奮勇卻敵，卒建殊勳，民族爭光，奉悟快慰，一致禦侮，共此決心，當率領軍民誓爲後盾，尚祈再接再厲，立厥全功，肅佈悃忱，并祝勝利，顧祝同叩庚。

▲陸軍三十三師（銜略）倭寇肆虐、侵我疆土，近復愈滋狂暴，進擾上海，凡有血氣，憤慨同深，奉讀艷電，敬悉公等奮勇抵抗，屢挫敵鋒、仰見忠勇之氣凌于雲表，爲民族爭人格，爲國家鬪生存，力雪前恥，黨國之光，豐功偉績，曷深欽佩，雲龍謹率全體武裝同志，誓死抗日，爲公後盾，尚祈再接再厲殲滅此獠，民族幸甚，黨國幸甚，三十三師師長葛雲龍叩東印。

▲江西清鄉督辦署（銜略）貴部秉無畏之精神，作殊死之奮鬥，膚功迭奏，揚漢族之雄風，屢戰皆捷，動列強之觀聽，逖聽之餘，莫銘欽感，捍患禦侮，夙具決心，枕戈待命，匪伊朝夕，值此危急存亡之秋，益切同仇敵愾之志，除派關師長樹人會

謁蔣何諸公，請調敝路赴滬應援外，先電佈聞，孫連仲高樹勳等同叩。

▲廿八師黨籌會電　(銜略)倭奴肆兇，襲佔東北，暴行不已，又寇滬濱，先生等本大無畏之精神，作正當之防衛，奮勇克敵、舉國同欽，用特電請先生等繼續努力，再接再厲，以固國防，并光華胄，本師全體武裝同志誓爲後盾，謹電慰勉，尚希鑒察，陸軍第廿八師特別黨部籌委會支叩。

▲陸軍三十四師　(銜略)貴軍在滬，迭挫倭寇，克奏膚功，爲民族爭生存，爲人類伸正義，忠勇衛國，光輝史乘，敝師擐甲候發，願同殺敵，謹電申賀、并聽捷音，陸軍二十四師師長張萬信，率全體官兵印。

▲汕頭市政府　(銜略)暴日侵佔東北，砲轟申江，凡屬國民，莫不髮指，茲幸我十九路鐵軍奮勇捍衛，敵愾同仇，本救國精神，盡軍人天職，衝鋒陷陣，屢挫倭軍，使日本數十年武力侵華政策，受我第一次之打擊而失敗，厥功極偉，薄海同欽，豈僅恢復山河，重光我族，竚看圖強雪恥，子信當領導全市民衆，誓爲後盾，謹電祝捷，汕頭市市長黃子信叩江印。

▲津浦黨整會　探投十九路軍蔣總指揮蔡軍長戴司令，並請轉全體將士公鑒，暴日橫侵，國亡無日，貴軍誓死殺敵，忠勇震天，誠民族復活之第一聲，艷電傳來，莫不精神奮發，本會全體員工，誓身許國，以殲倭奴，特此電聞，並祝勝利，中國國民黨津浦鐵路黨務整理委員會叩。

▲十四師特黨部　(銜略)艷電奉悉，諸同志與臂一呼，孤軍抗日，迭挫倭奴，民族有光，翹首雲天，無任欽佩，尚望不屈不撓，再接再厲，敝師全體黨員，現在枕戈待命，願爲後盾，共驅強暴，諸維亮察，陸軍十四師特別黨部叩東印。

▲梧州市黨務指導會　(銜略)暴日繼侵淞滬，舉國憤激，執事率領孤軍力抗，迭得捷音，無任敬佩，伏希繼續奮鬥，盡殲倭奴，保土衛民，端賴力抗，此間同志誓爲後盾，除電中央火速增援、積極備戰，特此電慰，中國國民黨梧州市黨務指導委員會東印。

▲第一艦隊總部特黨部　(銜略)暴日無道，及我滬江，警耗傳來，悲憤欲絕，公等本革命精神，戮力殺敵，固我疆土，至深欽佩，除電請全國各界援助外、特此電慰，尚望繼續努力，奮鬥到底，本部當率領全體同志，誓爲後盾，海軍第一艦隊總司令部特別黨部叩冬東印。

▲江西市黨整委會　(銜略)艷電奉悉，暴日侵我東北三省後，進窺熱河，封豕長蛇，荐食本邑，近復用毒巨炮轟擊滬市，兇殘卑劣，舉世所無，凡我國民，孰不切齒，幸同志等忠義奮發，力抗兇鋒，具當爲玉碎之決心，盡捍衛國家之天職，血戰數日，率予倭寇以重創，捷電傳來，同深感奮，今盼再接再厲、繼續奮鬥，爲國家爭人格，爲民族爭生存，本會誓領導贛省二

千萬同胞為後盾，特電感勞，并希亮察，江西省黨務整理委員會叩江印。

▲空軍將領通電　各報館轉全國各界公鑒，東北事變，數月於茲，三省之失地未收，淞滬之慘暴繼演，公理淪胥，舉世憤慨，我空軍繫國民屬望之殷，將士抱敵愾同仇之切，為國死難，夙具決心，磨厲枕戈，匪伊朝夕，祇以政府負重，冀望和平，以致忍辱遷延，求死不得，茲者領空領土，橫被摧殘，寇燄益張，國亡無日，秉衡等防空有責，誓抗強梁，爰用集結，以圖自衛，海枯石爛，此志不渝，凡我國人，幸垂鑒察，黃秉衡、曹寶清、沈德燮、毛邦初、晏玉琮、張廷孟、劉芳秀、楊鶴霄、田曦、黃毓沛、張有谷、同叩、微印。

戰地雋聞

◘日機發共黨傳單

閘北戰端啓後，即有日機一架，盤旋空際，散發共產色采之傳單，其標題有云：

『日本將為第二德國』，『不干涉中國，反對戰爭』，『戰爭為日本軍閥之陰謀』，『日本無產青年反帝，反戰』。

此外又有傳單一大張，其文略謂：

『敬告親愛的武裝同志諸君：你們為特權階級的奴隸，受其鞭撻，受其打擊，你們得有什麼利權呢，而你們尊敬的父母，可愛的兄弟妻子，流離失散，可悲孰甚，所謂福利皆由特權階級享之，而以諸君放逐於戰場之上，彼輩方飲食於宏壯之洋房中，服飾華美，美味充其口復』云云，原文甚長，不及備載，下署日本全國無產青年團上海支部，亦可見日本內部之紛亂矣。

□各界名流紛起通電救國

▲駐滬中委促收復東北失地　北平張漢卿鑒，東省在暴日鐵蹄蹂躪之下，屈指已五月矣，我三千萬同胞，日夕宛轉號呼於刀俎之上，望執事之垂憐拯救，其悲哀之聲，執事雖不可聞，其慘痛之情，執事當可想而加，每念及此，五中慘裂，側聞執事數月來，含羞茹痛，久已整軍經武，企圖收復失地，悲痛之餘，不禁色喜，然遲之至今，仍未見有何動作，竊又惑焉，豈以時機未至耶，敵軍侵滬，迭遭挫敗，正在增兵長江，不能專力東北，機不可失，幸勿坐誤，豈以力不足敵耶，執事前謂不能以東北一隅之師，而抗日本全國之兵，今十九路軍，竟以官兵二萬餘人，與暴日陸海空三軍奮鬥兼旬矣，在我則尺土未失，在敵已大受懲創，精神勝於物質，事實已明告我，某國公使昨語人云，自一月二十八日，我軍在滬抵抗以來，中華民族，在世界已開一復興之新紀元，國聯已於本月十六日送出強勁照會於日本，不承認其暴力侵佔之土地，足見奮鬥乃能圖存，怯弱終必覆滅，天助自助，理無或爽，而十九軍忠勇禦侮榮譽，已遍播於全球矣，吾人命運，在於自決，執事手提雄兵二十餘萬，恢復東省，非不可能，昔人破釜沉舟，遂挫強敵，背水設陣，立奏奇功，今日之事，全在執事之決心與勇氣如何耳，竊以為東省之能否恢復，關係我國家民族之存亡者固大，而關係執事個人歷史之榮辱者，亦不在小，況執事廬墓在瀋，先鑛未葬，不謀恢復，豈能為孝，大好河山，拱手奉人，不圖恢復，是曰不忠，不忠不孝，何以為人，務望毅然奮起，大張撻伐，驅彼醜虜，還我河山，為國家挽危亡，為執事雪奇恥，公私兩利，諒有同情，否則不抵抗之罪名，永無刷洗之日，東省父老，亦陷於萬劫不復之境，執事縱安於心，國人決不宥執事也，遺臭留芳，繫於一念，惟執事實圖利之，中國國民黨中央委員駐滬辦事處叩號。

▲孫科等通電　全國各報館轉各省市政府各軍事機關及全國同胞公鑒，自暴日侵害我國以來，瞬經四閱月，此四閱月內，我全國含垢蒙恥，忍辱圖存，卒不邀彼國之覺悟，得寸進尺，復有侵我上海之舉，旬日來，幸我十九路軍及各軍之忠勇不屈，誓死抗敵，屢戰屢捷，幷得海內外同胞之後援，全國人心為之一振，各國視聽為之一轉，加以日軍殘虐，戕我徒手人民婦孺，不可勝計，交通文化教育各機關，輒付一炬，且破聯防之規約，據租界之安全，種種暴行，不勝枚舉，致激同胞之公憤，失世界之同情，有英美法意四國之通牒勸告，我外交部已表示接受，聞日方尚欲以陸軍增援，為最後之決戰，其意蓋以上海一失，則各國必認為我國不能扶助，一切援應，將因之中止，而我國以十九路軍及各國皆不能撐拄之故，以後亦決無何項軍

隊，敢於抗日，我國遂陷於萬刧不復之地，彼因得遂其囊括東亞之謀，故今日上海之一隅，實爲我國存亡之所繫，上海之抗日，並非爲上海而抗日，實爲全國而抗日，溯自上海發生警耗，政府因謀抵抗，遷往洛陽，旅滬同人，目擊彼虜之凶殘　我軍之苦戰，人民之萬衆一心，實令同人自忘其棉力，而參加奮鬥，當我軍屢戰皆捷以後，各國人士，始憬然我國之尚有人在，而生其重視，載在各報，歷歷可考，暴日銳氣，因之大挫，同人不敏，竊謂此實我國起死回生之機會，若不急圖奮起，必不能展開新局，力爭生存，當此千鈞一髮之時，深願我全國同胞，一心一德，迅爲援應，共拯危亡，現哈爾濱尚在固守，吉林省垣，業經收復，東北民衆，並已奮起，昨日上海各銀行開市，提存兌現者極稀，此實我國人心萬分固結之表徵，亦即爲我國家決可生存之劵據，尚冀我全國同胞，羣策羣力，渡此難關，尤望我軍界同志，鑒於上海情況，知無抵抗之萬難立足，而抵抗之轉可圖存，毋再因循坐誤，致失事機，庶正義人道，必有伸於世界之日，迫切陳詞，敬希明教，孫科，孔祥熙，吳鐵城，程潛，李宗仁，顧孟餘，薛篤弼，劉蘆隱，方振武，何世楨，馬超俊，鄧家彥，褚民誼，李文範，傅汝霖，甘乃光，梁寒操，陳慶雲，陳友仁，張發奎，張知本，楊虎，王正廷，賀耀組，范予遂，孫鏡亞，熊克武，唐生智，楊庶堪，陳嘉佑，張靜江，黃季陸，桂崇基，張羣，經亨頤等叩。

▲前總司令蔣中正通電　前陸海空軍總司令蔣中正，以滬案發生，倭寇日亟，非全國一致，共起禦侮，不足以挽救危亡，特於三十日，以在野之身，致電全國將士，淬厲奮發以救危亡，原電如下，限即刻到各總指揮各軍官學校師生諸同志均鑒，東北事變，肇始迄今，中央爲避免戰禍，保全國脈起見，故不惜忍辱負重，保持和平，期以公理與正義，促倭寇之覺悟，不意我愈忍讓，彼愈蠻橫，滬案發生，對渠要求，且已茹痛接受，而倭寇仍悍然相逼，一再向我上海防軍突擊，轟炸民房，擲彈衢市，同胞慘遭蹂躪，國亡即在目前，凡有血氣，當能再忍，我十九路軍將士，既起而爲忠勇之自衞，我全軍革命將士、處此國亡種滅患迫燃眉之時，皆應爲國家爭人格，爲民族求生存，爲革命盡責任，抱甯爲玉碎毋爲瓦全之決心，與此破壞和平蔑棄信義之暴日相周旋，中正與諸同志，久共患難，今身雖在野，猶願與諸將士誓同生死，盡我天職，特本血誠，先行電告，務各淬厲奮發，敵愾同仇，勿作虛浮之豪氣，保持犧牲之精神，枕戈待命，以救亡危，黨國幸甚，蔣中正印。

▲胡漢民電勉抗日將士　胡漢民氏爲日寇侵滬我軍誓死抵抗特電蔣蔡諸將領慰勉，原電如次，哲生兄並轉憬然，(蔣光鼐)賢初(蔡廷楷)向華(張發奎)益能(鄧世增)琪

翔（黃琪翔）慶雲（陳慶雲）諸兄鑒，滬案屈服，四百萬民衆，遽受摧殘，聞之雪涕，今戰事發生，輿情益憤，兄等持正不屈，力抗暴日，爲國干城，感慰無極，敢盼益勵士氣，殲彼兇殘，軍人報國，此蓋其時，傳檄天下，天下當爭起以應，臨電高呼，我軍萬歲，同志萬歲，中華民國萬歲，漢民卅。

▲周鳳岐通電應援　前國民革命軍廿六軍軍長周鳳岐氏，以暴日步步進逼，憤慨極深，決奮起應援，與敵週旋並於昨日發出通電云，（銜略）各報館並轉全國父老同胞均鑒，比來日人肆虐，凌逼我國，長蛇封豕，荐食無厭，既已逞志東北，復擾我海口，天津福州，先後告警，今則對於國際商業中心之上海，且公然肆其蹂躪，縱火焚掠，殺人越貨，種種殘忍兇惡之行爲，有令人眥裂髮指而不堪卒聞者，我當局審慎太過，信人太深，國聯威信，全不足恃，奉庭之哭，聽者藐藐，上人惟爲延宕之計，對我國則步步進逼，得寸進尺，最近上海之役，幸賴我十九路軍之忠勇奮發，爲國民爭人格，爲國家爭生存，喋血三日，全球動容，鳳岐分屬軍人，遭茲多難，既維匹夫有責之義，敢忘披髮纓冠之懷，當此民族存亡一髮千鈞之際，允宜勇者效其力，智者效其能，舉國應援，共爲後盾，劍及屨及，甯敢自逸，所願與敵週旋，誓決生死，敵愾同仇，爲三復無依而不置也，抑鳳岐更有進者，今者國難當前，禦侮爲亟，舉國之內，應一致奮起，抗禦暴日，息燃萁煮豆之爭，收同德一心之效，不問既往，另闢新途，伏願海內賢達，袍澤先進，羣策羣力，分任職責，外攘狡寇，內泯紛爭，爲我神明炎冑爭存人格，謹此呼籲，敬祈亮察，周鳳岐叩，冬。

▲駐滬中委電請當局迅速定計　（銜略）政密，比聞軍事外交當局，有主張滬事局部作先行解決之意，英使復有我國自動撤兵之勸，而當局認爲可商，同人在滬迭加研討，心所謂危，敢陳所見，溯自東北邊防司令長官張學良，誤於不抵抗之謬論，使日寇垂手遂得三省，而軍事當局亦慴於日兵聲威，輒謂縱傾全國之兵，不足抗日，我與日戰，三日可以亡國，同人以爲此種心理，不特與總理遺教主義完全違悖，充其弊，實足以亡黨亡國而有餘，非徹底掃除，決不足以衝破今日之危局也，蓋國家興衰，繫於人心振靡，戰鬥之事，兩方物質力量，固所必衡，而士氣民心所關絕巨，精神方面有非數月能算者，世界革命鬥爭，若論被壓迫者所憑藉之武力，幾曾有一次足與壓迫者相頡頏，或可及其半者，苟咸如當局所謂持重，則世界可以無革命，而吾黨歷次之奮鬥，乃真如螳螂奮臂之可笑矣，然證諸經過之事蹟，衡諸革命之理論，乃決不如此，日人宣稱，三小時佔我閘北，而十九路軍應戰已將兩旬，敵究何如，我何尚不自奮，苟當局猶確信不抵抗之論，天經地義，而十九路之捷，不過

偶然僥倖，以爲十九路將來犧牲，亦爲無知好鬥之鑑戒，應得之教訓，則夫復何言，否則當局應即下最後大決心，萃全力於救亡之戰，縱不幸而敗，而人心未死，國終可爲，所謂甯爲玉碎，不爲瓦全，非可徒視爲文章之詞句也，抑尤有進者，今國民憤日與救國之熱情，已達極點，對主張不抵抗者嫉之尤甚，觀於此次滬民之被難而無懟，與其輸將助戰之勇，即滬上素稱持重之報紙，亦咸爲激昂之論，即可覘眞正民意，苟當局猶牢執其妥協屈服之主張，或竟實行撤兵，使日軍佔滬，長驅而擾蘇杭與首都，將何以維民衆之信仰，遏軍士之忠憤，同人等亦不願與今日當局同負此責也，公等當猶憶昔年北伐，與北洋軍力較，相去何嘗不遠，然以我革命主義，足以深入民心，發揚士氣，勝利乃終屬我，今日又爲吾黨起死回生之最後唯一機會，當局苟能恢復昔日之信念，領導國民，誓死衛國，國民同志，誰有二言，幸託總理之威嚴，而國以復甦，黨以統一，馨香頌禱，何日忘之，是在公等勉之而已，茲經同人公決，請政府當局迅速定計者，(一)決定澈底抵抗政策，毋再游移，即宣示國人全力禦侮，(二)萃海陸空軍力量固守上海，予十九路軍以充分援助，(三)即令北方各軍乘機向外反攻，收復失地，(四)外交方面，提出非日兵完全撤退，不即交涉，上海問題，當與東三省問題同時解決，願以上四項實行，士氣必百倍，我能堅持下去，國際必生變化，此時乃有外交可言耳，掬誠奉陳，敬希採納示復，毋任盼禱，駐滬中央委員孫科，孔祥熙，薛篤弼，吳鐵城，孫鏡亞，梁寒操，范予遂，甘乃光，楊虎，熊克武，桂崇基，丁超五，馬超俊，陳友仁，何世楨，劉盧隱，陳嘉祐，褚民誼，張知本，程潛，陳慶雲，楊庶堪，賀耀組，黃季陸，唐有壬，元，申。

▲徐蘇中電請劉峙援滬

開封劉主席經扶先生勛鑒，暴日乘列強經濟恐慌，無暇遠略，我國禍亂頻仍，國防未整，竟以武力強行其數十年所預定之大陸政策，而東北邊防長官張學良，又不防而退，遂以爲中國將士皆張學良也，復以待遼瀋待天津者，待我上海，殊不知我忠勇奮發之十九路軍，非張可比，而拜金主義盛行後之日本，已無復二十年前之大和魂，重利而貪生，文恬而武嬉，階級意識，普遍民衆，國家觀念，日以薄弱，我軍則激於外侮，士氣倍振，有必死之心，無畏苦之念，戰事經驗，尤甲天下，故連戰十餘日，無戰不捷，苟國人一德一心，共謀持久奮鬥，則日人無理之侵略，適爲我國起死回生之良也，但欲謀持久奮鬥，則爲經濟輿論中心之上海，不可不先謀固守，此次日人冒不韙以襲擊淞滬者，蓋亦欲一舉而扼我國之吭，使我屈服，今雖挫敗，然爲保持其強國之威嚴，必不惜任何犧牲以求一逞，我若不與抗爭至最後勝利之日，則滬地百萬難民，鉅億財產之犧牲，有何意義，上海淪亡，資源斷絕，民族將何以圖存，今政府已明令積極抵抗，而不厚援抵抗之師，諸將徒言枕戈待命，未審待之何時，豈必待十九路盡殲沒而馳援耶，群情惶惑，莫測高深，閣下生長文山之鄉，習聞忠義之教，隔岸觀火，諒非所甘，爰盡桑梓之情，遠效秦庭之哭，倘能力請當道，全力膺懲，固邦國之大幸，否則亦祈急率所部，南下殺敵，以盡軍人保國衛民之天職，幸勿拘拘於長官命令，而置黨國危亡於不顧，蓋保國衛民，其意義之重大，實什百於服從長官也，迫切陳詞，無任翹企，徐蘇中，張定璠，江荷封，俞奮，黃介民，陳祐先，周雍能，歐陽暄，閔天培，何無文，吳邁，姚敏，張衡，董萃輔，梁弼群，鄭文輝，李劍侯等叩，文。

▲薛篤弼主堅守上海　薛篤弼致宋子文書云，子文先生大鑒，數載闊別，企想爲勞，咫尺千里，悵也何如，頃閱報載，執事談話，痛斥日人僅致哀的美敦書於十九路軍，指爲有意離間，侮辱我國，照膽燭奸，欽佩無極，然滬戰發生，已逾兼旬，日人聲言係與十九路軍作戰，非與中國國家作戰，並在彼國報紙發表種種蜚語，挑撥我內部，離間我軍心，連篇累牘，幾已駁不勝駁矣，誰爲爲之，孰令致之，竊爲我軍事當局，不能不負其責也，屈服無效，已失顏面，敵之貪慾當爲止極，我軍事當局，竟仍欲堅持其不擴大之主張，以求妥協，其結果停戰三日，既墮敵計，某公使復勸令我軍先行自動撤退，以全日軍之體面，而不顧及吾國之利害，蓋我十九路諸軍等將士，已迫於不得已而爲忠勇之抵抗，而我軍事當局之意見，則仍在遲疑不決之中，此中內幕，不惟被日人看破，卽我國人士，亦知之甚悉也，我軍自動撤退，事實既不可能，卽應死心蹋地，堅決禦侮，「中路」愚以爲事以至此，空言無補，惟有軍事當局拋棄其不擴大之主張，政府卽日宣示，非日軍撤退，決不進行交涉，一面集中力量，固守上海，同時嚴令張學良乘機收復失地，及全國國民一致準備決戰，以示堅決之態度，必如是始能解釋國人之誤會，消滅敵人之離間，亦始足以固我民心而懈彼士氣，自東北事變以迄今玆，不抵抗之非計，及抵抗之價值，固已昭若觀火，尙何猶豫之有哉，國事至此，尙有何意氣可爭，成見可言，誰能禦侮，誰能救亡，誰能領導吾民族與暴日奮鬥，卽爲吾四萬萬同胞所崇拜擁護，頂禮膜拜不暇者，苟非喪心病狂，豈復願有內爭，凡玆所陳，皆爲愛護國家，愛護政府，並愛護吾黨有革命歷史之武裝同志，本純潔之心理，爲血誠之貢獻，毫無其他作用存於其間，尙希諒察而匡救焉，國家幸甚，民族幸甚，薛篤弼謹啓，二月十九日早。

▲陳啓天等爲十九路軍請援　陳啓天等通電全國，主張抗日到底，並爲十九路軍請

援云，全國同胞公鑒自東北淪陷以來，政府以隱忍苟安爲政策，日寇肆得寸進尺之暴行，襲擊天津，擾亂青島，壓迫福州，近且威脅及於滬濱矣，海艦陸隊，接踵而來，無理要求，層見疊至，是而可忍，孰不可忍，政府雖多方忍辱，允其要求，但抗日之團體方告解散，而倭寇之毒彈利刃，已加諸我同胞血肉之軀矣，幸有駐滬十九路軍將士，激發愛國之熱情，恪盡守土之天職，浴血衝鋒，枵腹鏖戰，屢摧強敵，爲國爭光，惟同人有不得已於言者，此次暴日入寇，抵抗固危，不抵抗尤危，與其圖苟安而仍不免於危亡，何如犧牲一切，從奮鬥中爲國家民族謀生存，上海爲世界視線之所集，逼近首都，關係全國，此處不加抵抗，惟有束手待亡，所慮者，敵援齊集，必圖反攻，孤軍苦戰，終難久持，惟望全國同胞，一方起而督促政府，火速調兵赴援，一方喚醒社會，抒財獻力，踴躍接濟，庶無負我十九路軍忠勇殺敵爲國犧牲之精神，覆巢之下，斷無完卵，甯爲玉碎，勿作瓦全，同胞乎，救國自救，此其時矣，陳啓天，左舜生，劉天予，同叩刪。

▲孫科等請速增援　駐滬中委孫哲生等十九人，昨連名電請軍政部長何應欽，速調近畿勁旅及軍用飛機開滬增援，原電云，急，即刻到，南京軍政部何部長敬之兄鑒，今晨閱報，驚悉政府移駐洛陽，林主席偕汪蔣兩公，均已北遷，京滬軍事，由吾兄主持，竊以今日存亡之機，繫於上海之一戰，近聞日本有出動三師團，大舉來犯之耗，故此時急務，當在集中實力，爲十九路軍後援，他處防衛，尚在其次，乃頃據十九路軍中來人報告，抗戰以來，至今尚未見政府派一飛機助戰，派一師兵增援，豈猶視上海戰事爲局部問題乎，十九路將士，縱志決必死，政府更何忍使其盡殲，上海爲全國經濟中心，政府更何忍任其失陷，此間軍民，咸百思不得其解，豈直懾於日人虛張之聲勢，以爲無論如何抵抗，上海決不能保耶，據連日戰況觀察，我軍死戰，不過一團之力，而日本陸戰隊便衣隊，乃逾數千，然交戰結果，日兵傷亡枕籍，尚未得逞，使全國軍心民氣，咸如今日之上海，必有自存之道，卽不幸而敗，亦足使我中華民族之人格，永存於世界上，勝於低首下心，任敵宰割，事機危迫，不容延誤，務乞迅下決心，速令近畿勁旅及軍用飛機，火速應援，以禦強寇，臨電憤慨，佇候佳音，弟孫科，李宗仁，程潛，方振武，陳友仁，張發奎，李文範，熊克武，劉蘆隱，甘乃光，桂崇基，馬超俊，薛篤弼，黃季陸，何世楨，梁寒操，孫鏡亞，陳慶雲，傅汝霖世。

▲熊克武等電　熊克武謝持金漢鼎石青陽等二十六人，昨致電四川各將領，迅卽出兵抗日，電云，(銜略)暴日肆虐，邊軍先不抵抗，敵燄遂長，近更得寸進尺，寖假而圖佔滬市，擾我首都，華洋商業民居，

炸燬無算，國際法律道德，蔑棄無餘，大滋橫行，世界惶駭，辛賴我十九路軍忠勇奮發，急起抗戰，血肉噴搏，氣吞強虜，孤軍支持，已逾一週，而日人屢戰屢北，兇謀不得遂逞，義聲塞乎兩間，懦夫爲之氣壯，此不獨一洗四月餘政府忍辱含垢之恥，且開甲午以來對外之新紀元，是以全滬民衆，熱烈擁護，各省請纓，紛至沓來，而國人慷慨赴義，尤有與之俱殉之勢，竊念我川滇黔三省，素負革命之榮譽，曩值袁曹禍國，獨能奮起義師，際此外患日深，更應不落人後，況爲民族爭生存，爲世界求和平，原屬革命軍人最大使命，安可不激發而起，一致參加，切望我各軍將領，迅卽抽調勁旅，剋日出發，兼程赴難，殲彼凶殘，雪我國恥，劍及履及，毋或猶豫，否則敵再深入，後事更不可知，存亡之數，繫於須臾，雪涕陳辭，佇候明教云云。

▲岑春煊致犬養毅書

木堂先生閣下，雲海相望，鮮通尺素，側聞寧國，欽企德風，竊自中日搆怨以來，已三月餘矣，此三月中，頗冀災害銷於雲烟，干戈化爲玉帛，歸馬富山，還我侵地，兩國人民，恢復情感，重申盟誓，修好邦交，乃貴國竟一意孤行，不顧人道之公理，不聽友邦之勸告，不守國聯之信條，既佔我遼瀋，又略我黑吉，行且強奪上海，進窺中原，我國堅抱不抵抗主義，一再讓步，相忍爲國，而民衆方面，無不泣血椎心，誓不兩立，欲與貴軍拚於一戰，當此危機四伏，間不容髮之時，我政府更允貴國之要求，禁止抗日運動，阻遏愛國熱誠　試爲貴國設想，其亦可以已矣，乃貴國忽實施無限制之攻擊，圖佔我要塞口岸及滬甯車站，斷絕我交通，焚毀我商務書館及暨南大學，摧殘我文化，我爲正當防衞計，始出而抵禦，軍聲憤慨，誓死應戰，市民集合，徒手拒敵，上岸之兵，被我擊潰，其勝敗之數，亦略可逆睹矣，伏思中日兄弟之國也，以歷史關係論，同種同文，尤宜互相輔助，促進東方之學術，發揚固有之文明，以國際關係論，處此列強並立之世，各欲擴張軍備，發展國力，尤宜勠力同心，保全東亞之局勢，維護永久之和平，今兩國不幸而訴諸武力，此誠可爲悲痛之事，設或一戰之後，而繼以再戰，以至三戰四戰，微論勝負在誰，國之與民，悉蒙莫大之損失，倘因此而引起世界大戰，我國不能自立，貴國亦難圖存，鷸蚌相爭，利在漁人，斯語豈未之聞乎，又或貴國處處戰勝於我，力征經營，屈服我國，我國能甘心忍受乎，讓一步說，卽能亡我之國，能亡我國之人乎，卽能亡我國之人，能亡我國之心乎，不視前之元，今之清，非不臣服我，而君主我乎，我國人心不死，卒能光復故物，滿蒙民族，且被我同化，今爲貴國計，爲貴國之久安計，不特中應親日，日亦應親中，蓋合則兩美，共謀發達，保持唇齒，我國之福，亦卽貴國之利，離則兩僞，立召外禍，擾亂中土，我國之憂，抑豈貴國之幸，況以力服人，人決不服，遠不必徵，德皇威廉其般鑒也，煊伏處山林，不問世事久矣，祇因今玆之役，適値閣下當國，猶憶昔時，閣下曾屢以中日親善方法，提出商榷，言猶在耳，尚未能忘，是中日和好與否，不獨關乎兩國之存亡問題，直關於世界之安危問題，矧又重以脣齒之誼，苦岑之契，吾愛中國，更愛日本，故不忍以同一種族之人，重罹鋒鏑，相互殺戮，又愛閣下，恐緣此次戰爭之故，致貴國發生內亂，使萬世一系之帝國，喪於閣下一人之手，不將貽盛名之累，而蒙千載之羞乎，心所謂危，故敢披肝瀝膽，詳盡忠告，思挽既倒之狂瀾，弭彌天之浩刧，甚望懸崖勒馬，戛然止戈，全師東返，努力人事，感召天和，回復往日之國交，救濟羣黎之生命，惟閣下實圖利之，天際白雲，瞻望不盡，敬頌興居，竚候明教，岑春煊啓，二月二日。

戰地雋聞

▣單身奮擊鐵甲車

一月廿八夜，日軍陸戰隊襲閘北，分三路進攻，時吾十九路軍駐閘北者，僅一團人，見敵大隊衝至，急分散抵抗，與敵在寶山路寶興路，天通庵路一帶開火，兵力雖衆寡懸殊，然吾士卒均熱血澎湃，勇氣百倍，無不以一當十，日軍進攻雖有步驟，卒亦不得進展寸地，日方攻不得手，即將預先置備之鐵甲車十餘輛開去，在天通庵一帶助戰，吾軍與敵激戰正酣，忽後方鐵甲車突出，槍砲齊發，彈下如雨，不得已，祇得後退數百碼，日軍乃乘機追至，吾方士兵有七八人不及退避，祇得就鐵路旁民屋中暫避，待日軍衝過，復出屋作戰，襲日軍之背，敵腹背受敵，正在危急之際，鐵甲車又開到，吾軍中有一等兵榮君，見敵鐵甲車橫行施威，一時義憤塡膺，熱血上冒，即出所懷手溜彈，向鐵甲車開處猛擲，轟然一聲，車身粉碎，鐵皮四濺，車中人亦成肉漿，而其自身離車祇二十餘碼，一時不及奔避，亦爲彈所炸，倒地而死，其他鐵甲車見此車被炸亦均退避，我軍反攻轉勝焉。

■各公團擁護抗日戰士堅決奮鬥

▲上海市民擁護十九路軍作戰到底　上海市民聯合會，昨代表滬市三百萬市民，發表鄭重宣言，對滬局表示反對設中立區，暨全國動員自衛，擁護十九路軍作戰到底等四點，原文如次，自暴日憑其武力，侵略我東北三省後，猙獰面目，日益暴露，上月二十八日，駐滬日軍，於其國領事對我市府答復，認爲滿意後，違背信義，引起戰禍，我十九路軍爲防衛國土計，誓死抵抗，血戰兼旬，屢摧強敵，我民衆敵愾同仇，故抱甯爲玉碎，勿爲瓦全之心，爲我國家民族爭一線生機，各竭其力，爲我忠勇衛國之十九路軍後援，不圖在此浴血抗敵，千鈞一髮之秋，執政諸公，忽有依違和戰之間，舉棋不定之勢，日人亦竟敢不顧廉恥，提出種種無理條件，以冀我人屈服，遂使杯弓蛇影，偷有相驚，夫物必先腐而後蟲生，空穴來風，非爲無故，吾人苟抱定犧牲之決心，則公理終有戰勝強權之一日，物質損失，猶是小焉者也，敝會敢代表滬市三百萬市民，堅決作下列之表示。（一）非日軍先行退出中國領土，絕對無調和之餘地。（二）反對設立中立區域，（三）擁護十九路軍武力抗日到底。（四）全國總動員，實行正當自衛，拒絕日方任何要求，以上四點，爲今日最低之要求如果不能達到，而竟致軟化，則此次上海千萬生命財產之犧牲，無異付諸流水，國家興亡，在此一舉，尚希我全國同胞各秉匹夫有責之義，督促當軸，一致奮發，勿令秦檜張邦昌輩復見於今日，國家幸甚，民衆幸甚，謹此宣言。

▲各大學教授抗日會敬告國人　全國國民公鑒，暴日蹂躪東三省不已，公然南侵，自一月二十八日以後，所有連日日寇肆虐及我軍抗戰經過情形，詳具報紙，無俟再陳，同人等以爲日寇不顧公法公理至此，當獨無視我國，實並無視世界，夫世界是否果尚容許有公法公理存在，非吾人所忍斷言，而吾國是否果能確然立國於世界，則全視我中華民國全體人民之所向努力如何，昔明帝謂朕非亡國之君，我國人今日亦豈甘爲亡國之民乎，是仍在我國人之自決，同人等痛之念之，討論至再，敢就最近所處環境應決數事，敬舉以告國人。（一）此次吾十九路軍，本其軍人衛國天職，排萬難以決一死，實能充分表現其抵抗之精神與能力，使世界注目，予我民族歷史前途以重大之影響，決不能視爲上海一隅關係，我國人應一致認清此點，犧牲一切，以爲援助。（二）政府既宣言移駐洛陽，以示其不受暴力脅迫之決心，即應盡力實行援助上海戰事，庶遷洛不同投蒐，衛國非託空言，果如此者，吾國人擁戴之，否則仍無以卸一黨誤國之責，我國人應一致督促，並注視之。（三）全國各軍師旅，應一致奮發，各就路程遠近，分赴爲暴日

侵犯各地，加入抵抗，一洗向來爲私人利用工具之恥，果軍隊有如此者，我國人應一致援助之。(四)此次上海市政府所爲承諾表示，在寇方既不生效力，我國民尤誓死不能承認，無論上海及全國各地所有經濟絕交及其他一切抗日工作，應一致堅持到底，毋爲暴力所屈伏，特此通告，臨電不勝憤慨，上海各大學教授抗日救國會東。

▲重慶各界電　重慶各界來電云，國急，上海吳市長，轉張陳蔡蔣鄧各軍師長各將士義勇軍各同志暨上海各報館及各界同胞均鑒，日虜橫暴，啓釁申江，炸焚我閘北虹口，屠戮我無辜同胞，彼方不顧國際公法，不惜破壞世界和平，吞信咀誓，甘冒不韙，幸賴我各將士各同志，忠勇愛國，冒死衊敵，同伸義憤，卒殲彼醜，使稱雄東亞虎視遠東之暴日，受中日日俄兩戰役以來未有之大敗，一洗我百年來積弱無能之奇辱，捷音西來，舉蜀騰歡，惟憤暴日之絕滅人道，慘酷兇横，哀我同胞之無辜摧殘，國士危急，本區民衆誓掃妖氛，趨向同途，除報請編組義勇軍及進行募助慰勞金從事接濟外，請先電慰，並祈勝利，重慶市第二區區長兼區團長石榮廷，助理員周介眉，文鏡軒，第五坊坊長劉佑評，張岱濤，第六坊坊長王鶩助，王和聲，第七坊坊長，李成章，樊殿卿，率全區各區辦事員保衛隊第二中隊，及各坊精選隊官兵，暨全區民衆三十餘萬民衆同叩，江印。

▲江西公會電　江西公會李烈鈞等電云，蔣總指揮，蔡軍長，戴司令，勛鑒，竊自九一八國難以來，倭寇貪欲無厭，侵略東省不已，且進而欲席捲全部，連日肆擾滬濱，幸賴大軍忠勇抵抗，屢挫敵鋒，樹全國之風聲，破空前之紀錄，使積弱中華，一躍而登無上光榮之地位，前恥滌淨，人格爭回，逖聽捷音，不禁爲中華民國呼萬歲，爲神明華冑感殊勳，尚懇本大無畏之精神，再接再厲，殲彼醜類，使無生還，敝會誓與三千萬贛民，爲我將士後盾，專此奉慰，敬頌勛祺，江西公會理事長李烈鈞，理事周貫虹，徐元誥，楊賡笙，羅家衡，潘學海，溫晉城，李國珍，陶家瑤，劉之綱，胡廷鑾，蕭炳章，葉級芳，魏調元，李守誠，同叩。

▲地方維持會爲十九路軍乞援　上海地方維持會國府電云，洛陽國民政府林主席，汪精衞先生，蔣介石先生，南京軍政部何敬之部長，外交部羅鈞任部長，鑒，十九路軍連日血戰，各公團迭電請援，迄未見援，全市惶恐，究竟政府通令各軍抵抗以後，對於懸滬孤軍，有何援應方法，上海三百萬市民現幾瀕於絕境，無上海即無全國，置十九路軍而不援，豈特棄我三百萬市民，試問全國失此經濟中心，今後將何以自立，急盼電覆。上海市民地方維持會會長史量才，副會長王曉籟，理事虞洽卿，張嘯林，杜月笙，秦潤卿，林康侯，朱吟江，劉鴻生，徐新六，錢新之，會員朱

慶瀾，李馥蓀，陸伯鴻，張慰如，黃炎培、趙潞生，馮炳南，黃延芳，孫仲立，查良釗，胡筠庵，劉吉生，楊志雄，朱博泉，胡筠秋，鄔秉文、胡筠莊，郭秉文，胡筠籟，徐寄廎，汪伯奇、胡肇江，袁履登，郭順，胡孟嘉，貝淞孫，顧福慶，穆藕初，郭樂，沈籟清，陶樂勤，等叩，支。

▲吉礁華僑來電　吉礁華僑來電云，上海吳市長轉十九路軍，全體將士鑒，倭寇侵犯，焚殺兇殘，幸諸將士奮勇克敵，全僑欽佩，特電慰勝，並乞繼續努力，僑衆誓爲後盾，吉礁全體華僑支。

▲女青年會兩電　女青年會對於此次滬變，非常憤慨，除外僑幹事致電美國及日內瓦報告日軍暴行實相外，該會會長及總幹事，又於前日急電日內瓦國際婦女軍縮促成會，及國聯中國代表顏惠慶，請各督促軍縮會議及國聯理事會，從速採取有實效之方法，以制止日軍在滬之暴行，茲覓得該會原電二通，譯述於下。(一)國際婦女軍縮促成會主席丁門女士鑒，十餘年來，爲保障各國領土完整及廢棄戰爭之和平努力，盡爲此次日本對中國不宣而戰之局勢所破壞，舉凡國際間和平條約，顯已不足防止日本武力侵略，而事實上亦均等於廢紙，但任何有效之軍縮政策，當於保證各國無領土野心及侵略行動爲前提，依據最近東省與上海事變之經驗，更覺列強裁減軍備之必要，尚望督促軍縮會議，採取適當方法，以建立確有實效之保障，而達到剷除武力政策之目的，鄭盛組新，丁淑靜，冬。(二)國聯理事會顏惠慶先生鑒，日軍在滬，故意造成嚴重之形勢，並利用公共租界爲作戰根據地，以逞其自由暴動之野心，倘所援用盟約中最有力之條文，並請理事會從速採取有實效之方法，以制止日軍在滬之暴行，吾等誓爲後盾，鄭盛組靜，丁淑靜，冬。

▲上海總工會電　本市總工會致英國工黨領袖藍斯堡電云，倫敦探送藍斯堡先生鈞鑒，敬啓者，日本要貫澈其武力政策，據其傾國之師，意圖吞併我疆土，消滅我民族，東三省既被佔於先，上海復被攻於後，且依佔公共租界爲其軍事之進退根據地，更不顧人道，時用飛機轟擊我閘北，致被炸人民，達千百人，焚燬財產有萬萬餘，所謂非戰公約，已等於廢紙，國聯決議，均破壞無遺，我人所倚望之世界之和平，已告絕望矣，現聞先生有創議各國對日經濟抵制之舉，以維國聯之威信，而置強暴於公理裁制之下，敝會聞訊之下，感佩萬分，謹代表全市八十萬工友，以至誠之意，渴望繼續主持正義，力促其成，而使強暴能早日屈服於公理，世界和平得保持，實利賴於先生也，專此奉達，即請大安，上海市總工會支叩。

▲各業公會電請派旅增援　上海市同業公會，艷電國府云，南京國民政府鈞鑒，竊滬埠密邇首部，工商重鎮，日艦雲集，公然犯境，十九路軍將士，業已被迫抵抗，

惟兵力單薄，不足以殲醜虜，伏乞迅將該軍全部調援，並增撥各部勁旅以保國土，滬市商民除集款犒慰外，謹此陳情，務懇俯順輿情，立予調撥，臨電嗚咽，不勝悲憤。

▲梧州市商會「銜略」日寇藉首鼠之端，行侵略之實，為無理之壓迫，過分之要求，與市長忍辱圖全，猶復肆其兇暴，不宣而戰，燒殺共施，將我精華薈萃文化集中之上海，盡情蹂躪，人民物業，均付刦灰，是而可忍，孰不可忍，猶幸貴軍能盡守士之責，全力禦侮，迭聽捷音，羣情大快，尚祈激勵將士，奮勇直前，民族生存，貴軍是賴，實深仰望之至，梧州市商會暨全體商民同叩支。

▲曲江援滬會（銜略）倭奴寇滬，舉國悲憤，貴部將士，為國家爭人格，為民族爭生存，奮起抵抗，屢挫倭奴，忠勇之氣，至為欽佩，此間民衆，誓為後盾，除積極籌款援助外，用先電達，敢懇再接再厲，

抗日到底，國族興存，實利賴之，廣東曲江各界捐款援滬大會叩。

▲旅贛同鄉會（銜略）黨國不幸，受侮強鄰，倭奴肆虐，既侵東省，復擾滬濱，幸賴公等奮起抵抗，屢戰皆捷，為民族爭生存，為國家洗奇恥，惟倭奴狡猾，野心未死，仍希諸公努力殺賊，敝會全體誓為後盾，謹先電聞，廣東旅贛同鄉會號印。

▲廣西抗日會電（銜略）日犯滬甯，存亡所繫，貴軍衛國摧敵，佩慰同深，尚希堅持到底，維持我武，為民族爭人格也，吾桂同胞，誓從公後，特電奉慰，并候捷音，廣西民衆抗日救國委員會東叩。

▲梧州抗日會電（銜略）暴日侵犯滬淞，貴軍奮勇殺敵，捷音傳來，無任鼓舞，務望堅持到底，保護國土，敝會積極訓練全市義勇軍，誓為後盾，廣西民衆抗日救國梧州分會叩。

▲信陽抗日救國會（約略）捷報飛來，欣悉奮勇殺敵，大張撻伐，旗麾所指，倭寇潰亡，忠義干雲，山河壯色，為國家保疆土，為民族爭人格，翹首南望，曷勝欽遲，信陽抗日救國會叩支。

▲檀香山華僑國難會（銜略）日寇橫行滬江，賴公等禦敵，望繼續努力，本會感日即行籌款，誓為後盾，檀香山華僑國難救濟會東。

雋聞

▣日婦組索夫團

日本民衆以軍閥橫暴，積極對華侵略，此次在滬迭遭挫敗，死傷甚衆，不但不悔禍，且復變本加厲，致事態益形擴大，長崎大阪等處婦女，因其夫多被迫從軍，無辜犧牲，特集同志，組婦女索夫團，向東京日政府請願索夫，狀如瘋狂，雖經日當局善言勸慰，但均逗留不散，婦哭兒啼，聞者淒惻，遠近陸續加入者極多，有全國聞風興起之勢。

■國內海外同胞踴躍輸將共赴國難

各界紛起捐款慰勞

▲哈佛留學生匯款慰勞　美國哈佛大學留學生電匯美金三百零九元七角三分，合華銀九百零八兩零三分，囑代購糖果香煙，為犒軍之用。

▲美領署華員助餉　上海美領事署華職員，昨送來洋一百六十九元至本館，囑代交十九軍。

▲中學聯續贈四千元　本市各中等學校學生抗日救國聯合會，日前曾贈牛肉四百五十元，送往前方，慰勞我軍將士，昨日又慨贈十九路軍現洋四千元，並於救國基金，續撥五百元，聞該會自一日組織青年義勇軍以來，截至昨日止，報名者達五十八人，又組織救護員四十八，兒童團十八，即將開始赴前線，從事救護工作，並聞該會定

，在西門吉平里召開第二屆第十七次幹事會議，討論一切緊要事宜，該會發表告各同學家長書，希各家長令子弟從速來校上課，以補過去罷課時間之損失，而符救國不忘讀書之意旨。

▲律師公會捐款勞軍　上海律師公會以十九路軍忠勇殺敵，特撥現款三千元，賫由常務委員李次山，於昨日親自送往總部，慰勞前敵將士，又該會在貝勒路辣斐德路口五七二號設立代收十九路軍慰勞將士會，於昨日收到現金四百七十六元，及藥品棉布衛生等物，業於昨日送往銀行公會，其餘之西藥，則車送十九路軍司令部矣。

▲兩公司各捐卡車一輛　中國搬場公司及三鑫運輸公司，各捐運貨卡車一輛，為十九路軍使用，熱忱可佩，

▲勝德廠贈新式卡車　小沙渡路勝德織造廠捐新式八汽缸福特卡車一輛，派由該廠胡文清君送往十九路軍司令部。

▲潮商致送軍用品　廣東潮州旅滬商人愛國團，致送軍部之慰勞品，計「第一批」（二月一日）計摩托脚車一部，白米四十石，由中華職業指導社代運，「第二批」（二月三日）計潮州鹹菜四十罎，衛生衫六百件，烏棗千餘斤，分裝四大袋，由市商會第三辦事處代運，「第三批」（二月四日）計軍用熱水壺一千只，由市商會第三辦事處代運，另有現金一千元，交潮州同鄉會合辦。

▲滇同鄉會勞軍　雲南旅滬同鄉會，以此次倭寇犯滬肆暴，賴我十九路軍迎頭痛擊，迭挫其鋒，而三日倭艦環攻吳淞要塞，復經鄧振銓司令督率官兵，拚力抵禦，擊毀敵艦，乃發起向旅滬鄉人醵金，立購大宗適用物品，以汽車裝載，繞道馳赴前綫，備致慰勞。

▲婦女慰勞會之工作　上海婦女界慰勞處國將士會，徵求現金物品輸送前敵，異常踴躍，茲悉前敵需用救傷藥品甚亟，已由該會常委沈儀彬與五洲藥房接洽捐募，經

五洲固本廠長葉秉衡應允，由該廠擔任，所有藥品棉花紗布，充分接濟，該廠之急公好義，於此可見，二月四日收到沈儀彬經募沈大太太捐白米六担，潘德宜潘德政助勝利麵包一千磅，顧太太捐套鞋八雙，毛巾十打，救傷藥水四箱，翁林氏捐樹膠底鞋五十雙，潘知本捐碘酒一瓶。

▲婦女國貨會捐款勞軍　上海市婦女提倡國貨會，除撥款五百元，於昨日送交銀行公會，轉送十九路軍藉表慰勞外，並分函全體會員，懇勸踴躍輸將，以盡天職，聞蔡周峻，楊鄭慧琛，潘唐冠玉，諸女士，均已各有捐助作慰勞及救護難民之需，其他各會員如願捐款，可送至金神父路金谷村六十二號該會書記陳敬容女士處，彙齊轉解云，翁輝蘭女士捐橡皮膠四捲，紗布二十匣，藥水棉花廿匣，酒精三介侖，剪刀四把，硼酸水大小二十五瓶，繃帶布四十碼，注射針二具，刷子四隻，鉗子十把，碘片一瓶，黃棉花十匣，注射水二十四匣兩種，硼酸膏六瓶，黑曹兒九瓶，Balsam十瓶，Beuine一瓶，梁靜芬捐洋五十元，翁林氏捐洋一百元。

▲廿七區市聯籌犒將士　上海廿七區市聯會委員王鴻輝，陳漢泉等，發起籌犒前敵將士，現正徵募各種軍用物品，昨日由永新內衣公司捐贈雨衣數十件，業由王君轉交前敵將士。

▲兩妓女助餉　福裕路南一弄香女老二，福致里龍炎老四，交捐洋五十元。

▲綢緞業續募慰勞金　本市綢緞業同業公會，以十九路軍奮勇抗敵諸將士裹創喋血，晝夜苦戰，深堪憫念，爰經議決，向所屬各組，募款慰勞，計募得杭綢組一千六百元，湖縐組一千一百元，盛經組九百元，緒論門市組一千元，蘇緞組二百元，（尚有二百元未繳）山東•河南•絲綢組五百元（續助一千元　除由綢業銀行先解五千元外，茲聞該會又分函各組，轉內地同業，負責續募。

▲浙省籌捐會匯二萬元　浙江省籌募救國義捐會快郵代電云，各報館轉淞滬抗日自衛各軍均鑒，暴日憑凌，得寸進尺，舉國同胞，共深憤慨，我駐淞滬各將士不忍國格之凌夷，國權之淪胥，奮其忠勇，毅決抗禦，屢挫敵鋒，啓贖立懦，敝會同人，分屬國民，敢忘義責，爰集兩浙各界人士，擬廣募款物，略盡論財紓難之義，茲先借墊國幣二萬元，匯請淞滬警備司令戴孝坤先生，代爲分配轉發，聊表犒軍微忱，並祝爲國努力，浙江省籌募救國義捐會叩灰。

▲閩南商界捐萬餘元　閩南旅滬商界勸募團，昨募晉惠會館捐十九路軍慰勞金一千元，已合第二次所募捐款洋一萬零二百零一元，一併交和豐銀行轉送前敵。

▲民智中小學捐助軍需　民智中學小學全體師生，曾於上月二十九日提撥救國儲金兩百元，託銀行公會慰勞十九路軍，茲又在校內集得國幣五百元，童子軍熱水瓶十

二只，德國軍用望遠鏡一具，永納大電筒一個，女教員女生等趕製絲綿背心，已成三十件，已於昨日雪中送至前方，此外家屬魔夫人捐助絨線，由女生趕結衣襪，該校師生，尚未到齊，嗣後當續有捐助，又該校半月來收容難民一百三四十名，日供二餐，現因校舍需用截止收容，擬請善團另行安插。

▲皖同鄉會之慰勞　安徽同鄉會昨特慰勞十九路軍函云，敬啓者，倭寇犯境，日肆披猖，佔我東省，燬我滬北，慘殺同胞，舉世痛心，幸賴貴軍特起奮勇抵抗，發揚國威，民族增光，義聲所播，全國景從，敝會同人，分屬國民，未能執戟，勉竭棉薄，謹派王君竹如，賫函代表慰勞，並附大洋五百元，敬請惠收，代辦牛酒，聊盡區區，諸希查照爲荷。

▲上海市地方維持會　上海市民地方維持會，以此次前線傷兵，爲國效勞，應有慰勞之必要，特推虞洽卿張嘯林王曉籟朱子橋郭順鄭樂顏福慶馮炳南八君，爲慰勞代表，昨日(十二日)下午三時，偕同該會會員，楊智賢君，同往卡德路紅十字會分醫院，海格路紅十字會總醫院，徐家匯骨科醫院，西藏路時疫醫院，由虞張王三君，逐一宣示來意，囑各傷兵安心靜養，每名發給慰勞金一元，各傷兵均奮發有加，感激不置，並願傷愈後，再往前線殺敵，復經郭順君，以永安公司名義，每名加發慰勞金一元，錢新之先生偕其夫人，分贈絨圍巾及背心等，於各傷兵云。

▲隴海路捐輸五千金　上海吳市長鐵城轉十九路軍司令部，蔣總指揮，暨全體將士勛鑒，淞滬戰績，爲甲午以後中國一吐氣，不特敵胆爲靡，世界觀聽，亦因而震駭，本路同人聞捷感奮，謹贈五千元，由中國銀行匯上，藉表慰勞之意，即祈察收分發，並盼奮鬥到底，以爭最後之勝利，隴海鐵路全體員工叩銑。

▲中學聯慰勞五千元　中校學生抗日聯合會，於昨日下午四時，在會所開第十七次幹事會，出席十二校幹事，主席滬江謝錦標，議決各案。(一)在救國基金項下，撥出五千元，採辦跑鞋五千雙，牛肉一千五百罐，以慰勞抗日戰士，(二)定明日即十時，在會所集合出發致送。(三)組織青年義勇軍，推上中，惠靈，浦東，敬業，務本，民立，七校爲籌備委員。

▲銀行公會轉送十九萬元　銀行公會設立之市商會第一慰勞徵收處，迄已收到十九萬元左右，業交市商會轉撥前方。

海外華僑輸款之踴躍

▲各地華僑捐輸鉅款　十九路軍抗日之戰關係國際地位增高，海外華僑，捐助軍餉，因是甚爲踴躍，昨由美商大通銀行匯到者，有紐約 Cuoy sam 五千元，紐約 Won Kow 一千一百七十元，支加谷 Moy She Kung Shaw 四千四百元，支加谷國民黨一千一百元，Hoyonasu 六百六十五元，共

二萬二千二百三十五元，又華僑無名氏八百二十四元，均由本館轉交。

▲西貢舟隆商會匯款助餉　吳市長昨接西貢舟隆中華商會來電云，上海吳市長，請轉致蔡軍長廷楷向東亞銀行收三萬兩，舟隆(譯音)中華商會。

▲緬甸華僑匯款助餉　政府收到緬甸來款二萬元，加拿大六千元，越南二萬兩。

▲溫古華匯一千七百元　坎拿大古華埠來電稱，溫古華廣萬生(譯音)號同人，已由中國銀行匯致國民政府財政部洋一千七百元，祈公佈并轉告，茲特為披露。

▲檀香山匯十萬元　上海吳鐵城，敝會鼎日先後共匯呈大洋十萬元，請轉交滬財政辦事處指定用作前敵餉糈，款到速復，檀香山國難救濟會主席黃林，蕭全棣，陳巧叩眞。

▲小呂宋華僑之捐輸　小呂宋華僑救國會昨電吳市長云，上海市長吳鐵城，轉蔣光鼐，蔡廷楷，戴戟，暨諸將士勛鑒，暴日侵滬，幸賴貴軍精忠衞國，奮勇殺敵，捷報頻傳，中外咸欽，僑民誓為後盾，唯希繼續努力，殲盡倭寇，茲由中興電匯滬銀二千元，請收款賜復。

呂宋來電，瑞隆興鐵業公司職工，由中興銀行匯來國幣四千三百元，囑申報館代轉前敵戰士。

▲菲僑助捐款絡繹不絕　菲律濱華僑前晚及昨晨又續由中興銀行匯到一萬四千二百餘元，交十九路軍蔡廷楷軍長，計華僑中學四千八百七十餘元，棉沙棉示華僑救國會五千餘元，三巴洛華僑救國會二千二百元，岱育華僑公會一千五百元，廣華隆商號五百元，已由該行昨日照為彙交，聞其中華僑中學前已匯來八百元，昨款係第二批。

中興銀行續接到菲律濱匯來接濟十九路軍蔡廷楷軍長款項三萬六千八百餘元，內計僑商歐陽文錫君一萬元，華僑第一女學一千元、其餘二萬三千五百餘元，為菲島各處華僑救國會所寄、又三千三百五十餘元，為私人及商號所寄，已由該行照為送交。中興銀行昨日所接到菲律濱華僑匯來接濟十九路軍之款項，共二萬餘元，計華僑聖公會女學九百七十八元，蘇洛粵僑聯合會一千二百餘元，各地華僑救國會三描省甲描朗岸一萬元，亞眉省黎牙示傭四千元，描冬牙示一千五百元，亞眉省淡描戈一千元，又淡描戈救國會儲金部二千元，內一萬元係由財政部宋部長轉交，餘則直接交蔡廷楷軍長，已由該行昨日照為分別送交矣。

又續由中興銀行匯到約一萬八千元，計岷埠同興行中華工會一萬元，各地救國會武端二千五百兩，拉濕良二千元，加省株巒牙老一千五百元，朗迷良九百五十餘元，除二千五百兩託財政部轉交外，餘皆直接匯交蔡廷楷軍長，經由該昨日照為送行交。又續由中興銀行匯到七萬五千二百八十餘元，計粵僑救國會二萬元，禮智華僑救國會二萬元，南甘馬粦華僑救國會一萬元，拉牛板華僑救國會一萬一百八十元，中華米商會四千元，北依老哥華僑救國會三千元，三巴洛華僑救國會二千四百元，羅沙禮示華僑救國會二千元，其他各地華僑救國會三千七百餘元，已由該行當日照爲送交。

又菲律濱華僑聯合烈雜貨商會，由中興銀行匯來二萬兩，交十九路軍蔡廷楷軍長，慰勞前敵將士，並拍致蔡軍長一電，茲探得原電如下，中興銀行轉交上海十九路軍蔡廷楷將軍，轉全體將士鑒，我軍殺敵致果，震動全球，淞滬之戰，開民國以來未有之光榮，請再接再厲，謹先電匯中興銀行二萬兩，充作前敵戰費，盼覆，菲律濱華僑聯合會朱世里商會叩歌。

戰地雋聞

◻肉彈三勇士

當六十一師接防閘北一帶，守八字橋正面者，爲第四團全部，日軍時以小部隊衝鋒，吾軍依橋而守，堅如鐵石，不爲所動，二月十六之晚，吾軍下令反攻，令八字橋之守軍，進攻寶興路，越青雲路，而達天通庵，與江灣路左面之吾軍會合，會攻六三花園之日軍司令部，並懸賞格，何部先得，獎金五千、第四團方面得令，即以所部三營支配，分作左右中三路，分頭前進，屆時，一聲號砲，殺聲震天，千餘健兒，前仆後繼，向南猛衝，敵槍彈雖如雨下，士卒倒地者不少，然終不能折其銳氣，一剎那間，已攻破敵三道防線，任正面之第二營營長張君，及其所部三連連長李黃衞三君，均身先士卒，執盒子砲領導前衝，越過青雲路，李連長陣亡，再過天通庵路，張營長亦受傷死，四將去其二，祇得由黃連長遞升督戰，及抵寶山路口、黃連長亦中彈畢命，可憐三位勇將，竟同時殉難，然其餘部隊卒以衞連長之指揮，先達日司令部，獲戰利器無算，並得五千獎金，歸檢所部，祇剩五六十人，其犧牲之大可知，肉彈三勇士之名，則已遍傳軍中矣。

■各界士女熱忱戰地救護工作

▲紅十字會冒險救護　中國紅十字會救護隊隊長王培元，於戰事發生後，即籌備救護事宜，昨晨全隊出發，救得南市炸傷平民數人，午前九時，由秘書楊靄青、同醫師王振川，耿國祥，護士長靳緯繪，秦瑞庭，等帶伕役人等，至北火車站，因鐵門已關，乃由北高壽里至車站，時正值日兵衝鋒之際，其時日兵以大砲掩護，以飛機拋擲炸彈，我軍以高射砲仰射、先後落地炸彈五枚，將傷兵車炸毀，義務救護員董心琴，及該會護士等正在搬運傷兵之際，甫離地點不及一刻鐘，未被波及，亦云幸矣。

▲藍十字會擴充救護隊　閘北自戰事發生後，曁經藍十字會謙益傷科醫院組織救護隊分頭救護，玆經閘北慈善團主任王彬彥，鑒於力量單薄，不敷分配，乃以慈善團及保衛團原有職員組設藍十字會救護隊三隊，連同已設之救護隊，共計四隊、分往前線救護，幷閘北慈善團爲臨時收容所。

▲紅會組循環醫藥隊　中國紅十字會以各收容所之難民，於驚惶凍餒之環境中，易於受病，特於救護隊中，附組醫藥隊，選任男醫師張志聖，女醫生陳競芳，護士戴自標，章然白，逐日攜帶醫藥，循環診視，除重病酌送醫院外，輕病則就地診治。

▲紅卍字會救護消息　紅卍會以連日救出難民甚衆，第一收容所，已不敷用，特向體育協進會商借籃球房爲第二收容所，由劉江璞主持其事，該會救護用車，極感缺乏，昨由陳珊芝借汽車三部，供運送戰地災民之用，至戰事終結爲止，該會救護隊第一組，昨在中興路一帶，救出婦孺一百五十餘人，第二三兩隊，在共和新路救出婦孺二百餘人，受傷者劉桂生，李孫氏，陶張氏，張永生等，均送紅卍字會醫院治療。

▲各縣組設收容所　上海戰區難民臨時救濟會，因閘北虹口兩處難民救入公共租界及法租界各臨時收容所，現已人滿，特商由上海特別市黨部派救護員分赴鄰近各縣，接洽組設收容所，以便救護前往，昨日市黨部接到各縣已允組設難民收容所消息，彙誌於后。（金山縣）赴金山縣之救護員張小通，已與金山縣長黃哲文，及金山第一區公所區長姚錦順，暨當地各機關團體，商妥在洙涇組設難民收容所，約可收容二千人，經費由該縣擔負半數，並請上海擔任半數，由水道運送該縣，較爲便利。（青浦縣）赴青浦之救護員吳斐，已與該縣縣長及就地商會等各團體商妥，組設難民收容所，約可收容八百人至三千人，經費由該縣籌措，地點設青浦城內，由水道送運前往，較爲便利，並於運送難民之前一日，先行派員通知，俾可飭警保護。（

吳江縣）救護員馮一先，持函與該縣縣長及商會商洽組設難民收容所，一面由青浦縣長致函該縣。

▲戰區難民救出千餘人　本市戰區難民臨時救濟會，營救難民，截止昨日，已收容一千八百人有奇，而其寄宿處所，以不敷容納，隨時擴充，前曾設有八處，昨日又新添兩處，共計十處，茲將各該寄宿所又查如下。（一）國恩寺，（二）清涼寺，（三）亞爾培路劉宅，（四）棒球場，（已歸婦孺會）（五）鎮海寺（在小南門），（六）小靈山（小南門），（七）金榮學校（康悌路十三號），（八）大陸商場（山東路），（九）北京路富潤里，（十）法租界馬浪路惠通學校

▲女青年會救護工作　女青年會自暴日入境，即從事於救護工作，供給同德醫院醫士醫藥及救護用品，達三百餘元，親往前方救護傷兵及難民出險，送交後方醫治，又請該會狄思威路宿舍避來之寄宿者多人及護士數人，每日趕製救護用品，供給紅會及各醫院應用，上海市民維持會亦送來材料，由該會配製應用，又與各基督教團體合組戰地難民收容所於南京路大陸商場，每日由該會幹事數人，前往服務，截止昨日止該會已收到各界捐款一千七百餘元，倘望多多接濟，以便繼續工作及舉辦善後事宜。

▲市童軍增設收容所　市童軍理事會戰地服務團、前設災民收容所八處，共已收容災民二千六百餘人，因各處均已人滿為患，而日方暴行未已，災民勢必日多，故該團昨（四日）又商得大陸銀行之同意，將南京路山東路口新建之大陸商場，已裝修完竣之一部，作為該團第九收容所，大約可容一千餘人，惟收容人數太多，食物不敷分配，現在雖由各方接濟，尚可勉強維持，若再過一二日，人數增多，食物更覺缺乏，該團為維持災民安全計，故擬向各方募捐，昨（四日）已派出三隊，成績甚佳，深望各界熱心同胞愛國志士，盡量捐助，以惠災黎，又該團第四收容所設在廣仁堂內，已收容災民二百二十餘人，現有二區黨部人員一批加入該所幫同工作，因鑒於災民均係貧民，房屋又甚陋隘，故於衛生方面格外注意；免生癘疫，特規定每室二人作清潔工作，一面將每日軍事消息，向災民報告，并加以相當訓練。

▲婦女界成立傷兵醫院　上海市婦女慰勞護國將士會組織傷兵醫院，昨已正式成立，午間收容傷兵四十餘人，大致輕傷者居多，其較重者不過二人，院長李元英偕同醫士數人，分別救治異常熱心，昨乃成立第一日三時開談話會除本會常委均到外，尚有吳淞要塞譚司令夫人，及十九路軍團長楊富強夫人，代表十九路軍致謝，又杜月笙夫人到院參觀，即捐千元，杜月笙先生捐二千元李應生先生捐一千元朱秀英太太捐二百元均指定作為傷兵醫院用途云

▲醫師公會組織第七救護隊　上海醫師公

會，昨特召集何香凝主辦之國難救濟會，龐京周主辦之同德救護，及紅十字會，合併召集聯席會議，議決即日組織成立紅十字會第七救護隊，推定湯蠡舟為隊長，在眞茹設醫療所，在上海設醫院，收容傷者，總辦事處設上海西摩路武定路口，由焦錫生為主任，並假靜安寺路周君常診所為第七隊駐滬辦事處，醫師公會方面推定牛惠生，周君常，尤彭熙，劉之綱，龐京周，五人為特別委員，由周君常任委員長，接洽時間，定每日上午十一時至十二時，第二步進行接洽蘇州辦理後方病院事宜，推蔡禹門負責進行。

▲佛教會組織救護隊　自暴日犯境以來，各界莫不敵愾同仇，佛教會中堅分子德浩，可成，體空　朱慶瀾，王一亭，聞蘭亭，等亦於昨日假坐功德林招集諸山會議。（一）儘上海各寺院，盡量收容難民，（二）籌款慰勞受傷兵士，並組織救護隊，前往戰地工作。

▲基督教戰區難民收容所　本市基督教戰區難民救濟會，自成立以來，已設立數處收容所，茲又向大陸銀行公記營造廠借得南京路大陸商場第一，二，三，三層為最貧苦難民收容所，約可容三千人，凡食宿無着之被難同胞，願受收容者，可向博物院路廿號青年協會陸幹臣或大陸商場內楊懷僧接收。

▲普善山莊掩埋工作　普善山莊平時對於華租兩界工作，實事求是。此次暴日侵滬，肆意焚掠，慘無人道，以致死亡載途，目不忍睹，該山莊為注重衛生計，為尊重人道計，爰特加派夫役及運柩汽車，分至各處撿收大小暴露屍體，為數頗多，而各慈善團體往收殮傷亡兵士及病故難民等，尤屬紛至沓來，幾有應接不暇之勢，計自滬變以來，截至七日止，計收紅十字會各醫院及收容所男屍十六具，濟生會女屍一具，閘北慈善團男屍二十具，市民聯合會男屍六具，公共租界工部局咨照收殮驗屍所男女屍體二十七具，孩屍五具，並由衛生處派員陪往租界各區檢收男女屍體三具，孩屍二百三十三具，以上共計男女屍體七十三具，孩屍二百三十八具，該山莊殊功德無量云。

戰地雋聞

□吳營長愛國忘家

第七十八師六團第二營營長吳康鑑，在一月二十四日新婚，婚禮完畢後，忽警報傳來，且因隊伍在閘北，立棄其可愛新婦囘防，劇戰累旬，迄未歸去探望，俟因遇一戰地記者，特出一名片，乞為轉告其家，上書「某某勿念，我很平安」等語，及住址，如吳氏者誠公而忘私，愛國重於愛家矣。

戰後之失業與損失之統計

滬變財產損失統計

上海自被日軍侵犯以來，損失浩大，準確統計，最爲需要，中央黨部統計主任兼代國民政府統計局長吳大鈞，最近來滬，向各方調查，并編成全部統計，玆採誌上海市區內滬變損失初步估計於下，（中央統計處編）（說明）此次日軍侵佔淞滬附近之面積，達二四一方里，將兩倍於上海市，惟嘉定，寶山，太倉，等縣屬之區域，因交通阻隔，無法報告，且無舊案可稽，估計亦所不能，故調查頗需時日，玆先就上海市政府管轄區域內，（包括閘北，吳淞，江灣，眞茹，引翔，殷行，彭浦，及南區，特區等，）所受損失，作爲初步估計，餘俟調查齊全時，再作更詳確之統計，至本項估計之材料，悉係根據各機關之報告，以及各方面主管長官，依照原有紀錄，加以相當之估計。（一）全市損失，可以數字形容者，達一五六〇〇四九八七一元。（二）全市被侵佔之面積，約四七四方里，受直接損害之人民達一八〇八一六戶，八一四〇八四人，佔全市人口之半數，（四五外）其中死亡者六〇八〇人，受傷者二〇〇〇人，失蹤者一〇四〇〇人。（三）財產，被侵佔區內住戶財產價值八〇〇〇〇〇〇〇〇元，損失十分之七，房屋價值，二四〇〇〇〇〇〇〇元，損失十分之八，五，全市財產，受直接與間接損失之價值，達七八八一七三四九二元，計住戶財產五八四一〇四〇五四元，房屋二〇四〇六九四二八元。（四）學校，被侵佔區內停頓之學校，計大學及專門一〇、中學三一、小學一九二、失學之學生三九七三五人，佔全市學生四分之一，計大學及專門六二八六人，中學六二八二八，小學二七一六七人，輟業之教職員三一〇七八，佔全市教職員三分之一，計大學及專門一一六六人，中學七五一八，小學一一九〇人，被焚炸或駐軍之學校，計大學及專門一〇，中學一七，小學四九，被焚炸之資產達一三六八二三九〇元，佔全市學校資產三分之一，計大學及專門一二二九四七三六元，中學九五七二一一元，小學四三一四五三元，本市教育機關團體，因滬變而全部停頓，所受損失尙未計入。（五）工業被侵佔區內，有工廠五九七家，佔全市工廠四分之一，其中受損失若過半數計六七九九一八七四元，全市工廠受直接與間接損失之價值，達九七一五一二八七元，此數僅就已有報告者計算，全數必不止此，全市工人因事變而失業者達十分之八，僅紗棉廠失業之工人已達二五〇〇〇〇人，其因失業而損失之工資，每月三七五〇〇〇〇元，如半年後復工則損失二二五〇〇〇〇〇元。（六）商業，被侵佔區內有商店一二九一五家，受損失者達十分之七，全市商店受直接與間接損失之價值，為五九八一三六〇七四元。（七）金融，全市銀行與錢莊之營業，因事變而減少十分之八，五。（八）交通被侵佔區內鐵路損失之價值，達一六八九三三一七元，計佔全路資產十分之四，計路軌與建築損失一九三五五〇〇元，機車與車輛損失九八九〇三〇元，器具與設備損失一〇九七四九一三元、材料損失一七九一四一八元，營業損失一二〇二四五六元被內侵區，道路損失達一二〇〇〇〇〇元，橋梁損失二〇〇〇〇〇元，全市輪船堆棧與轉運公司之營業損失達一〇〇〇〇〇〇〇元。（九）公用事業，被侵佔區內公用事業之損失，達一〇七四二〇二五元，計水電損失一〇二三〇〇〇元電氣損失一五〇〇〇〇元，電話損失二五三八〇〇元，長途汽車損失一二六二二五元，被侵佔區城外公用事業之營業損失達六一〇〇〇〇元，計電氣損失四三〇〇〇〇元，自來水損失一八〇〇〇〇元。（十）治安設備，被侵佔區內公安設備，因事變而損失者達五四〇〇〇〇元（十一）財政，市府收入因事變而減少十分之四強，實減二二一二八六元計，田賦減少二一%，契稅減少二四%，房捐減少八一%，車捐減少五三%、

戰後失業損失統計

▲失業工人二十四萬人

▲損失在一千餘萬以上

社會局前日發表日軍侵滬後，工人因戰事失業統計。（一）原有工人人數及失業工人統計。（甲）本國人經營之工廠，（以地域分區調查）閘北區失業人數，五四九七二，南市區二二三九五，浦東區五〇六六，滬東區四五五〇九，滬西區三八一〇五，法租界二九五七，共計一六九〇〇四。（乙）日商經營之工廠，（以產業分類調查）棉紡業失業人數五四六〇六，織造業四一八五，機器業一二〇三，化學工業八四六，玻璃業六八一，製革二六五，橡膠三〇〇，釀造業八九、製糖業九六，煙草七〇，印刷七七八，日用品業四〇，其他各業二三三，合計六三三九二。（丙）其他外商經營之工廠，（以產業分類調查）紡織四四〇〇，蛋廠業八〇〇，印刷業一二〇〇，製藥業一六〇，機械四〇〇，其他各業一〇四〇，合佔計八〇〇〇，總計原有工人二十八萬五千一百七十八人，失業工人二十四萬零三百九十六人，（二）工人失業損害估計，工人之工資損失，平均每人每日以一元計算，自一月二十九日起至三月十日止，共計四十二天，其損失當為一千萬零九萬六千六百三十二元，據該局原表附註，此項調查，僅以產業工人為限，至職業工人之損失數目尚不在內。

□國際聯盟處理中日糾紛之經過

一月二十八日之淞滬慘案與去年九月十八日之東北事變，實可謂二而一之暴日對吾中國有步驟之侵略也，故觀國際聯盟對於中日處理糾紛之經過，亦可知此次上海劇變之所由來也，因其頗足供吾人參考，特爲摘錄於次。

第一期（九月二十一日至十月八日）

甲、我國對於日本侵佔東省向國聯的起訴

這次日本藉故以武力強佔東省，消息傳來，舉國震怒，我國根據國聯公約第十一條，於九月二十一日，正式要求國聯行政院根據該條規定。（一）立卽設法阻止事件的擴大，以維持中日間和平。（二）恢復九月十八日以前的原狀。（三）審定賠償中國損失的範圍及其性質。

乙、國聯行政院第一次集會經過

（一）行政院主席的急令　日兵在瀋陽發難，適當國聯常年大會未終，而行政院又正在召集之際，該院遂於九月二十二日會議時，正式受理中國對於日本的起訴，然以事機緊急，稍作討論，卽議決由行政院主席西班牙外交部長雷露，一、急電兩方停止軍事行動，以防事件擴大，俾易得和平解決，二，卽與中日代表兩國人民生命財產安全的範圍內協商立刻撤兵辦法。

查一九二五年，希臘軍隊侵入保加利亞國境的時候。行政院亦曾召集緊急會議，同時由主席電令兩軍隊，不特應卽停止軍事行動，且須立刻退回本國，但這次對於東省事件，其緊急決議之第二項，所謂由主席與兩方代表在兩國人民生命財產安全的範圍以內協商退兵辦法，而不敢援用先例命令日本馬上撤兵者，正國聯示弱的表示，亦卽我們失望的開始。

（二）國聯與美國合作的運動　國聯既怕日本的強勢，不敢令其立刻撤兵，又要顧全自己的體面，求避免委懦的譏誚，所以不能不請出太平洋的霸主—美國—來合作，同時（一）因美國在華利益的重要，關於太平洋的種種問題，非得美國參加不能解決。（二）因美國爲華府九國條約及非戰公約的主動國，而滿洲問題又和牠有直接的關係。（三）因美國爲頭等海軍強國，欲制裁日本非依賴牠的實力不可。（四）美國固非國聯會員，然其對於國聯的發展有極大關係，國聯如欲達到爲世界最高政治機關及維持世界和平的目的，實非得美國之協助不可，然而美國人民向抱不干涉別洲政治的門羅主義，所以國聯的組織，雖倡於威爾遜總統，而美國終未爲國聯的會員，但國聯對美的加入，尚未失望，每遇一事，必請其參加，所以國聯各種專門機關，莫不有美國代表，日本以武力佔據滿洲，不特危害世界和平，抑亦危害美國利益，故國聯亦樂得乘此機會邀請美國參加，以敦促其實行與國聯合作。

當行政院於九月二十二日第二次會議之際，英國代表薛西爾爵士，即提議將行政院關於討論滿洲問題的經過、臨時通知美國政府，使美政府對此問題，得獲完備的消息，而知採取正當的態度，日代表芳澤大使，當時以爲事屬平常，故未加反對。

當此議決通過後，美國府遂於九月二十日與國聯以滿意的答覆，內謂美政府對於國聯處理滿洲的緊急決議，甚表同情，幷已令駐北平及東京美使，向中日兩方政府，作同樣的勸告了。

（三）中日兩方的態度及辯論的情形　我國對於日本侵略的控告，乃於九月二十一之用書面提出，二十二日上下午行政院舉行第二第三次會議時，我國代表施肇基公使，遂要求行政院立即設法恢復九月十八日以前的狀態，及派員調查損失與肇事的責任，幷謂我國政府對於東省事件，決採取不抵抗主義，全聽國聯去處理，論者有指責此種外交爲依賴國聯，實則在肇事責任未明，對日戰爭全無準備，暫不抵抗，未始非計，蓋能將保障我國領土完整之一部分責任，加於國聯身上，使牠不能擺脫，換句話說，以國聯作我們的先鋒，而我們乃仍可在後方作軍事的準備，可惜國聯先鋒隊，每戰皆北，而我們又不思準備，並繼續其不抵抗主義，以自誤耳。

日代表芳澤大使宣稱，日本旅滿僑民數十萬，財產價值二十萬萬元，皆有條約爲之保障，而年來中國政府恣意蹂躪，這是中日衝突之遠因，至最近不幸事件的發生，由於中國軍隊炸毀南滿鐵路，故過在中國而不在日本，他接到國內報告說，中國方面已提議直接交涉，他深信只有直接交涉，才能達到和平解決的目的。

九月二十五日行政院舉行第四次會議時，日政府令其代表答覆行政院主席九月二十二之急電，對於該電第一項令兩方停止攻擊，以待調解，謂「日本政府自始至終，除關於保護日人生命財產的必要行動外，曾極力阻止事件的擴大，」對於第二項撤兵問題，則謂「日本現已開始撤兵，完全撤退，須以日僑生命財產的安全爲條件，」日代表幷宣讀日政府九月二十四日的宣言，內容謂「日本對於滿洲，絕無領土野心，現在的衝突，乃因中國軍隊毀壞南滿鐵路而起，日本爲自衛計，故有此軍事行動」云，我國施代表繼亦宣讀國民政府對於行政院主席急電之答覆，內容除致謝國聯之調停外，堅持日本須立刻撤兵之議，至於日僑生命財產的保障，我國允負完全責任，施代表又以肇事眞相兩方報告既有不同，則最公平的辦法，就是請國聯派員就地調查，同時幷否認我國有直接交涉的提議。

二十八日復開第五次會議大致討論派員調查問題，無結果而散。

（四）行政院的五頭會議　所謂五頭會議，就是英，德，意，法，及西班牙，代表所組織的秘密會議，根據九月二十二日的決議案，除由行政院電令兩方停止軍事行動外，并請主席與兩方代表協商撤兵辦法，所以由二十二至二十九數日間，無一日無五頭會議的召集、此種會議作用，在預商撤兵辦法，俾再提出與中日兩方代表討論、其所謂撤兵辦法，乃由國聯派員就地調査眞相，俾可（A）證明肇事責任在於何方，設使南滿鐵路的炸斷，乃日軍故意自爲，藉作進兵口實，則我國所受損失，日本當負責賠償。（B）可證明日僑生命財產，在中日糾紛未發生以前，并未受我們的危害，若使日軍即將維持治安之權交還吾國，那我國政府，必能予日僑切實之保護，所以假使以上兩個問題都得解決，那日本將失其不能撤兵的理由了，然而日代表強辯，祇謂「中日之事，惟中日才能直接解決，國聯的干涉，適足以延長解決的時日，中國政府雖已宣言允負保護日僑生命財產的責任，惟事實上中國中央政府的命令，不能及於各省，日本永不能相信一紙空言眞能保護日人的安全，故不得不謀以自衛」云，於是派員調査之提議，以日代表一人的反對不能通過，結果祇允各國單獨派其駐華武官就地探聽消息，報告於各本國政府，再由各國政府轉知國聯而已，東省爲我國領土，吾人本有單獨請求國聯派員調査之權，但卒以日代表曾宣言國聯若不尊重日本的意旨，那日本不負保護調査員之責任，而國聯亦無可如何。

（五）九月三十日之決議案　定期撤兵及派員調査既遭日本的反對，而會議又不能不作暫時的結束，行政院遂於九月三十日一致通過一決議案，該決議案大意謂「根據日本政府宣言，日本在滿並無領土野心，又根據日本代表宣言，亦稱在日僑生命財產安全範圍之內，擬於最短期間，完全撤退其南滿路界外之軍隊，又根據中國代表宣言，謂中國政府允負保護日僑生命財產之責任，爰請中日兩方政府實踐上述宣言，及將消息隨時報告行政院，同時行政院決定於十月十四日從新召集會議，以便審査，但若因特別情形提前召集，不在此例，又屆時如行政院主席以爲無召集之必要，則十月十四日集會之議，可以取消」云，根據該決議案最後一段說、屆時如行政院主席以爲無集會的必要時，可以取消前議，可見當時各國的心理，以爲日本爲世界頭等列強國，向講信義，今行政院之決議既不限期撤兵，以保全其所謂神聖不可侮辱之帝國體面，前於十月十四日以則，料其必能自動撤兵，免負破壞國聯公約的罪名。

此次中日糾紛發生，値我適補選爲行政院委員，我國政府已委施肇基公使爲代表，誠屬幸事，施公使的態度和平，主張強硬，措詞得體，尤得各國人士之敬仰，比較日代表之狂吸雪茄，冷靜寡情，而發言又隻字吐出，令人不能久耐，實有天壤之別，至於九月三十日的決議案，不特不敢限期撤兵，甚至派員調查，亦因日本反對作爲罷論，實爲國聯畏縮無能之表現，至我國外交，雖不說是成功，亦不能說是失敗，因爲東省之未能重覩天日，實因我國內政糾紛靡止，及列強之不輕爲我犧牲，而東省問題已因此成爲國際化，使世界各國與日本對抗，而令日本陷於孤立地位矣。

丙，行政院各國代表的人物，

在九月七日國聯大會的時候，法美德三國代表，均由其外交部長親自充任，英國因內閣風潮發生，外長不能親自出馬，故由老外交家薛西爾伯爵代表，及到九月十九日行政院開會時，所謂和平健將之法國外長白里安已返巴黎，英外相又未出席，行政院已失其重心，及開會後數日，德國外長寇蒂，又因法國內閣總理及外交部長赴德聘問，趕回伯林，而美外長格蘭地，覩此情形，亦借故回國，所以行政院頓成無權無勇之機關，此爲其態度軟弱緣因之一。

丁，出席行政院的各國態度

（一）英，法，德，意，日，向爲國聯中有權有能之國家，而尤以英法爲最，故小國每有不滿國聯爲英法把持的表示，國聯會員雖有五十四國，而能制止戰爭者，祇有英法日意德五強，此乃五強之所以爲行政院永久委員的最大原因，而五強之中，力量足以與日本相抗者，祇有英法，以海軍而論，日本海軍祇遜於英，而遠勝於法，英法在遠東都有重要的殖民地，戰爭開始之後，於英法海軍未到以前，日本儘可自由行動，且勞師遠征，實爲國家所忌，故國聯苟令其會員對日開戰，除中國外，英法首當其衝，此英法對於滿洲問題所以不能不愼重考慮，就英國內部來說，保守黨對於國聯，素稱冷淡，而工黨則爲擁護國聯之最熱烈者，各國都是這樣，當中日糾紛發生的時候，適爲英國工黨失勢之時，亦即英國金鎊低折及海軍兵變之際，此實爲日本出兵最好的機會，英國處此空前困難時，正忙於國會的改選，及各黨聯合政府的組織，更何暇與頭等強國的日本啓釁，然亦不願其利用以維持世界和平及發展商業的國聯，因此倒閉，故英國的態度，不得不爲保全國聯地位及敷衍日本體面，使兩方易於下場，而戰爭不至爆發，並且英國估量日本必能自動撤兵，所以含糊了之。

（二）法國　法國與日本邦交，素稱友好，遠東之安南，亦賴此而獲安甯，故對日本的友誼，爲法國所必要保存者，但法國利用以維持凡爾塞條約的國聯，是她外交上最寶貴的工具，法國對於中日糾紛解決，她的困難與英國同，而所取的態度亦正相似，明白了英法的背影，則對於九月三十日決議案之苟且敷衍，便易明白了。

（三）義大利及德國　這兩國在國聯同屬一派，他們加入國聯的目的，是在利用國聯以維牠一等國家地位，因爲他們在行政院能與英法日並肩而坐的原故，但說到他們的實力，則遠非日本的對手，義大利在遠東利益甚少，卽對國聯亦不能操縱，故對於中日糾紛所採態度，純為旁觀，德國為受人壓迫解除軍備，而經濟又復衰落之國，故與中國有同病相憐之嘆，在遠東商場，居重要地位，然以國力殘弱，遠非日本之敵，故敢怒不敢言，祇有惟英法之馬首是瞻了，故實際上，義德兩國的態度，為不願多言。

（四）其餘會員國家　此等二三四等國家，其領土之完整，端賴國聯及其他公約之保障，故與我國有唇亡齒寒之感，然因力量微弱，知為日本所輕視，故在會議席上，差不多噤若寒蟬，此等國家的態度，雖表同情於中國，然究無補於事實，

（五）美國　美國在太平洋地位極其重要、前已言之，故其態度如何，不可忽視，美日在華利益，常常衝突，這是誰都知道的，因此日本出兵東省，為美國所深忌，美國政府對於解決滿洲問題，固歡迎與國聯合作，然合作之程度，不能超過一定限度之外，否則將為人民所反對，致危害政府的本身，觀美政府九月二十四日致國聯之覆函，可知其雖同情於中國及國聯處理此案之方法，然其以究非國聯會員，致令世界和平之維持，因此而感到困難。

第二時期（十月八日至十一月五日）

甲，行政院緊急會議的召集

十月九日，日軍飛機炸錦州，消息傳來，各國政府極為驚愕，有如大夢初醒，始信日本拒絕撤兵，其理由非因日僑生命財產之不安全，實欲以兵力屈服中國於其鐵蹄之下，施代表因此亦請行政院召集緊急會議，謀以對日。

同日行政院主席，一方面致緊急電告於中日政府，令卽停止軍事行動，及防止事件之擴大，一方面定於十月十三日在日內瓦舉行會議該院主席同時亦以上述情形通知美國，旋得美政府同情的答覆，大意謂美國政府熱烈希望國聯對於中日糾紛，盡其所有力量，求公平的解決，並勿稍餒，美國政府，將以其獨立之外交為國聯行動之後盾，中日兩國因其為非戰公約及九國條約的簽字國家，所以有遵守該種條約的義務，關於此點，美國當為充分的留意，於此可見美態度的強硬及與國聯合作的決心。

乙，行政院的新氣象

前次開會時，行政院所以無權無能，其中一個原因，是列強代表均非外交負責人員，前面已經說過，國聯秘書廳對於此點，極力運動所謂平和健將之法外長白里安，為這屆行政院院的主席，在習慣上說，六十五屆卽前屆會議的主席屬於西班牙，而下屆卽六十六屆會議的主席應屬於法國，但是此次會議乃係續前屆之會議，以審査中日糾紛，應仍稱為六十五屆，故在理應由西班牙外長繼續主席，但在政治上則處理中日糾紛，當以法外交主席為宜，故這

次白里安主席，實因國聯祕書廳的運動，西班牙外長的謙讓，及白里安負責以得成功，白里安既爲主席，那英，義，德，及其他國，亦不能不遣派大員出席奉陪，結果，英意政府由外長出馬，惟德國適因內閣改組，外交部長之職，由內閣總理兼任，又以忙於內之應付，故祇派外交大員代之，於是行政院之氣象，爲之一新。

丙，日本的新政策

從前日本的不肯撤兵，所持的理由，爲我國民衆反日甚烈，故撤兵當以日僑之生命財產安全爲先決問題，後因我國政府宣言負責保護日僑，並且說日本如不相信，亦可請中立國派員參加保護工作，日僑安全問題的解決，至爲容易，日本到這時侯，知道持這理由的非計，及再變策略，於十月十二日答復行政院主席九日勸告書中，說在這嚴重情形之下，當務之急，爲恢復中日間友好及合作精神，欲達到這個目的，應請中國先行承認數種基本原則，藉以維持兩國的邦交，中國如能承認這項原則，日本必能立卽撤兵，日政府隨時均願與中國政府開始談判云云，但所說五項原則究竟如何，並未加解釋，所以在會議未開以前，各國都知道事已棘手了。

丁，行政院第二次召會的經過

（一）邀請美國列席行政院會議的討論　這次集會，其中重要問題，爲請美國派員參加行政院工作，未開會以前，英法政府似已獲得美國政府的同意，而美政府亦於未正式被邀請以前，曾向報界宣言，稱國聯若果請美國參加行政院會議，美政府必歡然接受，這宣言發出後，行政院已有騎虎難下之勢，然日本最忌美國與國聯合作，而干涉其在中國的行動，故極力反對，實爲意中的事，因此遂發生所謂憲法問題。日本的反對美國參加，乃根據國聯公約第四條第五項，該項謂凡未列席於行政院的國聯委員，如遇該院討論一事件與之有特別關係，得請其派一代表以行政院會員名義列席等語，所以日本說根據該條約的規定，祇有國聯會員才能參加行政院會議，美國並非國聯會員，故在憲法上不能參加行政院會議，今行政院的集會，乃根據國聯公約第十一條，故行政院卽欲請美國參加，亦須得全體一致的通過，如是日本可得兩種阻止方法，以爲一定可以打消邀請美國之提案了，不知行政院各國代表視美國的合作，於國聯前途有莫大的關係，無論如何，必要達此目的，日代表於十月十五日致書白里安提出上述原則時，白里安卽覆書，謂與美國合作一層，是根據日代表贊成九月三十日的決議案，該決議案說，行政院應將關於討論中日糾紛經過情形，隨時通知美國，而非根據國聯公約第四條第五項，故以日代表的反對爲誤會，又說，如美國願意派員列席行政院，非以會員之資格爲之，因其無表決權，至於邀請美國派員問題的本身，亦不過手續問題，故無須行政院全體一致的通過，日代表爲遷延時日起見，復提議將此憲法問題，另行組織一法律專家委員會，詳細討論，誰知英外相卽詢日代表說，假使行政院設立專門委員會以研究此法律問題，貴代表能否預先接受其報告，於是日代表又借題發揮，回答說不可，白里安乃將設立法律專家委員會之日本提議付諸表决，結果，除日本及德國代表外，餘均反對，主席復將請美國參加之原案提出表决，結果除日代表外，一致贊成，此乃十月十五日祕密會議的情形，到十六日開會時，主席宣佈行政院根據昨日的决議，决定邀請美國派員列席行政院會議，希望日代表亦表同情，而日代表說不能變更前意，波蘭代表說，他所以贊成美國列席行政院的理由，承認該决議爲單獨的事，與國聯憲法之解釋無關，南斯拉夫與那威代表，亦相繼作同樣的聲明，其用意所在，乃認此次邀請美國列席行政院爲根據九月三十日之决議案，而非根據國聯公約任何一條，故不能作爲將來的先例，實則爲預防蘇俄之援例參加，因蘇俄乃非戰公約及太平洋重要國家之一，其地位與各國無異，一場爭論，於此遂告結束，及到同日下午開會時，美國乃派其駐日內瓦總領出席，各國代表會作熱烈的歡迎，惟日本代表默然不作一語，過後數天日代表乃說前者日政府反對美國列席，是因國聯公約解釋的異同，而與美國無關云。

(二)應用非戰公約的運動　美國代表旣已列牠行政院，對於非戰公約的運用，若使無法進行，將失與美合作的意義，所以十月十七日各國代表卽行交換關於應用非戰公約第二條的意見，該條意義說，簽約國家遇發生糾紛，不問其原因及性質如何，祇有用平和方法以求解决，商議結果，决定由各國政府訓令其駐華及東京外交代表，向中日兩國政府勸告，嚴守非戰公約第二條的義務，并由法國政府以此通知非戰公約簽字各國，作同樣的表示，美國政府得接法政府的通知後，卽發出同樣的勸告，我國政府得接該勸告，後曾於十二月十二日答覆，內容大意說，中國素來遵守非戰公約，目下日本顯然加以破壞，簽字各國，應立卽加以糾正云，日政府之答覆，於二十三日亦到，內容分爲三點。(一)以進兵東省爲出於自衞，並否認違背非戰公約。(二)日本因欲和平解决中日糾紛，願與中國直接交涉。(三)反控中國政府鼓動國人厲行反日。

(三)關於日本飛機炸錦州的辯論　關於錦州的被炸，辯論至爲痛快　當我代表質問日本何以用飛機炸錦州的理由，日代表說，中國軍隊正在集中錦州、以危害日軍，所以日軍司令部曾派飛機往該處偵察情形，而爲中國軍隊砲擊，日機爲自衞起見，乃擲炸彈而去，施代表謂去年有美國飛機抵東京，因入境手續不合，致爲日本政府所扣留，今日本以軍用飛機飛往錦州，不特手續未合，而且攜帶炸彈，其用心可知，況錦州華軍，幷無高射砲，可見日飛機幷未被擊，日軍無故損害中國人民的生命財產，行政院九月三十日之決議，已破壞無餘，日代表自知理屈，祇謂彼之意見與我國代表不同，無庸多說，而旁觀者尤深憤恨，亦表示不滿於日軍的行動，此爲十月十三日兩次會議各大略情形。

(四)十月二十二日決議草案預備的經過　由十六日二十二日間，各國代表均努力於決議案起草，這爲是屆會議之焦點。其進行方法，主席先行徵求兩方意見，再與其他各國代表討論，循環往復，根據各方之主張而作草案，然以兩造意見的參差，進行調解，異不容易，當時且有謂白里安因週旋各方，唇焦舌爛，而至害病，則其困苦之情形，可見一斑，聞提出討論的草案，已屬第三改正稿，因其前曾有第一第二草稿，而卒被放棄的原故，第一草案內容，對於直接交涉，限期撤兵，兩者兼顧，後因日方反對限期撤兵，而我方反對直接交涉，故被放棄，後一日，諸傳美國政府反對限期撤兵，及不願繼續與國聯合作，白里安聞之失色，乃召集中立代表，另起草稿，內容放棄限期撤兵，主張直接交涉，此草案經施代表猛力反對後，英外長又接得其駐美大使報告，說美國態度如前，於是第二草案又被放棄，然各國代表以開會已將一旬，深知無法可以變更日代表之態度，乃於十月二日，提出第三草稿付諸表決，該草案內容，分爲七點。(一)兩方有遵守九月三十日決議案的義務，根據該決議案日本應於最短期間，撤回南滿路線以外的軍隊，而中國方面應用有效方法。保障日僑生命財產。(二)請兩方注意以前答允不擴大衝突及停止侵犯的諾言。(三)請日本留意以前無併吞中國土地的宣言，及認此項宣言，與國聯公約及九國條約對於遵重中國主權，與領土行政獨立，及完整的規定相符合。(四)要求日本即開始撤兵，及應於十一月十六日行政院開會以前完竣，并要求中國政府即採有效方法，切實保障日僑生命財產，及聘請中立國人，協助中國官員實行此項決議。(五)建議中日兩國政府立即派員協商退兵及接收失地辦法。(六)建議兩方，一俟退兵完竣之後，即行直接交涉，以解決關於此次糾紛及滿洲鐵路一切問題，因此兩方宜協組中日調解委員會，或其他同樣的機關。(七)決定於十一月十六日召集會議，重新審查，至必要時，主席得提前召集，上述草案內容，雖未能使我們滿意，然大體亦能接納我國，定期撤兵及拒絕直接交涉的主張，在外交上說，可以說我國的勝利，中日代表聽主席宣讀該案畢，即答允各向本國政府請示。

(五)日本的反提案　十月二十三日第十四次會議時，我國代表請中國政府對於昨日之草案，雖不滿意，然爲求中日糾紛早日解決起見，故決意接受，惟日代表則仍然堅決反對，並提出一反提案，內容分爲八項，其第一二三項因與原案之一二三項意思相同，祇有文字的差別，故不贅述，惟第四第八項，則與原案迥異，第四項大意說，爲恢復和平原狀起見，應請中日政府承認幾項維持兩邦交的基本原則，這樣可使日僑之生命財產，得切實的保障，第五項爲向中日兩方政府建議，立卽開始直接交涉，以實現第四項的主張，第六項請中日兩國政府各派大員協商退兵及接收失地之辦法，第七項請中日兩國政府以執行決議的情形，隨時報告行政院，第八項授權與主席，於必要時得從新召集行政院會議，以審查本決議案執行的情形。

日本反提案與原案不同之要點，爲要求中國先行承認其所基本原則，換句話說，卽我國承認二十一條款關於滿洲及蒙古之處置，所謂直接交涉，及中日派員協商退兵辦法兩層，意義甚深，在表面看來，似祇以大兵威迫我國承認其條件，實則除此之外，尙含有中日問題不準第三者干涉之意，幸我們尙未墜其彀中，不然，國聯公約及非戰公約均在東省失其效力了。

（六）日本五項基本原則的討論　日本的反提案，要求中國承認其所謂五項基本原則，是等於借國聯之力，以攫取滿洲，此爲國聯所反對及美國所不許的，當十月廿三日開會的時候，各代表早窺破其陰謀，英表代薛西爾爵士，首先致問日代表，所謂五項基本原則，究是什麽，根據日內瓦報載，日本政府所謂基本原則，乃指中日條約中某種的規定，使該報所傳爲事實，則所謂基本原則，乃另有用意，與日僑生命財產之安全，毫無關係，今日代表要求行政院通過其修改的提案，而對所謂基本原則，又不欲加以解釋，似未免欺人太甚，現條約解釋，屬於法律問題，根據國聯公約，隨時可以訴諸海牙國際法庭，日本何以捨此不圖，而訴諸武力，此爲吾人所大不解者，薛西爾之外，尙有西班牙代表馬達利亞加的駁論，最爲痛快，他說，國聯公約第十條爲公約中最重要的一條，根據該條的規定，日本有尊重中國領土完整及政治獨立的義務，現在有一國家，非法用兵侵入他國境內而說不能撤兵，因撤兵之後，該國僑民生命財產恐將受危害，而不知危險環境之造成，該國亦應負一部份的責任，日代表強以日僑安全問題，與其所謂基本原則，混爲一團，凡此種種，將開未來最危險的先例，西代表又說，觀察日代表的意見，因爲在滿日僑無保障，所以日兵不能撤退，因該處不安靖，所以日僑無保障，若要滿洲安靖，惟有強中國承認其所謂數項基本原則，但日本政府目下又不能將基本原則內容宣佈，這眞是不可思議的悶壺盧，爲人所不可解的，然而各國代表儘欲與之講道理，而日代表祇冷靜的答道，你們的說話，雖然是有理，可惜我們不能和你們同意，至於何謂基本原則，我因未得政府訓令，不能宣佈。

白里安知道日代表意度，無可轉圜，

乃毅然說日代表既要求行政院贊成其含有數項基本原則的修正案，而又拒絕解釋所謂基本原則的用意，未免令行政院犧牲太大，這是絕對不可能的事，說完，宣佈散會，這是十月二十日第十五次會議的大略情形。

那天下午，復開會議，主席先將日本的反提案付表決，結果，除日代表外，餘均反對，次將行政院預備的草案付表決，結果以十三票對一票通過，除日本外，餘均贊成、該決議案就法律上說來，日本因未贊同，故沒有執行的義務，因根據國聯公約第五條第一項的規定，國聯一切決議，除明白規定的事項及關於手續問題外，應得全體一致通過才生效力，現在中日糾紛，乃根據公約第十一條提出討論，故決議案亦須得行政院委員一致的通過。

戊、關於中日條約的我國宣言

日本自兵佔東省之後，卽極力向國聯宣傳，謂中國破壞國際條約，危害日本在滿洲權利，日本爲自衛起見，乃不得不訴諸武力，日代表在會議席上責備國聯輕視條約於神聖，十月二十四日英代表曾在行政院宣言，謂國聯非遊重條約於神聖，但關於條約的糾紛，應用仲裁等方法以解決之，無論如何不應驟然訴諸武力，我國代表爲使世界明白我國非有意破壞國際條約起見，於十月二十四日曾致行政院主席一宣言，大意說，根據國聯公約於規定，中國所負執行條約的義務，與其他國聯會員國家無異，中國政府對於國聯公約所賦予的義務，亦必誠意執行，現爲表示中國的誠意起見，特鄭重聲明中國政府隨時都可以根據國聯公約第十一條，採用仲裁或司法方法，與日本解決一切關於解釋條約的爭論，又說，爲實行這項主張，中國政府已預備與日本訂定一種如中國與美國最近所訂定的仲裁條約，這種條約是近年來國聯會員間亦有不少訂定的，這種宣言是拒絕日本要求直接交涉又承認所謂基本原則的光明磊落的辦法，頗得各國的同情。

己、關於日本五項基本原則的停戰

（一）日政府關於五項原則的宣言，日本以不可思議的所謂五項基本原則，請行政院贊成，而又拒絕解釋其意義，故人皆以日本爲欺國聯太甚，行政院閉會之後，日本政府於十月二十六日發表解釋其所謂基本原則的宣言，日本的所謂基本原則，分爲五項。㈠互相拋棄侵犯的政策及行動。㈡尊重中國領土的完整。㈢取締一切所礙貿易自由，及激起國際間仇視的有組織的運動。㈣切實保障在滿日僑和平的企業。㈤尊重日本在滿洲由條約所得的利權，該宣言的第一二三四項純粹是外交的辭令，藉以博得國際的同情，而第五項則自然是包含二十一條款關於滿蒙的規定。

（二）行政院主席之駁答　行政院院主席接該宣言後，於十月二十九日予日代表以一答覆，大意說，行政院十月二十四日的草案，雖未獲全體一致通過，然亦具有精神上的武力，而九月三十日的決議案於法律上日本有執行的義務，關於日本二十六日宣言中一二三四項的義意，行政院十月二十二日的草案已經包含在內，又爲中國所贊成，且日本反提案一二三項，其用意亦不過如是，至於日本宣言中關於條約問題的第四項，根據中國代表十月二十四日的宣言，已明白對行政院及日本聲明執行一切條約的義務，而與日本所謂基本原則是完全符合的。

(三)日政府的牢騷辯駁　日政府接白里安的答覆後，即大發牢騷並答覆白里安，大意說，貴主席說日本的基本原則，一二三四項意義已被包含於十月二十四日行政院草案之內，而不知該草案的一二三四，實遠不如日本基本原則的第一二三四項的清楚及廣博，關於日本基本原則第五項，根據中國代表十月二十四日致貴主席的宣言，對於中日間某種條約的效力，似乎發生疑問，須知這種條約是中日邦交的基礎，故日本政府絕對不能承認中國這種言論爲合理，日本認定中國未承認日本五項原則以前，日本在滿洲的生命財產，必得充分的保障，則日本軍隊亦不能撤回南滿鐵路線範圍以內。

庚、各國之態度

英法美等強國，至此已覺日本的恃強無理，自侵入東省後，不特毫無退兵的意思，且擴大戰事範圍至北甯路線，最初說南滿路被毀，繼則說日僑生命財產未得保障，而現在又要求中國承認其所謂五項基本原則，故當時態度確極強硬　觀於一方面美國毅然派員列席國聯行政院會議，及單獨向日作維持非戰公約的照會，英代表砂面質問芳澤日使，法外長以主席名義與日政府筆戰，及行政院草案的限期撤兵，一套一套的外交方法，都完全使用出來了，雖然我們猶以此爲未足，然更進一步即爲列強對日絕交，或由絕交而至用武，就當時的環境看來，卻是萬難做到的，至於意大利及德國，自知力量薄弱，祇隨從英法的趨向，其餘諸小國則更無能爲力了。

辛、關於日本扣留鹽稅的中國抗議

日軍進佔東省後，復扣留我國鹽稅，我國代表於十一月三日曾致書行政院抗議，該院主席據此，旋於十月五日致書日代表嚴重質問，以爲扣留鹽稅與日僑生命財產的安全毫無關係，日本這種行爲，殊不能介人了解，日代表於十月五日答復行政院主席，否認其事，但十一月九日施代表復公佈國內來電說，截至十一月七日止，牛莊鹽稅被扣留的六十萬元長春鹽稅被扣留的有二千六百萬元，並由九月十八日起，日本軍事長官已禁止各處稅關繳交鹽稅於國民政府，過後數日，日代表致書行政院主席，祇說扣留關稅是由於地方政府所要求，而稅款亦用於該地方上。

第三時期(十一月五日至十二月十日)

甲、行政院在巴黎集會的經過

(一)在巴黎開會的原因　這次行政院不在

日內瓦而在巴黎開會，其原因傳說不一，而其最大的原因，是法國下議院於十一月十二日召集，行政院主席白里安氏以身爲法國外交部長又爲下議院議員，須於該星期內出席議院，以便答復各議員對於法國外交政策的質問，又以白里安年邁，不堪旅行的勞苦，既不便赴日內瓦，更不能在日內瓦久留，故與行政院各委員決定，是屆會議於十一月十六日在巴黎外交部大廳舉行，名爲第六十五屆第十七次會議，卽所以繼續十月的會議。

(二)行政院與美國的合作　行政院前次在日內瓦開會時，美國雖曾派員列席，然所派者不過是一總領事，以與法意三外長並肩而坐，論者多譏無理，美政府之所以如此，實有不得已的苦衷，因美國人民向主不干涉歐洲政治，及反對國聯，今美政府毅然派員列席國聯最重要的政治機關，極可以促成與國聯的積極合作，而至有加入國聯的趨勢，若派大員，足以惹起國人的注意，故祇派一總領事爲代表，以減輕國內的反對，但這次國聯行政院會議決在巴黎舉行，英法外長亦親自出馬，故美國不得不派大員列席，一則就地位說易與英法外長直接談判，一則就外交說易於自出主張，故決以駐英大使美國副總統竇父將軍爲代表。

說到竇父將軍地位，其副總統及大使，說到他的政治勢力，則有參議院一部份議員爲後盾，現在做列席代表，當然是非常適當，但可惜美國不是國際聯盟會員，其參加行政院的討論，只限於非戰公約有關的問題，發言的範圍，既有所限制，所以實際上其地位不能與行政院各委員的地位平等，又因竇父將軍是美國的副總統，若使列席行政院，在精神上對於國聯行動要使美國負有極大的責任，有此二大原因，故美國政府祇令竇父將軍作非正式參加意見，而不列席於行政院的會議。

乙、行政院第三次集會的經過

(一)十一月十六日會議及會議後的情形　那天的公開會議，不過是一種外交形式，除由主席宣言理由外，並未作何種辯論，所以一切交涉均用祕密會議方法進行，這種會議，差不多每日都在舉行。

我國當時仍持始終一貫的先撤兵後交涉態度，而日本則堅持我國承認其所謂五項基本原則，至於英法態度，則完全觀望，英法以美爲太平洋國家，在華利益多於英法，又有極強的海軍及雄厚的經濟爲後盾，對日行動應採強硬鮮明的態度，而美國則以爲中日糾紛既由國聯處理，故國聯應負完全的責任，美國祇可從旁襄助而已，英法欲美國先行表示與國聯攻守同盟的態度，而美國則欲看國聯的行動如何，再加考慮，期以獨立外交與國聯作相對的合作。

美國代表竇父將軍到巴黎後，仍然保全其副總統的威嚴，深居簡出，而主席行政院的法外長白里安，以身爲主人，不便

先行拜客，所以行政院開會數天，不得絲毫的進展，而在滿洲北部則日軍已與馬占山將軍戰於嫩江兩岸了，

及齊齊哈爾陷落，消息傳來，說者都以日本投炸彈於行政院的議席，竇父將軍亦往訪白里安，商量對付方法，一時空氣緊張，美國國務卿向日本駐美大使作嚴格的質問，同時行政院十二委員會議又討論第十五六條的應用，然而強有力者恐十六條的應用，會使自己犧牲，於是國聯公約中制裁侵略行動最有效力第十五六條，因此也就不能提出了。

瀋陽吉林及齊齊哈爾，是我國東省的三大都會，現在相繼被佔，而日本統治滿洲的好夢竟圓，日本為和緩列強，乃變更策略，向行政院宣稱，五項基本原則可以留交後來中國政府直接交涉時討論，目下不必在行政院強求中國承認，至於派員調查，日政府現可接受。

(二)十一月廿一日會議後的情形　該日開會，日代表正式作派員調查的提議，請衆贊成，但謂調查範圍，不限於滿洲，而中國本部的抗日運動亦任調查之列，我國代表以日本政策的狡猾，囘答說，現在最要緊之事，莫如令日軍停止軍事行動，及退囘南滿線內，假使放鬆這點，而做其他的事件為交換的條件，則中國政府萬不能接納，至於派員調查，乃中國數月前的提議，自然可以贊同，但是調查團的權限，等到日代表正式提出具體辦法時，中國當作相當的考慮，不過中國只管要求定期退兵，而日本已運動得美國反對此種提議，其理由以東省遍地皆匪，實不應要求日軍馬上撤退，以危害外人的生命財產，英法亦從中附和，而我國定期撤兵的主張，乃無形中為列強所拒絕了，會議到這時候，白里安遂請日代表提出關於組織調查團辦法，為下次會議討論的根據，並懇切的對日代表聲明說，在調查團工作期間，絕對不得再有軍事行動，白里安言時，流露無窮悲痛的情感，並說在這風雨飄搖的時節，燦爛而正大的國聯之運命，適操於本人之手，所以不敢不敬謹從事，以保其久遠，諸位代表，苟能與本人合作而解決目前困難，則本人的喜幸，奚可勝言，國際的事業愈危，旁聽批評者愈多，而至於刺諷，我們因此愈加努力，而世界各民族對於國聯的信仰亦愈堅，如不見信，請看主席目來所接地球四方拍來，高積如山的電報，以表示其對吾人的信仰及希望，由此可以證明國聯精神力量的偉大，我們豈能任人毀滅這種力量，以毀滅人類前途的希望，而為天下後世之罪人嗎，白里安的愛護國聯，如保赤子，而世界政治的複雜，竟令白氏對於中日糾紛，一籌莫展，是很可惜的。

日本自佔領齊齊哈爾後，乃集中兵力於北甯路線，以為進取錦州的預備。至十一月二十四日，日軍前鋒已迫近錦州之東三十公里，二十五日，中國代表乃向行政

院告急，要求於錦州之西東設一中立區，由國聯派英法意軍隊前往防守，如果我國兵力不足以拒敵，則此種不得已的辦法，最少可防止日軍的西進，況且有外兵之防守，則日軍必不敢借故進攻，以與外兵爲難，惜過後數日，我國當局，又托北平法使向日表示，如果日軍肯回瀋陽，則華兵亦當撤退長城以內，遂激起國民的反對。

國聯方面，對於中立區的設立，雖甚贊成，但由其派兵防守一層，又遭日本的反對，結果，祇允英法德等北平使館派員前往，與中日兩方軍隊指揮，就地磋商設中立區辦法。

日兵想進攻窺錦州的時候，所官佈理由，爲我國軍隊集中於錦州一帶，足以危害日本軍隊安全，白里安爲避免衝突計，二十五日致電中日政府，請命令前方軍隊停止軍事行動，二十七日，日本政府答復白里安說，假使華兵能退入長城之內，則日兵亦可退回瀋陽，除必要時，得取道錦州赴華北保護日僑外，日本軍隊，當不逾過錦州中立界線，由錦州西至山海關一帶，應由中國地方政府維持治安，但由錦州起東至瀋陽一帶之治安，須由瀋陽政府維持，他的用意，爲由錦州至瀋陽的治安，當得日本管理。

十一月廿八日，日代表復致白里安一函，除重申前函大意外，幷表示不滿國聯干涉劃界問題，其用意乃指我國當局，旣已托北平法國公使，與日本政府直接交涉，國聯若不要干涉，結果將延遲該問題的解決，第二天，白里安也曾去函駁覆，但我國政府，因人民反對，遂取消前議，而當時日外長因日兵向錦州進迫，爲各國所非難，乃向日皇辭職，關東司令官爲敷衍內閣起見，遂於十一月二九日將迫近錦州之兵撤回瀋陽，我國代表至此，亦宣言放棄定期撤兵之原則，自從十一月二十二日會議通過派員調查原則之後，國聯秘書廳及日本代表團，兩方卽已分別從事決議案的起草。後因錦州中立區問題發生，遂將草案擱置，及我國反對設立中立區要求後，行政院乃繼續我國限期退兵的一貫主張，雖因各方反對而放棄，然對於未來的決議草案，仍主張規定。（一）調查團應有監督退兵之權。（二）該團達到目的地時，應將日本曾否根據決議案實行退兵的情形，報告行政院，而日本則主張。（一）調查團無干涉兩方軍事之權。（二）調查團應到中國內地調查抵制日貨情形。（二）該團達到目的地點時，不能爲證明日兵未曾撤退的報告，以避免間接限期退兵的規定。（四）日本在東省有剿匪之權。

日本主張四點之中，以第四點爲最野蠻無理，因剿匪之權，乃獨立國家之主權也，況以剿匪爲名，以進兵爲實，是日本的慣技，今日本竟要求行政院授以在東省剿匪權，卽麻木不仁之行政院，亦因此而生反感，於是嚴辭拒絕了，至於其餘各點，修改文字之後，經兩方贊同者仍保留之，不能相容之數點，則用折衷辦法，由主席另發宣言聲明之，讀者至決議案及主席宣言撮要時，便能明白了。

（三）十二月九十兩日會議及會議後之情形　十二月九日，行政院復開公開會議，主席將行政院決議案及主席宣言兩草稿，提出討論，各無異議，主席請中日代表電請各國政府贊同，至翌日即十二月十日，中日代表已得本國的答復，主席遂召集公開會議，將該草案提出表決，結果一致通過，該決議案於未提出表決之前，曾由白里安商諸美國代表竇父將軍，而得其同意，該議案通過後，日本代表發言說，日本贊成該草案，但以保留剿匪及其餘搗亂份子之權爲條件，我國代表亦聲明。（一）保留所有國際條約賦予的權限。（二）中國認主席的宣言，涵有以下四種原質。甲、立即停止軍事行動。乙　於最短日期內，清理日本對於滿洲的佔據。丙、以後發生一切情形，願由中立者繼續報告國聯。丁、由行政院委任一調查團就地研究滿洲一切狀況，上列四項原則，是互相關係的，違背一項，足以破壞其餘（三）當調查團抵滿洲時，如日兵仍未撤退，該團應即報告國聯，該報告書應附帶建議。（四）中國要求日本賠償損失之權，不因目前的決議案之未明白規定而喪失。（五）日本以後不能藉口東省不靜，重新用兵，因不靜的環境，實由日本用兵而做成，中國絕對不承認外人有佔據中國領土及代爲維持治安之權。（六）中國政府可隨時邀請中立人員，到其所指定地方，調查眞相。（七）中國從來反對外國在其領土內駐兵的原則，並不應現在的決議案而放棄。（八）中國認日本若在東省做成獨立運動而損害其領土及行政的完整，爲違反國聯的決議。

英國代表聲明，日本之自動剿匪，雖爲不可免的事實，但一俟恢復原狀之後，此種特殊行動，應即停止。

其餘各國代表均有發言，大意略說：中日糾紛發生之後，已有數月，現在的決議案，本非澈底的辦法，然以滿洲問題性質特別，所以其解決辦法，應不能爲將來的先例，南美洲弱小國家代表，更有沈痛之演說，我國施代表亦以各國代表之明知自已儒弱無勇，不敢抗拒暴日，又恐對於將來之國際糾紛，有人根據此種先例，「請公入甕」因此特別聲明此次中日糾紛的特別性質，憤然以嚴峻的態度說，中國政府絕對不承認國際公法的効力，祇能及於滿洲的邊界，二十餘天之會議，至此遂告一暫時的結束。

（四）決議案及主席宣言研究　該決議案內容，分爲六項。（一）行政院玆再聲明九月三十日全體一致通過的決議案，中日兩方，有遵守的義務，因此請中日兩國政府，切實履行，務使日本軍隊於該決議所規定條件之下，於最短時期，退回南滿路線之內。（二）自從十月二十四日行政院閉會後，所發生之情形，更加嚴重，兩方今

[redacted]避免擴大，自行檢束，以免從新發生戰事傷殘人命。(三)請兩方繼續隨時以最近情形，報告於行政院。(四)請其餘各國政府，將其在滿洲代表寄來之消息，隨時報告行政院。(五)爲協助中日兩國解決一切懸案起見，行政院決定遣派五人組調查團，親往滿洲，研究一切有危害國際邦交，中日間的和平，或爲該兩國間和平所寄托的和睦的環境，報告行政院幷請中日政府各派一員，以參加該團的工作，及供給該團以一切之材料，幷且聲明如中日兩國作直接交涉時，該團不得干涉，又關於軍事問題，亦無干涉之權，日本政府因牠有執行九月三十日決議的義務，不得因該團的組織及工作之拖延，而緩期撤兵。(六)行政院下屆會議，定於一九三二年一月二十五日舉行，遇必要時，主席得隨時召集緊急會議。

又主席宣言大意說，行政院爲維持世界和平及促進中日糾紛解決起見，曾一致決議派員往滿洲就地調查，關於該決議案之內容，茲詳細分段解釋，該決議案第一段，再聲明九月三十日由行政院全體一致通過決議案之有效，堅持日本軍隊應於最短期間，在該條所定條件之下，退回南滿線內，行政院對於該決議，十分重視，幷深望兩方政府，能切實履行第二段，對於前次行政院閉會後所發生的情形，更加嚴重，而予各方以正當之憂慮，深爲惋惜，故兩方應即自加檢束，避免從新發生戰事及一切擴大糾紛的行動，第四段，請其餘各國政府，隨時以其滿洲代表寄來之情形，報告國聯，因以往之經驗，證明此種消息，其用甚大，目下已在滿洲派有此項代表之國家，應該維持現狀，並應當設法增進其效力、上述國家之政府，亦應與中日政，繼續往來，以便中日政府，隨時可請其當地代表至某地點工作，第五段，決定遣派之調查團，乃屬於諮詢性質，在原則上，該團之權限，爲凡關於妨礙國際邦交，及中日和平，或爲中日和平所倚賴之事，均可研究，中日兩國政府，亦可將一切問題，請該調查團研究，該團亦可自由簡擇一切問題，爲報告行政院的資料，遇必要時，可以隨時將特別情形，報告行政院，當該調查團行抵目的地時，如遇兩方仍未執行九月三十日的決議案，該團應將其情形報告行政院，如遇兩方直接交涉及與軍事有關之問題，該團不能干涉，但關於搜羅消息以作報告的資料，該團當然可以自由行動。主席宣言中關於第五段之解釋，其中意思，爲決議案所未明白言者。(一)爲兩國政府，請該團研究一層，乃滿足日本調查我國抵制日貨運動的要求，因日代表曾請將此意思，納在決議案內，爲我國代表所反對的。(二)爲九月三十日之決議案，該團應即將其情形，報告行政院，此因我國放棄限期撤兵要求後，擬在決議案內作限期撤兵的間接規寬，而為日代表所反對，故將其納在主席宣言內。

就實際來說，這決議案，不過從新提起九月三十日決議案的效力，然由九月三十日至十二月十日為時兩月有餘，在此期內，齊齊哈爾及許多鐵路，先後為日軍佔領，這次開會的結果，不過派一調查團，該調查團的效果如何，目下雖難預料，然事實已證明為日本緩兵之計，蓋該團工作非六閱月不能結束，在此時間內，日本在東省種種設施，可以完竣，而列強亦將無如之何了。

丙、各國之態度

㈠列強　日本扣留與日僑生命財產毫無關係之東省鹽稅，及攻陷齊齊哈爾之後，英法美等國政府，知日本所謂自衛，不過借題發揮，國聯公約之精神，已被完全破壞，設使中國日本為歐州小國，則國聯早已下討伐的命令，而日本亦必不俟討伐令下一切情形，動撤兵了，然而日本乃一遠東強國，受禍者又為數年內亂政治腐敗的中國，故列強以日本為狂瀾，欲強迫其守法，必危害自身，中國為一敗家子，又豈值得為其犧牲，祇有觀望便算了事，這便是列強當時的態度。

然而日本自從破壞九月三十日行政院決議案之後，所謂素重道義之帝國令譽，既已喪失無餘，猙獰面目，亦為世人所窺破，故日本之利在最後的掙扎，除列強武力干涉或我國承認其割據滿洲外，實無他法可使其終止野蠻的行動，講到武力干涉問題，在表面上似可由國聯行政院根據公約十五十六條通過一決議案，就可令其五十個會員國家與美，合作，實行以武力對付日本，但實際上若要列強為此作重大的犧牲，是一個甚複雜的問題，很不容易解決；因為美國尚未加入國聯，故一旦國聯在遠東有事，英國首當其衝，況且當時國聯討論中日糾紛，仍在第十一條範圍之內，根據國聯公約的規定：一切議案，均須兩造贊成，在法理上來說，九月三十日的決議案，並未限期撤兵，十月二十四日的決議草案，又未經日本所承認，日本無執行的義務，故當時英法政府，以為和平既得維持，算是幸事，希望於調查團工作完竣時候，中日兩國，能作相當的妥協，使日本軍隊終能撤退，則國聯體面，既可勉強保全，而列強亦可免於犧牲了。

英國與美國的打算，既是這樣，其餘法意諸國，無不樂從，結果日本的強橫，雖比諸前次開會時為尤甚，而列強的前進，除用武力以維持公約外，已達到無可再進的地步，故其態度，反由懦弱而至於畏縮。

㈡各小國家　至於弱小國家，因其地位與列強不同，而其本國領土完整唯一的保障，又在乎國聯及非戰公約，故均盼列強能徹底解決目前中日的糾紛，自己又覺難於出口，故除西班牙代表之振振有辭外，其餘代表均噤若寒蟬，是很可嘆息的。（完）

緬各閣員之討

後日本國內狀況

為（六）

▲經濟　自滬事國內情勢若何推移，當為茲就日本著名報紙之紀載：（東京時事新聞東京報知新聞大阪每日新聞三大日文報）為有系統的分類撮譯其梗概如下。

▲外交　日本以既定方針，破壞世界商業中心之上海，當事變之前，意以為滬軍亦若東北軍之無抵抗，將上海全埠華界，視如探囊取物，必不礙及租界，亦無意外外交問題發生，迨事變既起，迭戰敗北，日軍頻以飛機槍彈，危害公共租界，駐劄東京英美法三國公使，先以口頭警告日政府，至本月二日，正式接到各國政府訓令，聯袂訪芳澤外相，提出三問題。（一）請日政府勿續派軍隊往上海。（二）於中日軍之中間，設中立地帶，同時請日軍迅速退出公共租界。（三）中國軍亦撤退至一定地點，當時日政府對於一三兩項，不願承認，第二項中立地帶，因無具體的指明，為作戰上之便利，絕對不允後退一步，於是三使不歡而退，芳澤則言明三日內當正式答復各使，惟斯時日政府內部，對於三國此舉，認為干涉軍事行動，頗感困苦，僉主從長計議，是夜，芳澤與犬養毅及大角海相，荒木陸相，協商復牒，因陸海二方面之態度強硬，當場議決復文要旨。（一）日軍續派與否，須視中國方面情形而定，但為保護上海權益，在必要時，仍須續派自衛軍。（二）日僑之生命財產，若委託第三國保護而撤退日本軍隊，應調查上海現地情形後，方可定奪。（三）令中國軍隊先行撤退，減少兩軍衝突之危險，同日東京接到華盛頓與英美兩國對日直接協定之提議，並悉日內瓦英代表德爲司態度強硬，主張停止雙方武力的敵對行為，撤退戰鬥員，設立中立地帶，保護公共租界，由中立者担任治安之責，且根據非戰條約與十二月九日，國聯理事會決議之精神，未附何等保留，以中立的第三者之力，保中日兩國速行交涉，以解決兩國間重要紛爭事項，其他意法等國，亦與英美協調，竭力主持，而日內瓦形勢，似多不利於日，對於日代表佐藤，異常注目，而日代表斯時鑑於各國態度對日之不滿，已漸軟化，故翌日（四日）東京時報社論，題為「標準為英美兩國之正式抗議」，發表意見曰，「望日軍自重，切不可擴大無益糾紛，蓋滿洲問題，已喧傳於世界，上海為古來東洋之一大商港，歐美人之雜居該地者甚多，國際關係非常複雜，該地突遭兵火，比滿洲事變，尤為嚴重，如驚動全世界，萬一誤解，必引起與第三國之重大不幸事件，……」是日，芳澤以情勢險惡，赴興津坐漁莊訪問西園寺元老，報告英美法意列強之態度，請示對付方針，及芳澤返京，又與犬養毅會商，犬養遂向全世界發表聲明，反詆中國為破壞和平，並求各國認清事實

，其聲明書散發於美國上院交委員會以及各議員，作種種巧辯，掩飾其殘暴事實，顛倒是非，淆亂黑白，於是華盛頓倫敦各方面，竟爲所蒙蔽，形勢頓變，歐洲各國新聞，亦刊登犬養之聲明書，對之頗表同情，（記者深嘆我國外交之失敗）國際情勢之惡劣，（率因我國處處落人之後，而不預先向世界各國聲明暴日侵略之野心，既爲所中傷，又未將日人新發生之橫暴行爲，依據事實，逐一痛駁，無怪各國爲其朦蔽耳），日以其術既售，乃於五日決議後，在犬養私邸，召集大角海相，荒木陸相，芳澤外相等，討論上海問題，決採旣定方針進行，六日，大阪每日新聞，乃揭載「美國得日本之回答空氣變佳，」之標題，略謂美國駐日公使福勒士訪芳澤時，報告美國政府諒解，日本頗爲樂觀云，以上爲六日前日文報所得之消息。

▲經濟　自滬事發生，日本財界，受極大一切情形，釀大混亂之境，玆節譯大坂每日新聞，南京報知新聞，東京時事新聞，所載關於經濟方面之消息如下，此次我國（日本）財界之演成大混亂狀態，不猶對華關係，即對美對英與國際聯盟　均受重大的影響，今後形勢之推移，難以預斷，而在經濟界不安氣象之增加，日甚一日，自本月一日以來，股票國債生絲綿各市場，完全大暴落，其最險惡者，爲賣方之紛亂，幾至無法收拾，匯兌行市，對美激漲，加以美國誤解我國（日本）之立場，深可憂慮，以致金融業痛苦萬分，而美國銀行界謂中日兩國在東洋戰爭，勢必向紐約倫敦金融界募債，美國已表示拒絕，將來國內外資金之需要供給，恐發生阻礙，加以一月份之輸入額，超過四千五百萬元，輸出七千餘萬元，輸入一億一千餘萬元，及上海事變後，產業界已陷於危險萬分之境，將來趨勢，尤不堪設想，上海郵船之戰時保險，已爲保險會社所拒絕，在華紡織事業，恐長期閉鎖，一時決無再開之可能性，米穀一項，六年度之日本內地產量，爲未曾有之歉收，竟減少一千二百萬名，近來因上海事變，米價高漲不已，普通生活品，亦隨之暴騰，因消費者之痛苦增加，社會上遂呈不安氣象，且法國對日本之輸入品，增設附加稅，對外貿易，又受影響，最可慮者，中國南部排日氣燄甚熾，如廣州，汕頭，廈門，以及新加坡長江流域各埠，突聞滬變，驟增排日熱度，雖最近幾更輸入口，經由青島而徵售於各地，但天津北平，反日形勢惡化，貨物之轉運，大感困難，從前每當廢歷年關，中國與我邦（日本）貿易商，交易最爲緊盛　今完全停滯，是以經濟界前途慘澹，足抱無窮之惡觀。

▲財政　自滬變突發，大角海相於本月一日午後，與高橋藏相會商經費之調濟，結果，由大藏海軍兩省事務官，着手預算需要費，連同外務陸軍兩省之關係費，追加二千萬元，但爲應目前之急需，照第二次

以公債財源填補之，其後復經各閣員之討論，突增加至四千萬元，查目下急迫待用者，為總選舉之責任支出額，計三百三十萬元，（內務一，八六二，司法五六三，遞信九六二，）其他再加司法遞信之費用，共需總選舉費四百二十七萬六千元，關滿洲事變費三百五十萬，亦包括在內，然自金輸出解禁以來，現金之流出，財政上已深感周轉不靈，六年度預算編制，本已拮据，七年度實行預算編定方針，於本月二日提出閣議決定，今突然增加此項鉅額臨時支出，羅掘既空，不得不在公債方面籌畫，但國民對於國債，咸感無力負擔，故未來之難關，實不可思議矣。

▲生產　據報知新聞載稱，日本去年因遭荒旱，全國各地，收穫大減，米穀產額，減收二千萬石，加以經濟恐慌，失業增加，瀕于飢餓者，日有所聞，茲據岩手縣衛生課之報告，農民之死亡率，單就二戶，九戶，岩手，和賀等四郡而言，自去年十月至十二月，在三個月之間，因飢餓而死者達千四百五十四名，每日平均約十六七名，其病死之大原因，皆為貧血，乏食，消化不良，榮養不良等所致云。

▲輿論　此次滬案發生，瞬經旬餘，綜觀日本國內輿論，多不滿於軍閥措置，且不願延長時日，聳動國際觀聽，茲節譯日本各報之言論如下，大阪每日新聞本月七日發表社論曰，「標題為上海事件應善為處置」今日日本國民中對於我陸戰隊所取之行動，是否為合法性與合理性，實一疑問，現在陸戰隊之苦於陸上戰鬥，已為不可掩之事實，特自事件發生以來，每日每時，死傷者續出，而在滬居留民之安全，仍毫不能達到目的，故今日欲中國方面，停止攻擊，不外和戰二途，（一）求和，倘我國（日本）單猶不能勸告，須與列國共同勸告中國方面停戰。（二）即採武力解決，然用武力解決，然恐事態擴大，故極望採第一種和平的方法為宜，就今日之形勢觀之，一方與英美說合，努力勸告中國停止戰鬥行為，他方仍為自衛之必要，續派陸軍增援，如此可以將今日局面，平穩收拾，實為最善之法也，又十日東京時事新報社論曰，「標題為上海事件與滿洲事變」此次上海事變突發，已驚動全世界，國際聯盟竟欲採聯盟規約第十五條，以處分我國，英美法三國政府，尤為重視，迭此向我抗議警告，而聯盟理事會委託上海各國領事調查事變真相作為判斷之根據，自七日上海調查委員會之報告，送達聯盟事務局，預料其必有何等態度表現，但上海原為東洋之一大國際都市，列國居留民之繁多，利害關係之錯綜，今突然化為作戰之地，其驚耗傳聞，各國人心，必大衝動，而不明實際事情，遠隔東亞之邦，將發生如何感想耶，況滿洲事變，已為各國所驚疑，今又以上海事件而刺激各國之神經，萬一各國判別錯誤，則我日本豈不在

國際上發生無窮之惡化哉，望政府（日本）與國民，三復思之云云，（記者統觀日本各報，大抵異口同聲，對此於次滬變之批評，多不滿於政府，吾人細味上述二報之文，弦外之音，不難推知。

▲政府　上海事變，日政府部內，分爲二派。（一）官僚派，主張緩進，當一月二十八日接到上海市長吳鐵城之答復，五項要求，完全承認，此派大多數認爲滿足，不願再發生兵禍，以惹起國際間重大糾紛，不料當晚禍變爆發，初時尚以爲一舉可解決華軍，必不致事態擴大，故皆不以爲意，專事於選舉運動。（二）軍人派，主張武力征服中國，此派之主腦爲海相大角，陸相荒木，彼輩所以堅欲用武者，厥有二因，一受旅滬日僑之慫恿，二受滿洲之影響，蓋日僑自奪取滿洲後，嘗煽惑軍人，侵略上海，意謂上海爲東亞第一商場，卜爲日本對華貿易之主要輸入口，而上海點，若欲消滅中國各地之排日，不得不先將上海完全佔領，上海既爲我（日本）勢力範圍，排日氣燄，自可息滅，此不惟日僑人人皆抱同一觀念，即政府內部，亦具此意見，故前月二十以來，在滬紡織業者，召集祕密會議，咸反對閉鎖工場，其後因政府決欲從根本的用武力解決，不得不強令一部邦人，（日人）犧牲利益，然九大紗廠業者，（內外棉，大日本紡，日華紡，裕豐紡，東華紡，豐田紡織、上海製絹，同興紡：）尚猶預不決，至二十九日，因鑒於情勢險惡，深知戰禍難免，始決定總閉鎖，（大阪每日新聞所載，果於閉鎖之晚，海軍開始動員，所謂受滿洲問題影響者何，即九一八夜不抵抗而得奉天是也，彼等軍閥，以爲瀋陽有如許大軍，尚不敢抵抗，上海一隅，僅駐少數軍隊，易如反掌耳，故中國方面，無論如何滿足答覆，總不若用武力佔據之爲當，此爲軍人派之預定計畫，豈知天下事有不能如願者，滬變起後，政府迭接敗耗，舉國上下，怨讟叢生，國際形勢，日趨惡化，自號爲一等強國，豈甘屈服於不列等之中國，故仍堅決進行，但深恐戰禍擴大，引起第三國干涉，於是政府內部，有主張由第三國出而調停，俾得顧全面子者，此最近日本處於騎虎難下之情勢也。

▲物價　農產方面，日本全國之產額，本已不敷供給，去歲北海道東海道東山道等區，又逢凶年，農產物之收成，頓然減少，獨就米穀而言去年減收千二百萬石，加以朝鮮米昭和六年度實收額爲千五百八十七萬三千石，比前年減少三百三十萬七千六百八十石，台灣米去年實收爲三百八十五萬千四百石，亦比前年減少三萬七千四百七十八石，歷來我國（日本）素仰外米調劑，本年外米輸入，雖增至六十五萬七千元，然尚呈供不應求之勢，而各地因鬧饑荒，形勢混亂，如本月三日青森縣等地方，因發生救濟食米問題，大起騷動，此次上海事變，貨物航路，完全斷絕，橫濱

上至上海二大航線，輸送既停頓，由滬歸國之難民，已達九千人，而僑居上海之日僑二萬五千人，今亦半數返國，又不得不仰給食品於本國，加以自金輸出再禁止，匯兌暴落，物價之指數，已逐漸高漲，據日本銀行所調查，一月份中之國際物價，東京竟居全世界之第一位，（東京為一二六・八，倫敦為九八・八，紐約為八六・四，巴黎為四一・三，而倫敦紐約巴黎，均比十二月份為廉，獨東京高漲，）蓋滬變之關係，實使匯兌急變，金融阻滯，需供失衡，物價遂陡然狂騰，恰與大地震時之現象相類，據日本銀行最近之調查，日用品中之米・煤・糖・醬油・蛋・綿・魚・薪・麥・肉類等，皆繼續騰貴不已，倘戰禍延長，則社會上必發生大恐慌，目下人心惶惶，一若大難將至，此種景象，不惟東京如此，卽大阪京都以及全國各地，亦莫不皆然也。

▲貿易　本年一月內之貿易，既如上述，輸入則竟超過四千五百三十二萬一千元，其最大的對象，因中日關係之惡化，其間貿易品之重要者，以生絲，棉織品，絹織物，精糖等，比前年同月減少達千八百九十四萬元，又查昭和六年度對華輸出額，比五年度減少九千六百五十餘萬元，實為昭和元年以來之最低記錄，且不惟輸出減少，卽由華輸入，亦減少百分之二十五，原來我國（日本）以中國為唯一商場，我國（日本）貨物，除上述生絲棉織絹織物精糖外，紙類，煤，機械，水門土，帽子，玻璃製品，洋傘等雜貨，亦為大宗，此等商品，因滿洲事變已受極大打擊，今上海事件勃發，當業者所受之苦痛，不難推想，如大阪之製糖工場以及大里日糖工場，皆相繼閉鎖，次為水門土，我國（日本）素以法領印度支那，香港，上海，為大主顧，自滿洲事變，激減十分之五，今上海方面輸出又告杜絕，對華水門土貿易，已完全停頓，又次為紙類，年額約二千五百萬元，其間十分之六向中國輸出，獨上海占十分之四，煤之輸出，每年八百萬元，完全向上海輸出，今亦已斷絕矣，他如大阪神戶之中小商家，關於水產物陶磁器帽子洋傘玩具等，皆陷於絕境，輸出既不能，而素賴上海方面供給之毛，皮，糖，麩，胡麻，棉子，菜子等原料，亦無處購求，以致製革業者失業，農作物衰微，且間接所受影響而失業者，不下百萬人，此誠我國（日本）立場上之一大危機也，又據日本大藏省公布，自二月一日至十日，旬日之內，日本主要十六港對外貿易，輸出二千五百四十萬五千元，輸入四千四百五十八萬三千元，是輸入竟超過千九百十七萬八千元，入超之原因，乃內地物品缺乏，輸出減少之原因，卽上海事變所影響，且滬變既起，華北華南各埠，亦間接不能輸入，銷路滯遲，此二月上旬貿易之不振，實陷於空前未有之悲境，茲錄其十六港輸出入超過之額如下，「橫濱入超一、

七三七，神戶七・九六五，大阪五・〇二一，長崎五九一，門司七六三，函館五四，名古屋二，三八九，四日市四四三，清水四七一，鹿兒島一五九，小樽四〇一，若松四〇〇，武豐二二六，尾道系崎六〇，德山二四二，下關輸出入相等，德山與武豐毫無輸出。」

▲思想　日本全國自受蘇俄革命之影響，十年來民主主義，社會主義，共產主義之思潮勃興，社會上漸有不滿政府之趨勢，學術界與勞動界反對政府尤烈，蓋彼輩直接所感物質的精神的痛苦，屢圖推翻其政治組織，惟是政府防範甚嚴，無由發洩，二月十一日，為日本神武天皇建國紀元節，東京帝國大學自治學生會，突於十日午前十時，在帝大校內走廊前，開學生大會，時各級散課，學生千餘名，齊集三樓十一號大講堂，用長約一丈之紙，大書「推翻土匪聯盟。」「打倒建國祭。」「絕對反對。」「減少學費八

十元。」箒標語，作成大旗，飛揚戶外，復由窗中屋頂散發赤白傳單，多數學生，相繼演說，會議後，方欲結隊遊行示威，忽有附近本鄉區富士署署長及稻村警部等，率領官隊百名，分乘汽車，連合坂本菊屋兩署警官隊驅至，立將學生團四面包圍

，與學生團大起衝突，當場受傷者數十人，結果有二十餘人為警官所捕，並將羣衆驅散，（東京報知新聞所載）又大阪高等商業學校，前數日亦發生學潮，其他各地聞風響應者，時有所聞，是足見日本知識階級思想不安穩之一班矣。

編餘痛語

血戰記編輯既竣，我軍退卻已踰月餘，不意日方一面對上海和平會議，虛與委蛇，一面復暗中增兵不已，所謂主張公道之國際聯盟，亦復因循寡斷，勢非亡我國而不已。嗚呼，時急矣，事迫矣，悲痛之血淚，惟有向心頭自嚥，我不自救，誰將救我，請吾舉國同胞，一致興起，發我之神威，準備流熱血，一灑此奇恥，則吾炎黃子孫，或有立足東亞之望乎。

中華民國二十一年四月出版

上海抗日血戰記

每冊大洋一元（全一冊）

主編者　李劍翁

襄編者　李劍萍

出版者　上海軍事新聞社總部

印刷者　人文印書館
上海山海關路二二九號
電話三四七八七號

發行者　亞洲文化社

淞滬抗日之血痕

蔡廷鍇題

賢者不憂其身
之死而憂其國
之衰

黃強

铁血建儿

赵一肩题

十九軍總指揮蔣光鼐

十九路軍軍長蔡廷楷

（右）六十師師長沈光漢

（左）七十八師師長區壽年

（右）七十八師參謀長李壙

（左）軍部參謀趙一肩

奮勇抗敵負創之七十八師第一團團長雲應霖

二月二十八日我軍預備隊第七十八師一五五旅全部奉命增加江灣線，擔任作戰。其時我軍之其他各部在閘北，吳淞，江灣等地與敵鏖戰者已達匝月，晝夜接戰，縱橫破敵，疲勞實甚，而損失亦頗夥。故僅得此一五五旅為唯一的生力軍耳。是以最後江灣夏家塘，竹園墩，小場廟等地的激戰，在敵方從其本國調到多量的兵力，以資增加故有軍隊作戰，而我已早患無兵可資抽調。故當二月二十八日至三月一日江灣竹園墩等役，我方僅以一旅之衆，當敵陸空軍全部之精銳，其鐵甲汽車，坦克車，大砲，小鋼砲，飛機，炸彈等應有盡有，列集環攻，其砲火之猛，戰鬥之烈，猶為從來所未覩。幸我軍沉着應戰，毫不畏葸，雖簡單之壕壍，早給敵人砲燬，而失其防禦效用，然猶能挺身壕外，衝鋒陷陣，與敵肉搏，亘四晝夜，而予敵最後之重創。此役以第一團雲應霖部任正面，二團謝瓊生部，三團楊富強部分任左右翼。而一團以適當敵正面攻擊，故戰鬥最劇，損失亦較大。團長雲應霖於此役負傷，營長羅鎏，連長雲勉，鍾秦初，蔡幹青，宋德甫，營附江燊，陳必有等均陣亡。第二團長謝琼生亦負傷。直戰至三月一日，因援軍不至，始奉命自行退却第二道防線焉。

本書作者小照

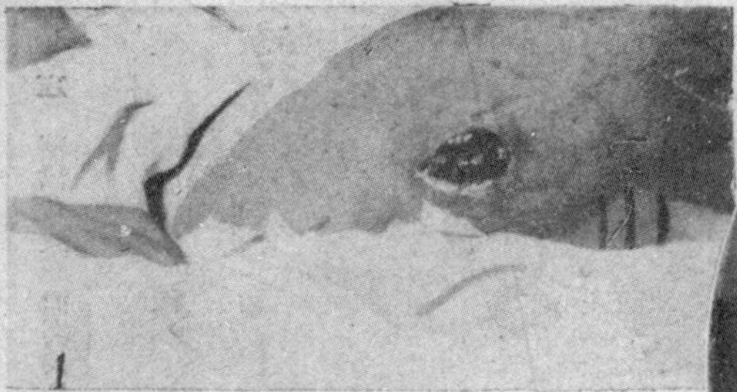

上：兇暴可怕的達姆彈入口處

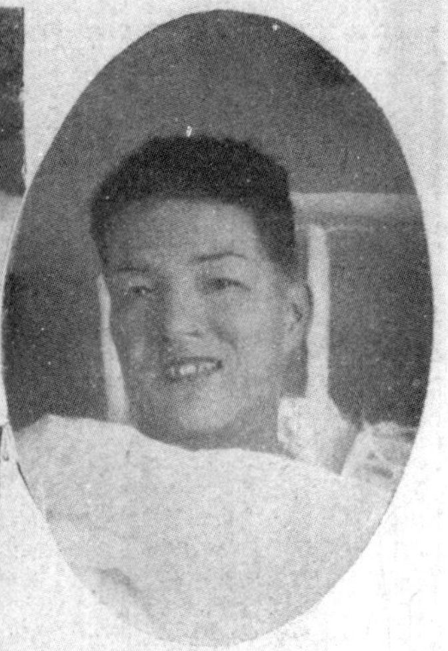

上：中達姆彈的李飛營長

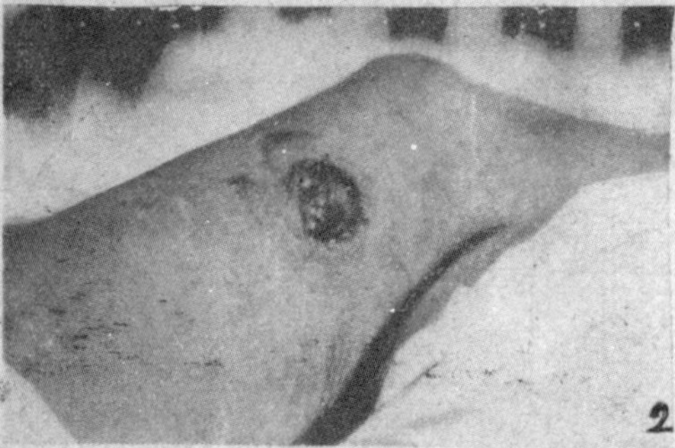

上：達姆彈的出口處

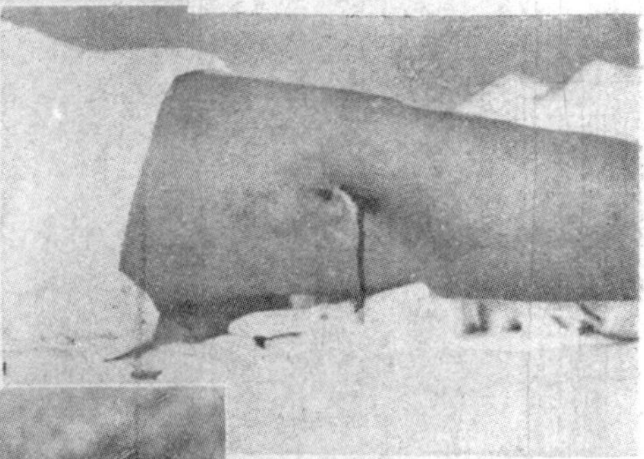

右：刀痕彈印不分明

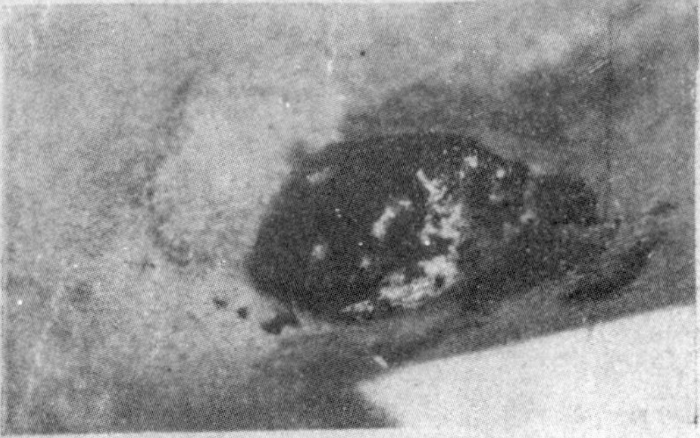

（左）我右股被達姆彈噬後的齒印（李飛）

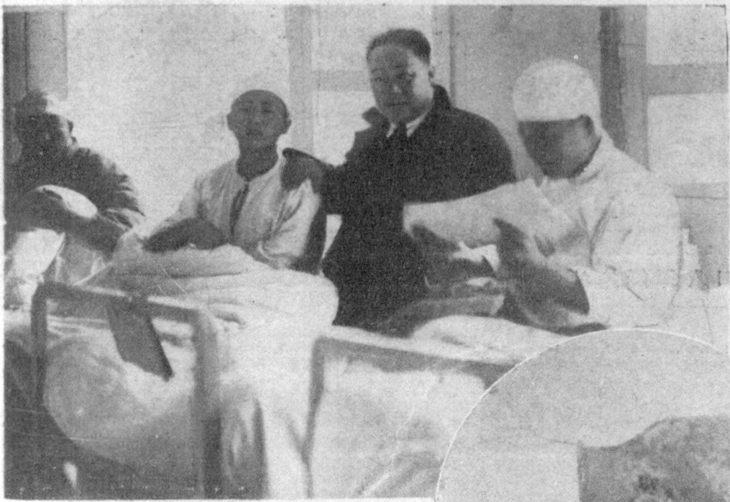

左、華僑代表慰問傷兵於病榻

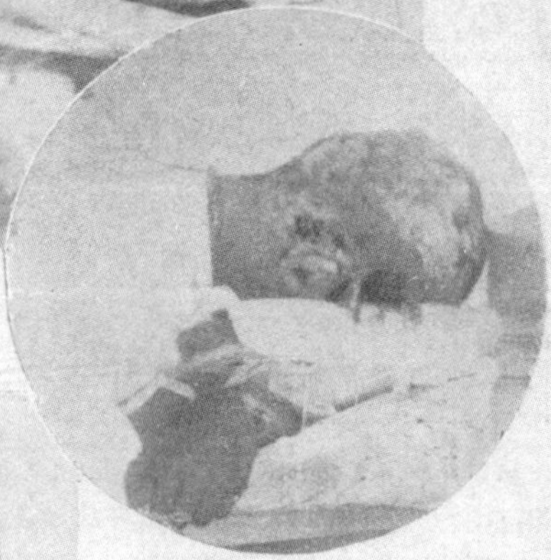

左　頭部被炸彈炸爛的戰士黃民
（在寶隆醫院）

傷兵之娛樂及操練（左及下）
戰士們肉體雖痛苦，精神却極愉快

卷首語

自一二八淞滬血戰後，鄙人奉派管理傷兵事，歷時凡四閱月，日常遍到各醫院慰視我爲國負傷的陣士，觸於目者，莫非斷股殘臂，斑斑血痕的慘痛現象。爰建議同人搜集各負傷官兵照片等編撰成帙，取名「淞滬抗日之血痕」，藉留紀念：

稿成携謁黨軍先進，荷蒙蔡軍長題字，中委何香凝先生暨趙一肩參謀長屬序；尤蒙黃莫京參謀長將全稿代爲斧正，而作戰經過眞像，更爲確切改正，至深感幸！又同事豈銘暨雲鴻兩君之協力襄助，亦所同感焉！

至本書出版之動機，志在留存此次抗日傷亡將士之血痕，使我國人同胞有所感惕，不忘繼起努力奮鬥。至其他敍事及修詞上之未詳未盡與瑕疵之點必多，尚祈我先進暨閱者諸君教益。

詹寶光二十一，六，一。於上海。

序

淞滬抗日之役，爲爭民族生存而戰，故人民與武力能團結一致，一時餉需之捐募，醫藥之餽贈，救護之奔走，不終朝而翕然集合，將士斷頭瀝血以衞疆土，民衆乃救死扶傷歷危險勞瘁而不辭，信乎足覘民氣矣！編曰血痕，所以誌也。夫當家亡國破之秋，而拱手偷生，寧非奇恥大辱？震世界之觀聽昭靑史於萬禩，血潮所激盪，雖與日月爭光可也，其爲民衆所擁戴誠宜，獨惜秉國鈞者不知，所以善處之耳。嗚呼！遼瀋以不抵抗亡矣，淞滬乃以長期抵抗而淪陷，今者門戶洞開，藩籬自撤，私憂竊憤，甯有涯涘！而翹首東北更難爲秦庭之泣，民衆負政府乎？抑政府負民衆乎？策民族之生存者，當知所早計矣。

中華民國二十一年六月何香凝病中序

序

嘗徵諸史實，國家欲求獨立，民族欲求生存，必須經過長期之流血。法之抗英，奮鬥百年，德意之復興，美國之獨立，近如土耳其之抗希臘，莫不經過數年乃至數十年之奮鬥；犧牲數十萬乃至百千萬之生命，始克摧破強敵，奠定國基，處今日而從容論道，協和萬邦，抑亦味於國際之現勢者矣。

我國受帝國主義者之侵略壓迫，蓋已百年，清之末業，朝野瞶瞶，初則鄙視外人而肇禍，戰而不勝，則一變爲惡外，而懼外，而媚外。馴至今日，一部份人之心理，仍自甘積弱，怕談外戰，此種現象，如繼續伸展，欲不亡國，其可得耶。

日本帝國主義者參透國人之心理，更乘國際之不景氣，遂伸其鐵腕於東北。『九一八』之事變發生，不崇朝而攫去三省，於是更放膽放手嘗試於淞滬。嗚呼，彼亦知我國之民衆，固已椎心泣血，誓與偕亡也耶。『一二八』淞滬戰役已啓，將士視死如歸，民衆爭先投效，敵之兵力非不強也，敵之武器非不利也，然而吾人輒覺伏尸流血之燦爛光華，而不知所謂畏懼與痛苦也。自『一二八』而至三月四日此短期間之抗戰，已足裁制暴力，伸張正義，寒敵胆而壯民氣，正世界之聽觀，增國際之地位，嗚呼，我抗日將士所流之血，其代價顧可以估計耶！惜乎沙場碧血，祇見來者之憑弔唏噓，不見有人踏血跡而邁進，長期抵抗，徒付空談，國家民族一綫之生機，不免終斬，可爲大息者矣。

戰役中，滬上設傷兵管理委員會，以詹參謀寶光主其事，成績斐然，該會已結束，從而編血痕一書，敍述國際現勢及滬戰時流血將士姓名纂詳，書成，出以示余，是墨耶，是血耶，以名血痕，當矣。余感夫血之可貴，益覺血痕有紀念之價值，所望國人，步血痕而前往，作長期之流血，護得國家之獨立，民族之生存，如法，如美，如德意，如土耳其，則斯篇之作，尤不朽矣。

趙一肩序

序

滬淞抗日之血痕

一　滬戰的主因

日本帝國主義之佔據東北，進攻我淞滬，當然不是偶然發生的一件事。也不像中國一般政論家所說的——日本軍閥之獨斷冒險行動。我們要客觀的忠實的來認識這事件的眞像，去分析這事件的內因外因；才會了解其中的眞正意義，和這次淞滬抗日血戰的重大價値。同時展望自己的前途，和今後的努力，亦只有如此，纔能找着正確的道路與戰術。

無疑的帝國主義的現世，雖地域的界限，重洋的遠隔，叢山的障礙，却不能把某一國家、或某一國家的事件，像萬里長城般把牠包圍起來；也就不能把牠單一的個體看待。

故這次日帝國主義的行動，其原因和動機也決非單純的，而是由許多的複雜的環境所決定的：

各帝國主義國家因鬧經濟恐慌而欲求爭奪中國市場以超渡其危機，引起了日本帝國主義的惶急。同時蘇俄五年計劃的完成，刺激了各弱小民族的革命興奮，所謂左傾運動的發展，尤其與俄國毗隣的朝鮮滿洲的不穩現象，更足令日本帝國主義者惶急。

溯一九〇五年日俄戰爭之後，日本以戰勝者的威望，攫奪了帝俄在東北的一切權利，居然進行其變滿洲爲第二朝鮮的計劃。及歐戰期間日本乘帝國主義者無暇東顧，以一紙哀的美敦書的脅迫，又攫獲了袁世凱政府的廿一條件的代價，而從此日本在滿洲的權利更得了保障和穩固。美帝國主義者雖曾在醋意之下進行干涉，畢竟重洋遠隔，鞭長莫及。加之有張作霖的親日政府，在滿洲代行日帝國主義的欽命，縱有九國公約的限制，而對日本侵佔政策之施行，却不致發生了不起的障礙。且看日本在東三省近年來的投資總額竟多達十五萬萬日金以上，而美國不過二千餘萬，英國不過三千餘萬，蘇俄則不過僅及其零數五萬萬左右罷了。日本在東三省的移民數亦多達一百餘萬人。而置東三省的鐵路礦山和金融統都在日本勢力管轄之下。而田中奏文中所視爲天皇建百世之業者是也。

然因蘇俄經濟之發展，所引起的一般赤化運動和各殖民地革命運動，令各帝國主義者都同感着不安，尤其是日本境內所發生的前仆後繼的左傾運動，和台灣高麗的暴動，令日本帝國主義者的統治，搖動顛播起來。因此日本帝國主義者不能不着急出兵東北解決滿洲的問題。

二　暴日實行武力侵略

國際間的形勢已如此的推動日本，而日本的主觀形又將如何以決定其行動呢？

日本在明治維新之前，還是一個典型的封建社會，維新運動之後，自上而下的，近似普魯士式的資產階級革命。然舊封建的勢力還掌握着政治經濟的大權，他却運用國家干涉經濟政策，迅速的發展其工業，在關稅保護政策之下，更有長足的進展，自日俄戰爭之後其工業的組織已相當的成就。及世界第一次大戰時歐洲各帝國主義國家瘋狂地製造戰具，日本却乘着這一機會獲得東洋的市場和西洋的需要，大展鴻圖，以形成日本資本主義的最高階級——金融資本主義階級。

然處世界經濟的不景象之中，日本自然也不能例外，反而他是一個新發戶，更不堪大恐慌浪潮的打擊，而表現其險狀百出。

我們知道日本幅員狹小，而其經濟活動的範圍，就國內市場竟占百分之八十，殖民地市場僅百分之六小數三，外國市場僅百分之十三小數八罷了。

說到國內市場之榮盛，可以農民的購買力，勞動者的購買力，和生產的銷費為基點而體顯出來，而農民的購買力，又可從農產品的價格體示之。

日本的農產品其主要者如米如繭，在這恐慌時期，其價格竟一落千丈，米價在一九二九年六月爲二九小數五一元，至一九三一年六月却減低爲一八小數一九圓。繭價在一九二九年爲七小數五七圓，至一九三〇年竟跌至三小數七五圓。光以米和繭來作農民的收入，則

一九二九年爲　二，二四〇，九七三，〇〇〇

一九三〇年爲　一，四三八，一九七，〇〇〇

在這短短的一年之中，農民的收入就減少了八萬萬元之鉅數。日本農民的收入驚人的減少是這樣，故其農民的負債額據一九三一年正月六日所公佈，却達四十萬萬元，農民們在這凋零的經濟的經濟狀況之下，還有什麽銷費能力？

至於勞動的購買力，却因生產合理——勞動強度之提高，勞動者裁減，工銀之降低，故日本勞動者的總收入，根據日本經年報第四輯

，有如下表的銳減：

一九二九年——九四，七

一九三〇年——八〇，九

一七三一年——（二月份）六九，五

從此可知日本國內市場，因工農購買力之不足而萎縮無疑了。工農大衆的銷費力已降低，國內生產品之不流通，也就可想而知了。又因爲生產品之不流通，則生產手段的銷費必然因之停頓。如此循環性，把日本國內市場的經濟活動幾乎全部閉塞起來，而經濟之危機更加深入。

這樣一來日本天皇的金階就要坍台了。日本帝國主義如要挽救這坍台的狂瀾，在日本財閥所御用下的政黨，社會法西斯主義的鼓動，不可避免的，以其武力施行經濟政策。這也就是日本帝國主義斷然出兵東北，發動上海，「一二八」事件的原因。

去年三月間有「在滿日本青年聯盟」在大連召集大會，議決「擁護日本權利，」確立滿蒙政策，增設鮮滿師團，及在大連設立軍用飛機場的案件。卽日本朝野各政系，也認爲滿蒙問題亟須急迫解決，自高麗排華事件發生之後，中日間的空氣異常緊張　中國的排貨運動，又恢復了「五三」事件後的情況。

中國的排貨運動，給予英美貨物在華暢銷的機會「這亦證明帝國主義在華的利害衝突。」迫令日本的財閥強令其御用工具對華實行武力侵略，制止中國泛濫的排貨潮，並解決所謂滿蒙特殊問題。

三 大戰的日記

一方面中國連年的災荒兵燹匪亂，不是赤地千里，便是一片澤國，弄得民不聊生，工農商各業無一不破產凋蔽，僅以一九二八至一九二九的大旱災，災民多達五千四百萬人，一九三一年大水災，災民却達八千萬人。再加上兵燹匪禍所造成的災黎，其數量又在千萬以上。這樣一來佔中國人口半數的人民——絕大多數是農民，都變成飢寒交迫，貧苦無告的災民。餘下一半人口，縱然神通廣大，也無法挽救這危機。何況共匪的到處蹂躪，軍閥貪官豪劣們的重重剝削，帝國主義的各方進攻，中國在這內攻外擊的情況之下，正所謂處於危急存亡之秋。故日本帝國主義得以乘隙而來，所謂木必腐而後虫生，似是理有故然的帝國主義侵略政策，而並不像一般政論家所咒駡的無理暴行那般簡單。

所以日本於去年「九一八」之夜開動其滿蒙政策的大砲之後，不費反掌之難，就把數十萬張學良的大軍，驅如鳥獸散。於數日間的光景，竟把東三省廣大的國土，斷喪於敵人之手了。

日本帝國主義之進掠東省，逢着張學良之不抵抗主義而大唱凱旋之歌，然東三省境內之反抗日本帝國主義運動，並不因之消滅。同時中國境內的排貨潮，更加奔騰澎湃，而日主戰的空氣萬分高漲。去年八月十五中秋節之夜，香港十數萬僑胞自動的毀滅日貨運動，竟轉變成爲殺戳日本居留民的行動，及全國各地的熱烈反日運動，顯然是表示中國人民對日本的侵略之同仇敵愾，這樣，日本就斷然決定一不做一不休的行動，由侵略東三省的槍頭轉向錦州平津以至南京上海了。

同時，日本帝國主義佔據東北之後，各帝國主義無一定態度，因爲整個資本主義世界與蘇聯對立，殖民地半殖民地與帝國主義的對立，和各個帝國主義國家的互相對立，這種情況之下，日本知道如不侵害蘇聯利益，則蘇聯是不會輕易向其用兵的。同時他却造成北滿緊急的風雲，日俄戰爭一觸卽發的情勢，使各帝國主義者對日本在上海的行動不敢十分壓迫而增大蘇聯的勢力這種縱橫捭搕的外交，日本帝國主義得着勝利，隨此勝利，上海的週圍砲火連天了。「一二八」中日血戰開始了。

大戰之前夜，我軍防衞京滬者爲我十九路軍。兵力之分配完全是以衞戍首都及京滬鐵路。未有對外作戰的軍事準備，故當時兵力分駐

南京鎮江常州無錫蘇州丹陽崑山眞茹吳淞上海。計駐

南京——第六十一師一百二十二旅

鎮江——第六十師第一百二十一旅及第一百二十二旅共六團另一教導團

常州——第六十師第一百二十七旅的第二三兩團

丹陽——第六十師第一百二十七旅的第一團

蘇州——第六十師第一百二十旅之第五六兩團

無錫——第六十師第一百二十旅之第四團

眞茹——第七十八師第一百五十六旅第三四兩團

崑山——第七十八師第一百五十六旅之第五團

吳淞——第七十八師第一百五十六旅第四團

閘北——第七十八師第一百五十六旅第六團

龍華至南市——七十八師第一百五十五旅第一團延

合計兵力共三萬人左右。而分駐的地方長數百里，差幸有京滬鐵路爲之連貫，更兼十九路軍有長期作戰經驗，行動迅速，更加滿胸愛國精神，只要動員的命令朝到，抗敵的槍頭，平時便可前集開發。所以自日浪人焚燒三友實業社事件發生，直至上海民國日報被工部局封閉，日領又向市政府提出四項要求止，我十九軍自上而下，自下而上，已着着準備爲守土之犧牲。

及正月廿八日，政府雖然完全接受日領四項要求，而日帝國主義者的貪心未厭，以爲十九路軍也和張學良一樣的不抵抗者，於是欲在上海再演出在東北的武戲，聲言四小時佔上海，廿四小時奪南京，而工部局，於戰事爆發前數小時，宣佈上海租界的緊急戒嚴令，且以英國陸軍司令佛萊曼負責上海各國聯軍總司令。

在這緊急的情況之下，我軍的長官毫無遲疑的確定如日軍來攻，決與淞滬共存亡。與寇衆作死戰！

我軍這種決定，如其說是軍事的果斷，毋甯說是政治的行動。民族生死關頭的冒險的背水戰。

因爲我們知道，日本帝國主義之進攻淞滬，並不像一部份腦筋簡單的人所觀察。僅是日本海軍系與陸軍系爭雄南北的感情衝動。實是日本帝國主義者長期企圖『征服支那』的一貫路線。他認定上海是中國經濟的中心，與中央政府又相距咫尺，如果他能佔據上海便能制中國的死命。

一月廿八夜十一時半，日海軍陸戰隊及便衣數千人之衆，以鐵甲車爲掩護，分四路向閘北我軍進攻。

第一路進攻北火站，約一千餘人，鐵甲車五架。手機關炮甚多。

第二路進攻虬江路，約六百餘人鐵甲車三架。

第三路進攻天通菴，約七百人左右，鐵甲車五架。

第四路進攻靑雲路及鴻濟路，約有千人，鐵甲車三架。

當時我軍之駐閘北者，僅有一團之衆。而分紮數處，自北車站至江灣路一帶。敵軍深夜來攻，苟非應付有方，閘北當非我軍少數隊伍所能保守的。

但是，日軍以鐵甲車機關槍向我軍衝擊時，我軍卽沉着的以手溜

日軍開始暴行區域圖

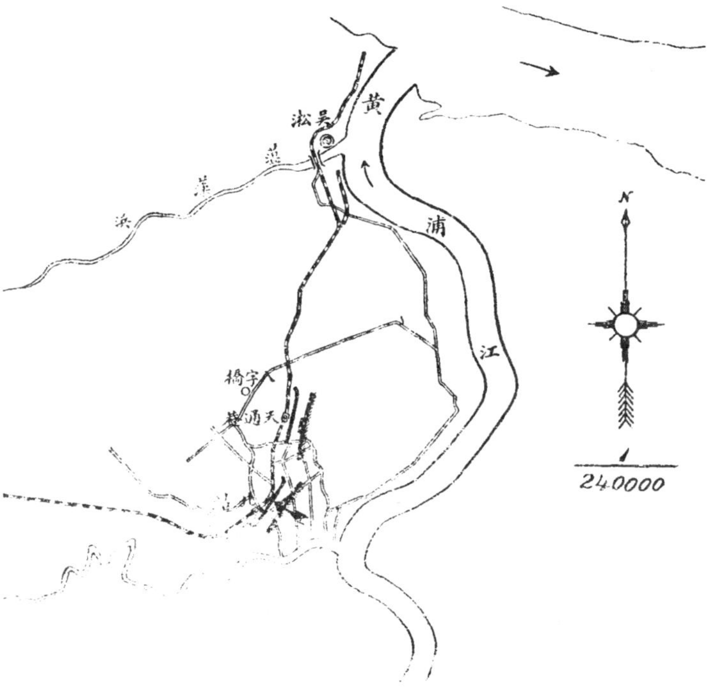

第一圖

彈殺之。因此夜戰一宵，敵軍終不得志。此夜一場序幕戰我軍僅死傷二三十人，而敵軍死者過百，傷者近千。

日軍以廿八夜之進攻失敗，且受損甚重。於是於廿九日晨，公開帝國主義的面目，用大砲機關槍拼命向我防線轟擊。並以飛機擲彈助戰。而我軍駐眞茹崑山隊伍，也已陸續趕到增援。士氣更加壯烈。飢者不欲食，喝者不思飲，傷者不覺痛；千百人如一向敵猛戰！駐防京滬路的憲兵，也自動參加作戰。戰至交午，我軍已變防守而爲進擊的優勢。下午，便把日軍追趕至北四川路狄思威路一帶。當時，我軍如果不尊重租界的約章，這一刹那，日寇將成黃浦江魚之糧食了！

日寇經我軍廿九日之痛擊之後，幾不成軍。戰爭地點已移至沈家灣一帶。經我軍再次痛擊，已潰逃至外虹橋，甚至有不少逃回軍艦的！

至一月卅一日，日寇以屢攻屢敗，傷亡枕藉，他爲整頓殘兵，及等待援兵計，由日本領事向市政府要求，並請英美領事居中調解停戰三天。我軍本知日寇對於停戰是毫無誠意者，不過爲救護戰區內數十萬難民，不得不允日領之請，停戰三天。

果然！這三天的停戰，因日方毫無誠意，且於停戰期間，以飛機十餘架翔空示威，便衣隊到處殺人放火；和平會議因之破裂。

二月二日下午，激戰又作。

先是，日軍於停戰三天之時，對於戰術上有新的佈置，同時增援的飛機四十餘架已到，殘兵又經數日的休息。於是日軍就於二月三日向我軍下總攻擊令。其戰術變前集中攻擊閘北爲閘北與吳淞並重戰。

淞滬全線之陣地畫

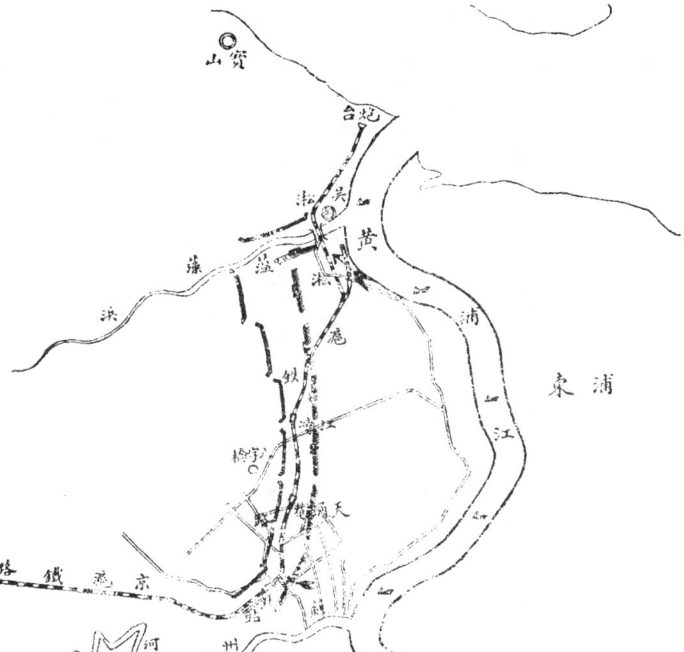

第二圖

這一戰術的根據，是以我軍兵力單薄，槍械不犀利；他有衆多的空軍和砲隊，加之有軍工路及黃浦江爲交通工具。他滿以爲這一戰術之應用，可令我軍感受顧此失彼而敗北。

庸詎知，這一戰術之應用，與我不損秋毫，略記是役如下：

吳淞之戰——集中吳淞海面敵艦數艘，於是日上午，以一艦領袖餘艦隨後，皆向砲台方向迫進。我炮台雖早有戒備，而僅聞寇艦之四次笛聲，未見其開炮時，仍鎮定地不加理會。及日艦紛紛發炮，我方才還炮轟擊。遂以炮戰數小時，愈戰愈烈。當戰至最烈的一刹那，我炮轟中敵驅逐艦之烟囱及汽鍋，遙見該艦左右搖擺勢將沉沒，我軍更精神百倍，準確發炮。敵方炮彈也如海鷗般飛來。戰至下午先被轟中之敵艦已沉沒，又有三艦被我轟傷。此時敵艦胆寒，我們遙聽得墜水海寇之呼救聲，隨炮聲之停止而愈哀。

出乎意外的，我們滿以爲寇艦已退，吳淞是日之戰事可暫告停息了。殊不知忽有敵軍飛機十餘架，飛翔於炮台之頂空，投擲重量炸彈。卽被我十九路軍高射炮隊，及炮隊發各種各樣的炮一齊射擊，當場擊落敵機一架，墜落於寶山城外。我們眞不知道敵機此來，是爲掩護寇艦之退却戰呢，還是增加我軍聲色！

閘北之戰……自上午七時起，日空陸軍卽開始向我軍各陣線總攻，戰爭之烈眞是各符其實爲總攻擊戰！惟是我軍之英勇善戰敵軍終不能越雷池一步！而於我十九路軍之英名更顯揚於世界了。

此役以江灣路爲最烈。日軍以大批野炮及機關槍向我軍猛攻「華軍初僅回砲還擊，旣見日軍發砲，勢若聯珠，華軍防禦物被毀數處」

此時華軍非獨不退，反而一聲喊殺，面迎如雨之砲聲方面衝鋒而出，前仆後繼，勢如潮湧。結果日軍大亂，紛紛丟槍棄砲而逃。是役，華軍共奪得機槍十七挺，野砲七門，步槍子彈無數。然所犧牲亦鉅，當華軍衝鋒時，不獨日軍望風披靡，卽旁觀者亦驚心咋舌。咸認此種犧牲精神，卽歐戰中亦未嘗見。

日軍以二月三日之總攻不得手，焦急萬分。國際間對日輿論，多半不表同情。而上海中國市民，暨全國各地民衆，皆熱烈地願隨十九路軍之後，殺盡日寇。或投軍或輸將；或組傷兵醫院，或組救護隊；於是軍民抗日之熱情益發高漲。這種民族革命的戰線，日軍更無力可以取勝。

四日之後，日軍雖仍不斷來攻，我們徒見其死傷罷了。我軍防線，不曾稍動。

七日之後，日軍以屢戰屢敗，增調生力軍數千，並集中國沿海之海軍及駐長江艦隊於滬濱，以野村爲司令代替鹽澤。野村對於鹽澤之戰略，吳淞閘北並重戰，略有變更。以點攻吳淞爲中心，擊江灣爲次，對於閘北則作維持戰。

野村之施用此種戰略，固然比之鹽澤高明。因爲他果然照預定計劃，攻下吳淞江灣包抄我軍後方，則閘北之我軍縱然英勇，也不能不被敵人環攻截擊而慘敗。

所以野村於七日晨開始，集合海陸空大軍，限廿四小時攻奪我吳淞要塞。同時日軍復以陸空軍猛力進攻江灣八字橋我軍陣線。但是，我軍還是把定一貫精神，沉着應戰。砲以砲還，槍以槍擊；鐵甲車來

日軍攝攻吳淞江灣之陣線

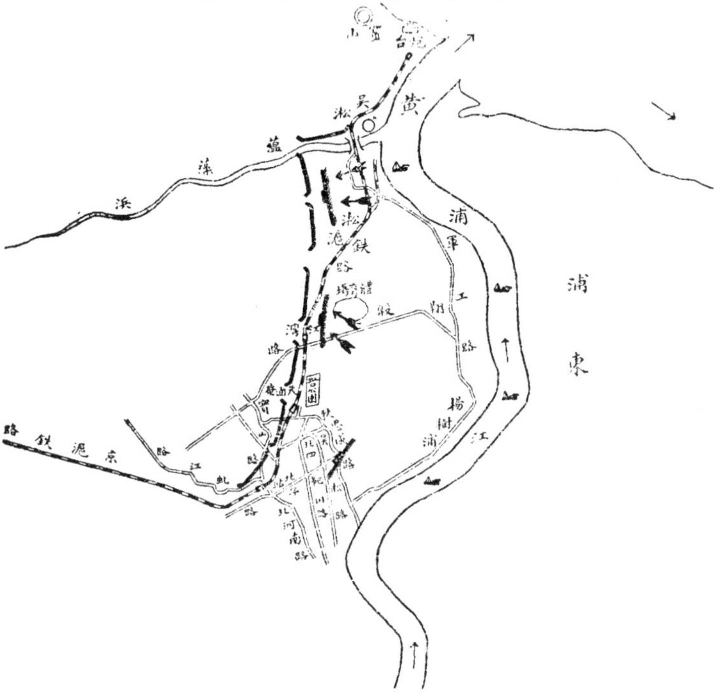

戰圖三

鹽澤失敗之後野村率長江及中國沿海全部艦隊來滬並由東北調來第九師團中之一旅又另一混成旅約九千餘人合前敵人共有二萬餘人此時日方之戰略以吳淞江灣為主力之攻閘北為佯戰

，則以手溜彈炸之；敵衆要是衝鋒，我們便與肉搏。這樣，血戰竟日，野村爲司令的日軍，仍和鹽澤爲司令的日軍一樣敗北！

自此之後，日軍不斷的向我軍進攻，雖其戰鬥精神每次愈下而其援軍却逐日增加，第六師團第十一師團，第十二師團；砲隊馬隊，飛機隊源源而來。怪像搬這許多傢伙來顯耀他大日本帝國的威風？

我們的援兵雖然不來，我軍的武器雖然沒有這些玩意兒，終以蘊藻浜一役，奪取了大日本的皇旗，結束了野村的司令！

植田謙吉來了，他帶領了親自統率的第九師團全部，及第十二師團的二旅團，又另一混成旅約共三萬人左右。聲勢洶洶幾乎不可一世，並積極佈置陣勢。準備新的戰術，向我軍攻擊。

二月十八夜九時，植田謙吉像煞有介事的向我軍事當局和市政府提出哀的美敦書。百般恐嚇。

然日方通諜發出之後，上海三百萬市民，咸皆引領而望我英勇的戰士們給他一個繼續戰的砲彈以響之。眞的，我三萬抗日戰士聆日方通諜，莫不憤激萬分，人懷死戰之志。蔡軍長代表我全體軍士回他一個答復的不答復！

於是，第三個的日總司令，侵我東北的禍首植田謙吉，又向我再下總攻擊令。二月二十日以後的血戰又開始了。

時維大中華民國二十一年二月二十晨七時二十分，日寇以十萬大軍配齊海陸空軍，坦克砲車，鋼板砲車，開始向我閘北，江灣，吳淞全線進犯。並以主力猛烈進攻我江灣陣線。企圖打斷我軍全線之連絡。共計敵軍佈置於江灣陣地的：——

第九師團又另一混成旅共約一萬五千之譜；
坦克礮車二十餘輛；
鋼板礮車三十餘輛；
飛機八十餘架；
射焰隊數百人；
輕重礮數百門；
而我軍担負此方防線者爲：——
第五軍之八十八，八十七兩師共計十二營人
輕礮數十門。
鋼礮數十門。
鋼甲車數架。

二月十九日以後敵方陸軍之配備圖

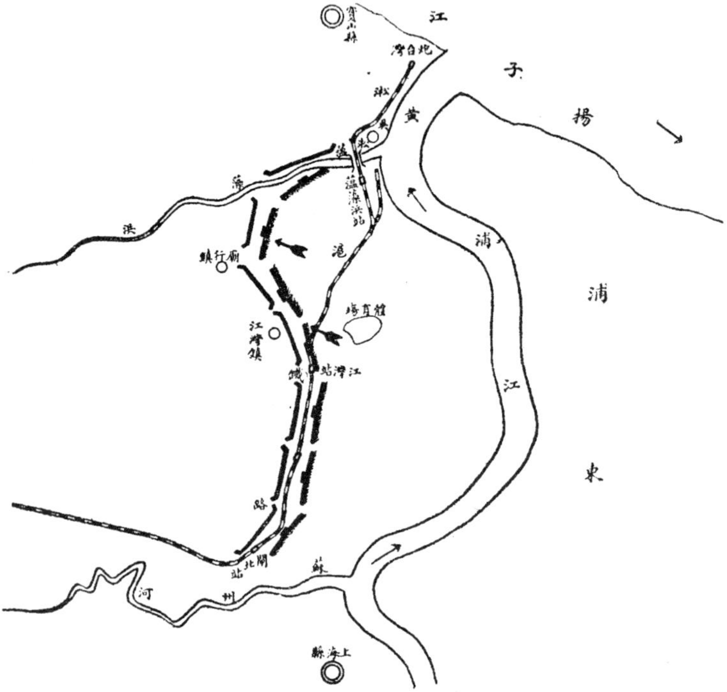

戰圖四

二月十九日後

野村又敗敵方改派進攻東北之戎首植田謙吉率其親統之第九師團全部暨第十一師團第十二師團共三萬餘人來滬其戰術爲集點兒此法以江灣廟行蘊藻浜爲主力戰其餘吳淞閘北均有戰事不過比江灣廟行爲次

此時我軍之陣勢漸呈不穩淞滬全線幾有被截斷之虞戰爭焦點在廟行江灣間

兩相比較，人數固極懸殊，武器亦復有天淵之別，我們敢與敵戰者，這當然不是一般「統計的軍家」所敢作敢爲的事！

當敵軍開始向我江灣陣地進攻之時，係分三路：一向江灣鎮進，此爲中路；一向江灣車站進，此爲左翼；另一路突向我廟行鎮進擊，此爲右翼。

戰爭於天昏地黑，寒風凜冽中發作了。首先敵方卽以坦克車鋼甲車四十餘輛，掩護數千走卒向我陣線衝鋒！同時敵方又齊發大礮遙向我陣線轟擊；一方面爲遮掩他衝鋒隊伍，一方面圖炸我禦防工事；幸我軍鎭定，同時，我軍事先掘有陷阱及埋下地雷，所以敵方坦克車，立見觸地雷燬炸的四架，跌入陷阱不能活動者又數輛，其已爬至我軍壕線者，亦被我軍手溜彈所燬：衝鋒的走卒，已失坦克車之屏障，又被我機關槍之掃射，而且敵方礮彈常瞄我不中，而倒轟其獸類。因此我軍正戰得興奮，恨不得跳出壕外，殺他一個頭分體裂。眼見得一羣「烏牛」如遇虎畏死般地潰逃。我們還聞得東京「索夫團」的淒涼哭聲，惻憫之心湧然，也就饒他的狗命走了。

敵軍雖因死傷枕籍而敗退了，而其獸性仍未死，下午又來攻。復經我軍迎頭痛擊。仍然給他一個慘敗下場！

二月二十二日，敵軍以連日猛攻，迭受重創。至此略改其戰術，乃以攻我廟行陣綫爲主力，配足二萬餘兵力，并集中礮火向此綫猛攻。以江灣鎮方面作牽制，亦有兵力萬人。

担負廟行陣綫者爲第五軍，指揮官爲俞濟時。當敵方礮火猛烈轟擊之時，五軍將士都極熱血奔騰，拼命抵抗。紛紛越出壕外；向敵軍衝鋒，前仆後繼，毫不退縮。無奈敵方之礮彈密密轟擊，數十架飛機又頻頻擲彈助虐。因此我五軍兵士雖勇敢，而死傷過多，且戰壕盡被炸毀。致頓成萬分危急之戰局。幸江灣方面之七十八師翁旅，屢將進攻江灣之敵擊潰，乘間調軍援助，間道截擊日軍之側，敵方以我軍突然而來，愴惶失措。五軍以七十八師來，軍心大振，卽合力與寇衆大戰於金穆宅。並將敵軍數千圍在該心。同時已入夜，故未能卽將「烏牛」虜將下來，誠恨事也。惟已恢復我廟行原來陣綫了。

數日之間，敵軍頻頻來犯，淞滬全綫雖有大戰，而此方戰事尤烈，敵我兩方死傷都以千計，惟敵援軍時增，我軍之戰鬥力，却死傷一人則減一人。眼見得我們的戰士，一天減少一天，全綫成一凹形，爲一貫淞滬全綫，避免敵人包抄截擊，不得不略退，以金家宅，竹園墩

廟行江灣間戰鬥畫

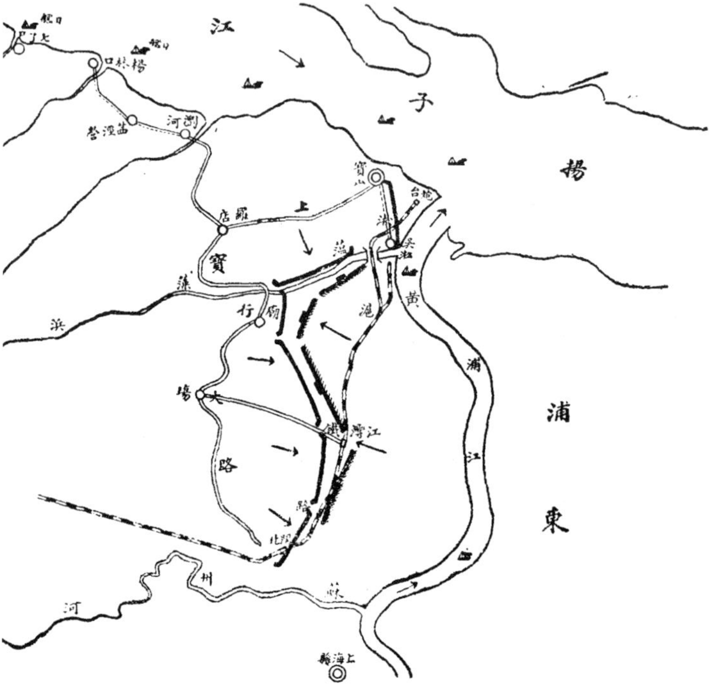

戰圖五

二月廿九日後

江灣廟行之役敵人雖猛攻仍被我軍忠勇之抵抗而歸失敗於是敵又易白川大將爲總司令統率日寇十萬海軍艦隊四十餘隻飛機百餘架坦克九十輛向我進攻戰術仍於江灣廟行爲主力戰另以兵艦數十隻乘兵三萬進攻我瀏河楊林口該處因援兵不到兵力單薄致被登陸撫我背項同時江灣廟行戰線被敵砲猛轟防禦工事盡燬傷亡枕籍不得已退守竹園墩以挽淞滬全線凹形之危

，楊家樓爲直線與淞滬貫通。這是爲進而退非敗退。但是，這一退，客觀上確增加了日軍之氣燄，動搖鞏固的防線與軍心。這種罪過，究該誰負。容待史家去批評罷。

二月廿九日，敵軍又加增援兵，由白川領率來滬。此時，統計敵方兵力約達十萬人左右。而我方兵力僅三萬五千上下。試作表如下相較：——

敵軍

鹽澤指揮的陸戰隊五千便衣隊三千——滬戰開始的數月

野村帶來第六師團陸軍一萬餘特別陸戰隊——三千二月六日之後

植田帶來第九師團一萬四千人另一混成旅四千人——二月十三日之後

白川帶來名古屋第三師團約萬人。第十一師團第十二師團第十四師團約三萬人

共有七萬九千之衆。除一月來死傷萬餘人外，此時尚有日軍六萬餘人。另有軍艦三十餘艘，飛機百餘架坦克礮車數十輛，大礮達二百尊，及其種種之新式戰具。

我軍

第七十八師第六第四團分駐淞滬……滬戰開始時從第六團應戰

第七十八師全部增防……滬戰開始後

第六十師

第六十一師

第八十七師

第八十八師

稅警隊

憲兵

我軍除此之外，又無海軍空軍與之周旋。陸軍之槍械又復不備，連防敵飛機之高射也不多。加之戰地死屍枕藉，多日未埋，臭味薰天。戰壕中之飲料，常有被污水滲入之虞。戰軍大批艦隊攻我側面瀏河楊林口且被登岸，我方頓成腹背受敵之勢。

在此情況之下我軍全綫決定了退兵時之英勇一戰。

我軍終於退守第二道防綫之前，給日奴一個最嚴重的痛擊。爲淞滬杭日戰爭一月零二天留一最光榮鮮紅之血痕！

時維大中華民國二十一年三月二日，我軍退出淞滬！

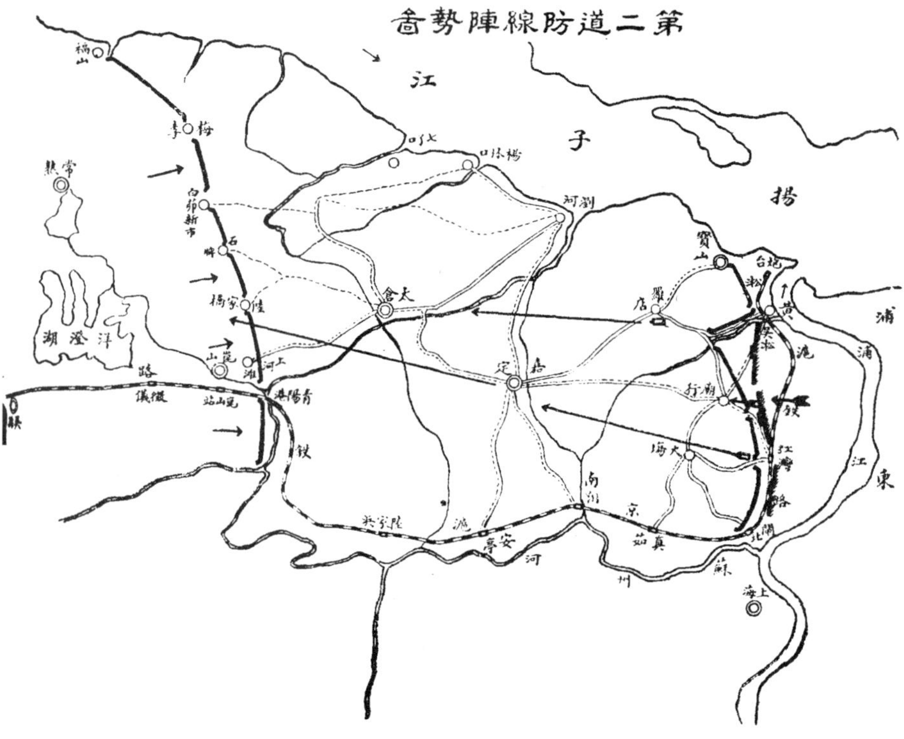

戰圖六

退守第二道防線之陣勢

四 我軍的負傷官兵

日本帝國主義的鐵蹄，爲企圖實現其「大陸政策」，繼九一八東北事件而踐踏我東南，引起了我十九路軍爲保全民族的生存，領土的完整，在全國人民擁護之下，尤其是上海三百萬的市民熱誠愛戴和竭力幫助之下，不計成敗利鈍起與倭寇作殊死的抗爭。雖然敵衆我寡，雖然敵軍的器械犀利，我軍的器械窳敗；雖然敵軍有公共租界爲進兵的掩護，與潰退的窩藏，而我軍僅憑簡單的壕塹沙袋作進退的屏障。總之在物質上敵我雙方殊有天淵之懸別。這無怪乎一般「必敗」主義者，每相形見拙，而自餒其志氣，且高唱不抵抗主義，不待交綏，便先棄甲曳兵而遁；而更無怪乎倭寇的氣燄萬丈，目無中國，竟放狂言於四小時內佔我閘北，然誰知我十九路軍全體將士，對於自貶軍人人格而唱無抵抗主義者，每深引為今日中國軍人之奇恥大辱；而對於日本之無理侵佔我東北，尤其上海自日僧案事件後日本之屢次逞暴，更覺忍無可忍：雖明知我軍兵力的單薄，物質的缺乏，一般環境的困難，然竟不顧其他，一本軍人守土的天職，而誓與倭寇決一殊死戰，這驚天動地的淞滬大戰，所以繼續演着一月有奇了。

在這月餘日的血戰爭持中，敵所恃者是飛機大礮的犀利軍火，我所恃者是頭顱熱血的救國精神，推論自應敵勝我敗，損失也應敵寡我衆，然到底從事實上的觀察，此種推論尚非可靠。查自一月二十八日至二月二十日的兩旬餘中，我軍實無戰不勝，而敵却無役不敗，在這期間裏我之損失未及千人，而敵已四五倍於我。殆至二十日後敵方數易其作戰司令，由鹽澤，而野村，植田，白川，幷盡傾其全國的海陸空軍來滬參加作戰，且變更作戰策略，專以密集礮隊，和成貫的飛機，向我高轟遙擊，而步兵則遠躲背後，藉礮隊爲掩護，不敢向我正視，稍行接觸，這樣一來我軍慘死及負創於敵礮火和炸彈下者甚夥，且又孤軍奮鬥後援不至，卒被敵軍從瀏河登岸，拊我之背，不得已而自動退却，然其戰勝之榮譽，固如德報所論，終屬於我也。

查這次抗日血戰傷亡官兵，始就十九軍統計而論；官佐陣亡者共計百餘員名，士兵陣亡者共計二千三百名左右。負傷者官兵合計約五千名左右。茲將各師官兵之陣亡者，分列如左：

部別	官	兵
六十師	二九	三五〇

六十一師	四四	七六四
七十八師	四八	一一七〇

再就各師陣亡官佐之籍貫比例表如左：

廣東……………百分之五十一強；

廣西……………百分之十五弱；

湖南……………百分之十四弱；

湖北……………百分之九強；

其他各省……………百分之十一弱；

關於傷兵方面各種統計如下：

甲——籍貫統計

廣東……百分之四十五；
廣西……百分之二十；
湖南……百分之二十；
山東……百分之五；
其他……百分之十；

乙——受傷部位統計

頭部……百分之八；
手部……百分之三十；
脚部……百分之四十；
軀幹……百分之二十二。

丙——傷兵中彈方面

正面射入者……百分之八十五；
側面射入者……百分之十四；
背面射入者……百分之一。

丁——中彈之種類

中礮彈者……百分之四十；
中炸彈者……百分之十五；
中機關槍步槍……百分之三十；
中達姆彈……百分之十五。

茲再將十九軍陣亡官佐調查表及上海各傷兵醫院調查表分列於后

甲、陣亡官佐姓名表

一、六十師二十九員

▲十九路軍六十師抗日戰役陣亡官佐表

隊別	級職	姓名	年歲籍貫	陣亡時日及地點	家族狀況
一一九旅一團	一營少校營長	陳正倫	三十四歲廣東瓊山	二十一年二月十日一時上海寶興路	父日標 母王氏 兄 弟瑞林 妻林氏 子 女
一一九旅一團	一營機關連少校連長	白鶴呂	三十四歲北平白河	二十一年二月十四日八時上海西寶興路	父玉田 母王氏 兄鶴齡 弟 妻儲氏 子 女
一一九旅一團	一營少尉連附	周榮生	二十七歲廣東南海縣	二十一年二月十三日十二時上海西寶興路	父振興 母李氏 兄 弟 妻 子 女
一一九旅二團	二營中尉連附	黃莊	三十八歲廣東龍川	二月廿九日上海八字橋	父可康 母戴氏 兄黃德三 子黃亞福 妻郭氏

一一九旅二團	三營上尉代連長	龐秀南	三十九歲廣西博白	二十一年二月廿九日上海八字橋	父母殁・妻史氏
一一九旅二團	中尉代連附	張慶雲	二十九歲廣東欽州	二十一年二月廿九日上海八字橋	父平光母王氏
一一九旅三團	一營少尉連附	黃周輝	三十一歲廣東合浦縣	二十一年二月卅日上海江灣勞勳大學右側	只有叔父黃日貴父母早亡
一一九旅三團	一營機關連中尉連附	萬長海	三十一歲山東長青縣	二十一年三月一日燕毛灣	胞弟萬世平
一一九旅三團	少尉連附	張永清	二十六歲江西大庾縣	二十一年二月二十日江灣勞動大學頭門房內	父亡母馬氏胞弟永棟家貧寒
一一九旅三團	三營少尉連附	黃振民	二十八歲廣東和平縣	二十一年二月廿二日江灣	父炳華母謝氏

一一九旅三團	三營代理少尉連附	王標	二十五歲廣東和平縣	二十一年二月廿九日殷家宅	父廣豐
一一九旅三團	三營上尉連長	黃瑾	三十六歲廣東和平縣	二十一年二月廿九日錢家蕩	妻朱氏 子鐵錚 振宗
一一九旅三團	三營機關連少尉連附	景秀豐	三十三歲山西太原縣	二月廿九日錢家蕩	父奎元 母任氏 兄兆紅 弟兆元
一二〇旅四團	一營上尉營附	伍澤林	三十一歲廣東番禺縣	二十一年二月八日上海閘北寶興路	父海洲 母畢氏 子時健 稚 妻黃氏
一二〇旅四團	一營少尉連附	唐庚生	三十三歲湖南寶慶縣	二十一年二月六日上海閘北寶山路 廿一在院死	母曾氏
一二〇旅四團	二營機關連中尉連附	黃泗	三十八歲廣西恆集永固堡爐村	二月十八日上海寶隆醫院	父善繩 母梁氏 兄乃生 弟乃廣 妻陳氏

45

一二〇旅四團	三營中尉連附	嚴桂生	二十七歲湖南祁陽縣	二月四日在上海西寶興路	父開信 母李氏 兄光發
一二〇旅四團	三營上尉連長	李芳輝	三十七歲福建省連城縣	二十一年二月四日在上海寶山路負重傷送法界中央大醫院身亡	弟芳淮
一二〇旅四團	三營機關連中尉連附	陳德功	二十歲廣西馬平白洋村	二月四日上海西寶興路	弟德謀
一二〇旅五團	上尉機關官	林景芳	三十三歲	三月三日南翔附近	父金福 母杜氏 兄俊
一二〇旅五團	二營中尉連附	張熙才	二十六歲廣東紫金藍塘圩		
一二〇旅五團	三營少尉排長	邵桂芳	二十四歲廣西柞平縣蒙圩	三月四日黃渡車站鐵道上	叔邵日恩 遺妻韋氏

一二〇旅五團	三營上尉連長	譚啓友	二十六歲廣東羅定四區龍九村	三月四日黃渡車站路道上	胞弟啓統 妻鄧秀珍
一二〇旅五團	上士代排長	蘇夜定	二十六歲廣西慶近龍頭圩	三月四日黃渡車站路道上	兄蘇成英
一二〇旅六團	二營上尉連長	艾賓彬	三十歲湖南平江縣	二十一年二月六日上海閘北橫濱路	妻鍾坤順
一二〇旅六團	少尉連附	馮芳玉	二十九歲廣東順德縣	二十一年二月二十日上海八字橋花園	父良興 母黃氏 兄珠號潤寬 弟丁才
一二〇旅六團	三營中尉連附	丁子堅	二十三歲湖北武昌	二月六日上海八字橋	祖父忠金 父兆魁 母楊氏 妻羅氏 子平訊
一二〇旅六團	三營少尉連附	黃桐山	三十七歲廣東欽州陵縣	二月二十日上海孟家宅	兄國柱

一二〇旅六團	三營上尉連長	岳喜慶	三十二歲河南許昌縣	二月五日上海八字橋	父紀崑 母葛氏 兄水再

▲十九路軍六十一師教導團抗日戰役陣亡官佐表

隊別	級職	姓名	年籍	陣亡時日及地點	家族狀況
教導團	上尉軍需	楊明修	二十三歲廣東廉江	二月二十二日眞茹	
教導團	上尉軍械官	熊保忠	二十七歲廣東連縣	二月二十一日大場	
教導團	一營少尉連附	李冠勛	三十五歲河南湯陰縣	二十一年二月二十五日江灣廣肇公學	

教導團	一營中尉連附	林鍾	二十三歲廣東瓊州	二月二十六日廣肇公學	
教導團	准尉特務長	彭望明	三十歲湖南嘉禾縣	二月二十日大場汽車站	
一二一旅一團	一營少尉連附	靳國棟	二十七歲河南故春縣	二十一年二月二十五日後郭家宅	
一二一旅一團	一營少尉連附	黃元	二十一歲廣東南海縣	二月二十五日南尉家宅	
一二一旅一團	三營上尉營附	陳拔雄	二十四歲廣東興寧縣	二月二十三日江灣顧家宅	
一二一旅一團	三營少尉連附	李勝輝	四十二歲湖南甯鄉縣	二十一年二月二十三日顧家宅	

一二一旅二團	一營中尉連附	張雲	二十八歲河南正定縣	二月二十一日江灣鎮	
一二一旅二團	二營少尉排長	黃少卿	二十五歲湖南長沙縣	二月二十五日楊煥橋	
		胡業興	三十三歲江西峽江縣	二月二十日江灣	
一二一旅二團	二營中尉排長	張篤初	二十八歲福建蒲城縣	二月二十日江灣	
一二一旅二團	特務隊中尉排長	楊漢臣	二十七歲廣東合甫縣	二月二十一日江灣	
一二一旅三團	一營上尉連長	陳志鵬	二十五歲湖南祁陽縣	二月十三日上海江灣	

一二一旅三團	二營中尉連附	王學森	二十二歲河南柘城縣	二月十三日朱家橋	
一二一旅三團	少尉連附	唐祥會	二十八歲湖南岳州縣	二月十三日朱家橋	
一二一旅三團	二營中尉連附	王殿祺	三十五歲山東管陶縣	二月十三日朱家橋	
一二一旅三團	三營少尉連附	胡　斌	二十五歲廣東順德縣	二月十四日三具宅	
一二一旅四團	步砲連上尉連長	劉牖民	二十七歲廣東番禺縣	二月二十五日竹園墩	
	少尉連附	潭慈恩	二十七歲廣西平南縣	二月二十五日竹園墩	

一二一旅四團	一營上尉營附	陳漱石	二十八歲廣東順德縣	二月二十六日竹園墩	
一二一旅四團	機關連少尉連附	鄧詳陽	三十一歲廣西灌陽縣	二十年二月二十六日竹園墩	
	准尉	許國華	三十歲湖南寶慶縣	二十年二月二十六日竹園墩	
一二一旅四團	二營中尉連附	李玉材	二十五歲湖南臨湘	二月二十五日竹園墩	
一二一旅四團	二營少尉連附	曾鐵民	二十五歲湖南寶慶縣	二月二十五日竹園墩	
一二一旅四團	二營中尉連附	羅　永	二十七歲廣西桂平縣	二月二十五日竹園墩	

一二一旅四團	三營中尉連附	石炎華	二十六歲廣東增城縣	二月二十五日竹園墩	
一二二旅五團	中校團附	王堅民	四十一歲廣東文昌縣	二月廿傷至三月四日亡大場附近傷保隆醫院亡	
一二二旅五團	一營准尉特務長	楊福基	二十六歲廣東吳川縣	二月十三日紀家橋	
一二二旅五團	二營上尉連長	林炳光	三十一歲廣東鶴山縣	二月廿五日廟行鎮	
一二二旅五團	三營上尉連長	楊煥民	三十六歲湖北	廟行鎮	
一二二旅五團	三營中尉連附	伍發初	二十八歲廣東吳川縣	二月二十五日廟行鎮	

一二二旅六團	一營上尉連長	黃景成		二月十三日紀家橋	
一二二旅六團	一營中尉連附	何章甫		二月十三日紀家橋	
一二二旅六團	一營少尉連附	蘇桂清		二月十三日紀家橋	
一二二旅六團	二營中尉連附	林　得		二月十二日紀家橋	
一二二旅六團	三營少校營長	李榮熙		二月十三日朱家莊	
一二二旅六團	三營中尉連附	韋裕昌		二月十三日紀家橋附近	

一二二旅六團	三營少尉連附	王定中		二月十三日紀家橋附近	
一二二旅六團	三營少尉連附	廖可甯		二月十三日紀家橋附近	
一二二旅六團	機關連中尉連附	李權芳		二月十三日東家莊附近	
一二二旅六團	三營少尉連附	汪永頤		二月十三日東家莊附近	
一二二旅六團	一營上尉代連長	童勳		二月廿五日廟行鎮竹園墩	

▲十九路軍七十八師抗日戰役陣亡官佐表

部別	階級	職別	姓名	年齡	籍貫	陣亡日期	陣亡地點
第一五五旅第一團	上尉	連長	蔡幹青	二十七	廣東梅縣	三月八日	廣慈醫院
第一五五旅第一團	上尉	營附	陳福有	三十	廣東樂會	三月十日	竹園墩
第一五五旅第一團	上尉	連長	雲勉	二十八	廣東文昌	三月一日	上海江灣西夏家塘
第一五五旅第一團	上尉	連長	鍾太初	二十八	廣東五華	三月一日	上海江灣西夏家塘
第一五五旅第一團	中尉	連附	刁明春	二十四	江蘇南通	三月一日	上海江灣西夏家塘
第一五五旅第一團	少尉	連附	劉興	二十六	廣東陽春	三月一日	上海江灣西夏家塘
第一五五旅第一團	一營少校	營長	羅鋆	三十九	廣東羅定	三月一日	廣肇山莊
第一五五旅第一團	一營上尉	營附	江燊	二十九	廣東五華	三月一日	廣肇山莊
第一五五旅第一團	少尉	連附	周達和	三十四	廣西豐樂	三月一日	廣肇山莊
第一五五旅第一團	少尉	連附	邱鎔鈞	三十四	廣東信宜	三月一日	廣肇山莊

第一五五旅一團機槍第二連	少尉	連附	朱桂	二十九	廣東廣州	三月一日	廣肇山莊
第一五五旅第一團	上尉	連長	宋德甫	二十八	廣西貴縣	三月一日	二十三渡
第一五五旅第一團	少尉	連附	張輝廷	二十二	湖南平江	三月一日	竹園墩
第一五五旅第二團	少校	團附	唐之章	二十六	廣東防城	三月一日	楊家樓下
第一五五旅第二團	上尉	軍醫	朱錫蔭	二十八	廣東台山	三月一日	楊家樓下
第一五五旅第二團	少尉	連附	葉展球	二十五	廣東羅定	二月二十八日	江灣
第一五五旅第二團	中尉	代連附	賴中和	二十五	福建上杭	三月一日	江灣
第一五五旅第二團	少尉	連附	陳希豪	三十	廣東始興	二月二十八	江灣
第一五五旅第二團	中尉	連附	吳春田	二十九	廣東恩平	二月二十五	竹園墩
第一五五旅第二團	少尉	連附	黎青天	二十六	廣東羅定	二月二十五	竹園墩
第一五五旅第二團	中尉	連附	馬熾南	三十五	廣東合浦	三月一日	楊家樓下
第一五五旅第二團	少尉	連附	偉奇生	二十六	廣東南海	二月二十七日	楊家樓下

第一五五旅第二團機關槍連	上尉	連附	羅雲漢	二十一	廣東欽州	二月二十九日	楊家樓下
第一五五旅第二團機關槍連	少尉	連附	黃振明	二十八	廣東靈山	三月一日	楊家樓下
第一五五旅第三團	中尉	軍需	郭振英	三十二	湖南湘潭	二月四日	閘北
第一五五旅第二團特務隊	少尉	排長	龐傑	二十九	廣東高州	三月一日	小場廟
第一五五旅第三團	中尉	連附	羅漢屏	三十	廣東合浦	三月一日	小場廟
第一五五旅第三團	准尉	服務員	譚秀軒	三十六	廣東欽州	三月一日	小場廟
第一五五旅第三團	中尉	連附	梁世榮	二十七	廣東欽縣	三月一日	上海江灣
第一五五旅第三團	中尉	服務員	董以淦	二十五	廣東羅定	三月一日	江灣小場廟
第一五五旅三團機關槍連	少尉	連附	鄭企瞻	三十	湖南新甯	三月一日	江灣小場廟
第一五五旅三團機關槍連	少尉	連附	梁震次	二十九	廣東茂名	三月一日	江灣小場廟
第一五五旅三團機關槍連	少尉	連附	林海	二十九	廣西陸川	三月一日	江灣小場廟
第一五五旅三團機關槍連	少尉	連附	尹烝	二十四	江蘇上海	三月二日	江灣小場廟

第一五五旅三團機關槍連	少尉	連附	邱廷國	二十四	廣東省	三月二日	江灣小場廟
第一五六旅四團	上尉	連長	趙金聲	二十八	江蘇泰興	二月二十一日	吳淞永安紗廠
第一五六旅四團	少尉	排長	劉得標	二十八	廣西留江	二月二十一日	吳淞永安紗廠
第一五六旅四團機槍連	准尉	排長	吳英才	二十四	湖北監利	二月七日	吳淞
第一五六旅第五團	中尉	排長	唐勝標	二十八	廣西平樂	三月二日	南翔
第一五六旅第五團機槍連	准尉	排長	周漢雲	三十	湖南湘潭	三月二日	錢家宅
第一百五十六旅第五團	上尉	連長	羅彬	二十六	四川內江安全鄉	二月十四日	吳淞礮台灣
第一百五十六旅第五團	少尉	連附	梁保生	三十	廣西南甯	三月一日	大場孟家角
第一百五十六旅第五團	上尉	連長	張福甫	四十一	廣西崇善	二月六日	青雲路
第一百五十六旅第五團	准尉	特務長	胡子軒	三十八	湖北武昌	三月三日	南翔
第一百五十六旅第六團	上尉	第二營營附	陳修明	二十六	福建福州	三月一日	孟家角
第一百五十六旅第六團	中尉	連附	唐明卿	二十五	廣東澄邁	三月一日	孟家角

第一百五十六旅第六團	准尉	服務員	彭名貴	二十五	湖南常德	三月一日	孟家角
第一百五十六旅第六團	中尉	連附	龐春毓	二十四	廣東化縣	三月一日	孟家角

▲十九路軍六十師抗日陣亡士兵姓名錄

共三百五十名

宋　福　李宗元　邵廣發　崖炎峯　楊葉榮　吳雲清　崔有才　黃金龍
張榮本　李紅順　周德勝　張　松　李福嶺　王　有　鄒有德　鄺貴民
張麥惠　文詠生　梁安貴　羅雲青　唐　陰　温雲星　易石松　王春海
齊初義　周德福　楊士家　藍以青　吳德標　黃來興　凌開英　張　全
李清明　徐　安　梁達金　葛仁卿　黃正仁　盧輝標　侯良科　王福林
李　忠　劉字成　陳　六　丁雲龍　蔡鳳廷　陳復朝　王九傑　陳少卿
張振廷　吳　澤　劉顯色　龍得泉　朱國才　高　凱　馬朝柱　熊永山
林　華　陳桂標　符正統　李樹標　劉德明　葉德明　謝雲卿　姚應福

孫尙芝　常正德　林　星　陳德勝　李菊生　劉德勝　吳迪惠　梁　生　謝登科　吳有林　凌樂平　曾毓盛　鄧雲春

于魁順　劉松林　蔡崇禎　沈　金　聶桂興　章　振　劉祖生　張鳳田　李志善　王玉山　曾　金　林鳳鳴　詹天佑

楊文彬　崔貴生　吳　林　薰國華　莫有南　蔣　坤　楊善述　孫囘宗　陳成福　楊志有　劉章甫　林炳廷　張　榜

霍天才　屈清彥　鄧　坤　董心善　梁　耀　李順興　羅本營　王德勝　鄔清山　楊永田　曾　乾　葉仲先　藍金華

楊勝標　李漢魂　楊海林　郭順祥　黃勝標　錢　和　劉同興　宋沼浜　黃少雄　曹　雄　張福林　鄧光輝　袁英雄

黃　得　趙青林　康金山　孫懷仁　劉金柱　蔣玉桂　邢中良　孫學斌　劉子春　劉　德　梁郁周　林雲廷　徐明元

陳洪吉　王安忠　王長大　宋　雲　侯長發　陳聚合　李恆德　李興邦　鍾廣材　駱國強　黃　忠　廖　銀　陳金章

劉　高　陸星臣　秦留根　唐桂林　聶玉林　包石銑　李春榮　黃萬金　王仲武　曾娘金　黃　祥　曹珍如　徐國基

鄭振湘 徐木林 黃德標 李廷芬 吳　煌 巫　標 徐漢州 潘克昌
苗榮華 袁　寰 孫少康 陳　漢 徐維翰 劉雲濤 徐明華 吳少平
楊玉亭 龔青盛 葉廷忠 徐南陽 王桂標 徐聲標 徐定遠 劉貴標
張　允 王東漢 王德才 譚正才 劉紹光 黃鴻基 梁　興 劉國南
李　照 黎成武 何家平 文有才 黃金臣 簡景禎 武國義 蔣振標
彭漢文 周雲廷 馬萬卿 鄧振雄 馬浩英 麥德明 張文才 蔡玉秀
田玉志 何華德 楊隆春 陳　啓 董樂金 金大富 蔣正標 劉清石
何保旺 范壽表 黃正文 農　豹 胡　福 張得勝 郭志仁 林其興
彭克元 陳桂標 蔡光明 蔡光榮 崔得勝 林廣科 莫振華 王　彪
王文祿 杜福葵 吳炳辛 黨萬聚 吉慶國 歐林標 姚文魁 陳友泉
周生林 張勝初 陳華漢 楊順廷 陳有生 李春秀 陳福生 劉少春
李正安 施洪魁 許慶華 范金標 鄧　忠 鄧　勛 梁　利 何　耀
蒙如廷 鄧福如 伍國全 李　超 黃　雄 甯　啓 甄　六 楊漢林

62

周成伯　劉萬全　宋學賢　鄭玉清　候德潤　田瑪華　陸志祥　周廷華
張明良　張振裕　鄒順陽　楊善民　李文湘　濠光明　劉福德　鄒富國
張惠珍　齊得勝　董子明　李　旺　吳紀生　陳東榮　李振標　張　標
周明泰　錢同科　郭玉田　張得勝　張子元　鄧文高　胡順昌　劉得勝
陳桂標　伍　新　黃　澤　何富善　胡興堂　伍雲山　王勝林　呂得林
梁　洪　張　先　王雲貴　楊春生　黃光德　鄭其中　趙國富　梁　發
陳　才　葉　田　王正中　張德榮　張廣芝　廖漢雲　潘名卿　范保生
蔡相廷　楊培生　李　才　蔡忠華　張水生　黃　金　劉　成　李炳才
謝貴金　胡清山　周漢清　趙東璧　劉雅軒　韓德漢　黃紹模　賴成桂
朱寶祥　劉寅文　黃尙武　劉鳳鳴　秦光明　張立盛

■十九路軍六十一師抗日陣亡士兵姓名錄

共七百六十四名

王　輝　彭德勝　葉　蘇　家　雲　黃　浩　邵國芳　秦天祥　孔德標　齊慈堂　瞿文漢　伍林勝　殷元端　張貴廷

李福春　沈潤英　崔　漢　袁洪發　孟憲清　王福全　高尚富　石建標　陳文奉　彭　澤　李　松　宋孝叉　王雅齋

曾桂生　廖壽興　彭建和　杜傅倫　馮少堂　宋懷志　吳有興　朱殿山　李　顯　羅金生　楊子希　楊雲富　彭雨廷

蕭世坤　蕭得南　何思玉　鍾　龍　潘　李　胡子玉　張連生　李　斌　公乃生　陳復生　陳欽雲　梁衍餘　黃子全

傅華亭　梁桂才　周福生　程　英　蘇春生　毛壽南　郭文階　黃福標　諸長勝　劉清林　孫玉和　梁　華　唐有清

王　銀　呂少雄　宋廷貴　李濟鄉　朱貴仁　章祖全　劉福生　薛　進　黃炳福　岳得勝　張　標　歐陽古　王　銘

羅得標　黃炳堂　邱錫海　李保光　覃　桂　梁均伯　劉武忠　姚炳坤　鄭治海　李華朋　鄧雲勝　鄧春林　王玉奎

孟慶雲　胡榮區　尹春霖　周國林　杜清潤　胡坤芝　閻德榮　岑　耀　李明才　李協和　李玉清　劉福生　林福生

64

何志明　胡壽親　石國正　王漢廷　楊炊善　黎勝標　周漢清　周勝初　張　德　方赴才　董運禪　戴　成　周志光

邱家勝　曾芸親　韓　梯　賀金正　李　斌　鄧　標　張建國　徐琢武　張進周　鄧從坤　楊樹清　葉錦文　陳學安

朱　崑　李榮生　郝　浩　左年順　田漢生　熊賢治　葉法海　張治國　劉順甫　林廷國　宋福茂　曾能煥　陳勝發

陳　廉　黃得標　魏得林　嚴致芳　朱振其　彭芷庭　王金川　蘇普朗　羅德英　黃桂中　高金升　黎　連　趙少安

周　存　何桂林　曾价臣　甄　子　程友勝　王小順　李勝龍　衛如璧　劉　有　張俊福　王卿貴　段世訓　盧炳光

候　鑫　周坤福　孫桂廷　易東林　白元中　王松勳　高玉閣　蔡　文　陳標德　王起發　劉玉興　王忠良　周少坤

譚其生　成利江　梁得才　黃　值　孫泰方　黃遠林　李德明　郭墨秋　周　元　鄧國璋　高德正　楊哲明　左騰芳

鄧玉林　蔣國俊　董漢林　唐景光　丁憲深　田記興　劉正宏　雷芷海　劉立棠　閻鴻勳　張東海　蔣鳳清　馮朝雨

邵玉如 鄒志誠 鄭明山 高元奎 楊玉明 劉得勝 李富貴 邱運陞 黃　忠 陳玉廷 閻孝蔭 宣桂中 戴慶言

陳發榮 徐均峯 楊占春 閻振標 梁　玉 林國華 唐　斌 邱英達 李　穠 霍雲福 曹建德 李云桂 龍日生

劉永成 葉吉坤 姚玉和 趙正強 陳德明 羅金標 何志忠 廖　建 宋從龍 趙清雲 董冲芳 陳炳南 曹漢川

徐華臣 黃復興 游得敏 習長生 胡填仲 周少初 葉桂華 李鴻標 曹玉金 趙鑫源 汪湖建 張興其 許　大

張永興 陶福生 龍源清 李文標 蘇川年 彭林册 陸漢英 謝林芳 李秀恩 董力勝 林月勝 鄧功春 李文山

甯星亭 蔣福棠 岑鳳成 萬興柱 王德喜 曾　球 潘得才 廖北川 高玉龍 徐振法 楊世成 夏得甫 姚國長

劉相山 蔡春生 李世發 趙錫祥 李紀田 王　漢 杜　勝 段昌友 陳福善 胡明田 關瑞廷 黃成標 張桂洞

屈海全 羅文祕 邱　連 陳得勝 張　傑 郭　鑫 周炳流 江　薪 胡德明 王崇德 李福修 齊福山 任又貴

朱世英　辛文標　傅海濤　蘇　白　王阿有　曹家強　曾　開　姜福生
廖　祺　曹桂陽　佐朝生　李繩唐　李劍虹　徐偉才　孔　堂　農金生
陳子煐　潘振初　李桂華　黎華興　李德才　李日明　陳福廷　楊方勝
林成基　廖　有　許　森　李　耀　梁　英　張如生　龍步云　吳得勝
鄧　石　高雷得　江南朝　曾壽廷　潘抹恆　毛俊升　石　立　劉光保
蔣麗華　黃玉才　郝昆鴻　李殿魁　程金橋　郭明有　薛又亭　朱得標
張鳳彩　焦　坤　劉　祥　楊　標　胡　斌　卞守經　胡金標　何壽南
莫　英　王震堯　許金龍　李雲卿　胡炳山　歐　榮　李　來　陳　有
張振根　陳得下　李永勝　焦富臣　劉得英　黎雄傑　葉青茂　郭文有
王金初　劉漢清　蘆　洪　林　進　石玉清　康成隆　陸廷桂　龐永先
張光勤　鍾　廷　黎任光　劉玉廷　閻蘭有　黃玉楷　黃　鑑　陳　金
劉振州　吳　漢　鄧玉惠　胡雪清　陳坤如　李　勝　趙有來　鄧有南
賴福照　吳彩南　陳樹斌　蔣得勝　楊文忠　蘇長興　蘇　彬　蔣有清

譚甫臣　蔣玉卿　劉得才　劉長生　楊五九　鍾貴標　曹得勝　黃家祥　馮　錦　呂和建　陳　成　吳炳修　陳孔智

洪俊發　周乾甫　韓景臣　顧正克　劉壽臣　陳志標　劉永開　唐　烈　雷魯芳　宋國良　陳金才　許龍光　袁欽柳

余運祺　王廷有　高自勤　宋陶全　江　輝　王有清　蔡菊卿　黃華清　王又臣　陳得初　吳玉南　李得明　李　文

韋文桂　何國強　李國治　李振華　鍾手權　葉華海　黃幷忠　黎　漢　黃　勝　黎　廷　劉海煥　黃　甯　張國貴

方國良　陳漢標　彭福其　趙海法　鄧得生　胡治軍　趙　堯　石　勝　曾東元　譚　卓　唐勝甫　張松林　何　清

王玉文　劉鳳祥　崔成有　黃仁山　孫慶祥　張海清　賀　華　楊志高　田玉林　彭桂廷　吳　根　鄭心善　黃國榮

荊書峯　郁起得　王丰善　夏漢清　吳德三　温培勝　何　發　梁　三　邱國安　陳貴卿　吳立芝　江　雲　張金木

孟祖太　杜從學　張福保　陳　南　曾　倫　莫得周　王金星　吳益云　潘平標　楊　貴　謝有信　閻敬忠　簡　新

郭廷相　周慶鍾　芮福陞　劉學運　卜日朽　章得礿　唐春林　黃子清
譚日良　陳煥周　沈　勝　朱益田　吳　木　蔡東明　蔡壽生　黃少興
顧　標　徐介清　閻西善　謝廷宣　王登科　李　勝　容福廷　楊德清
孫保華　韋海山　羅金陵　吳福才　王士保　張純甫　萬賢才　王有林
黃　明　李有廷　吳玉生　歐偉州　林振英　黃言播　陳子明　陳熾揚
屈志堂　繆萬清　黃泰山　劉新華　張得富　鄒步初　楊志清　朱子玉
張國彬　候尚文　金福生　熊　斌　郭德標　俞志球　胡莊南　曾漢光
曾金輝　莫漢廷　黎得勝　吳　友　周富初　陳　杰　周志遠　潘　明
葉　清　黃仁善　王　佑　陳玉樑　林仁東　何　桂　潘得如　瞿永彬
夏泗和　王自強　鍾有志　盧　玉　郭利標　徐達平　李學登　梁　福
林　祥　許　春　田福興　賴得輝　杜羅章　陳　德　周　洪　劉式南
梁炳生　廖漢文　陳明芬　戴岳生　葉伍昇　陳子華　蔣桂林　賴福秀
李　忠　張玉明　巢展福　陳　福　龍　德　魏　晶　朱少華　甯振華

林　清　周漢清　張正保　陸　器　傅金水　張晚景　馬得榮　張清全
張鐵夫　劉振權　盧志赫　潘　炎　戴洪恩　鄭雲生　孫　九　曾國樑
胡少達　劉子清　譚月標　容桂森　蕭桂山　潘福林　李順清　馮桂卿
包　均　張　添　陳　興　王振光　李連清　石　壽　李國標　劉日均
黎尙武　陳信寶　陳侯敬　張文標　梁　朝　孫康元　梁華廷　余華德
江建平　郭其珍　李桂芳　蘇振德　陳銳明　韓　田　羅　明　周勝華
許照連　陳俊軒　王同奇　農秀林　崔　敬　張子高　黃得勝　王　祥
王有祥　彭興隆　蘇　衡　金　標　陳　卿　李方南　吳遊達　吳桂標
李　四　王　叉　胡戴生　劉受才　馮振華　王　全　林得甫　蔣　龍
黃　昌　譚　吉　陳　英　陳振三　馮　明　莫　什　王　雄　陳富堂
吳劍雄　周　康　劉善祥　劉福珠　李或敬　李明珠　譚　彪　劉　坤
南玉科　李勝標　駱太志　盧永興　毛勝標　劉玉南　鍾康弟　郭　興
韋光山　賓永才　江玉山　張德巧　唐得勝　李振青　劉家廷　王　雲

李標　李文清　張振生　黃日光　熊漢生　吳坤山　陳國威　羅廣廷
黃有清　郭勝標　謝燊　植初　曾貴　張隆發　封吾開　阮德清
方名　段少卿　李海清　陳彬　潘新生　湯林書　徐香進

又生死不明失蹤士兵王廷祿等一百三十一名

▲十九路軍七十八師抗日陣亡士兵姓名錄

共計一千一百七十八

王楨普　周萬里　袁得勝　博學蘭　陳枉廷　夏標　孫玉龍　歐陽銀
蔡文德　徐世忠　張金華　陳成就　吳國華　馮振鑾　齊學禮　蔣玉棨
陸慶宗　劉玉山　楊楚傑　崔金文　梁炳　彭秋生　劉金玉　滕福林
劉賢順　張玉肥　區鑑文　翟玉崑　王志忠　趙考才　朱鼎卿　朱成聯
徐正明　鄧得明　張國華　梁福興　張勝元　李彩雲　王金和　莫桂標
鄧有才　王玉林　張學運　任安邦　陳得明　張租清　首臣甫　周保元

沈期生　羅夢筆　祁堂林　胡東安　楊學興　劉得勝　黃漢榮　周美林

唐桂英　譚菊生　張　福　劉瑞雲　章大成　戴　四　盧少臣　譚增云

陳　安　禹民和　關　四　陸　錦　丁玉仁　馬成廣　于景海　王　仲

黃才東　莫錫發　趙雲強　陳桂年　梁　生　梁水秦　歐陽德　袁方照

劉雲生　李　宗　鄧鴻標　李國修　彭振廷　王　廷　林洪標　邱　強

蕭　健　余明山　彭占標　王少清　陳東初　李得勝　彭橋生　王木生

陳　昌　袁耀輝　王仁清　張開春　郭朋興　楊炳坤　陳　四　許心棠

黎　日　蕭錦倫　王記田　岑　樹　黃　明　郝文日　楊明卿　楊　開

劉長春　賴水木　黃　龍　李延壽　賀桂龍　葉　言　袁鳳標　何亞元

陳新平　李有發　韓漢鼎　馮清池　俞雲根　王喜來　胡玉生　袁錫之

陳　英　謝廷仕　張性吉　李連山　陳　光　司鳳起　李廷司　賴得標

楊得勝　楊振榮　張炳坤　唐清永　陸光廷　李洪發　陳祖元　戴桂雲

汪順來　王國華　嚴雨生　曾升全　順鳳芝　周寶山　王林棠　李木清

劉鑫泉　李永福　陳　標　何志均　梁　貴　戚朋敬　劉玉成　廖得標　黃有廷　楊秀清　孫雲青　胡益三　戚連發

梁　福　譚得高　梁　祺　鄒漢清　梁東才　楊俊峯　劉金生　張所保　何　吉　韋　才　明道松　李新海　王海青

周興武　羅　雲　陳得勝　張四元　張如勝　廖　全　陳見隆　何有才　蔣海波　周義清　王貴清　劉亞扎　陳春華

陳　福　周玉善　曹　忠　曾貴清　王有勝　張福桃　杜少清　高　漢　梁　芳　楊貴榮　周鳳多　王廷山　李秀芳

陸　錦　利培楷　楊興隆　李進才　冼露桂　廖得才　李少良　蒙　威　陳福慶　謝得勝　裴廣實　薛洪勝　劉良林

曾水清　任玉懷　伍加林　蕭碧金　周慶魁　張得初　梁　平　李月標　劉青雲　吳日芬　唐順之　楊榮森　梁　寄

張　君　黃永輝　黃　漢　王貴斌　曹連貴　黃德全　盛定得　劉　芳　彭桂清　秦明甫　邱有發　楊占標　胡漢光

李東乃　秦海銘　段貴水　宋子倫　候尙鴻　于永昌　張廷振　黎金忠　李國泰　王連春　黃建祿　蔣占標　段清義

羅　四　王福臣　谷金臣　徐得勝　陳日秋　譚　啓　葉禾和　馬文敬

劉之松　趙末和　秦興寶　張榮超　巫國雄　王玉生　于得海　棟　桂

張得英　胡金林　胡永昌　劉耀春　胡桂生　陳　來　謝　安　楊租安

張　勝　劉得才　武興業　王同勛　韓月明　王進才　王云增　楊漢民

王長生　趙臣得　汪長睦　趙玉臣　李文林　石立本　王竟成　謝　才

羅振太　蘇定標　羅喜生　鄧亦清　楊世林　陳加其　鄭云清　周俊山

喬金生　張　生　張武欽　廖德明　陳　福　林勝才　陳鳳山　彭金銘

劉海同　張永源　謝　德　莫　芬　張文山　李伯良　賀海龍　鄧振武

陳任利　凌正達　伍德標　邱承烈　李樹培　張　林　李　忠　傅成功

陳　金　林得勝　陳德標　謝春山　孟超全　楊國治　龔清平　李　林

陳玉卿　周本喜　段文山　歐世莫　郭振武　王炳辰　劉長生　陳潘三

黃世榮　杜同春　陳家祥　莫　和　朱　更　劉得貴　劉義康　甘少興

葉高林　雷雲元　楊得勝　黃志平　文遠忠　鄧炳河　何志確　羅元彬

劉得　劉文貴　姜澤甫　李賞初　彭禱　朱殿青　胡長有　焦占魁
李鴻德　楊明錫　崔保　徐繼立　譚就成　張永龍　崔子榮　吳曇明
楊振華　王時貴　李玉清　張雷山　韓文生　曾蘇　凌義　袁光明
班桂方　郭清海　梁炎　鍾元才　蘇羅　吳孫　王欽章　黃有
胡斌　陳榮　朱林春　季星五　謝坤廷　徐家成　劉金標　陳阿喜
孟榮泰　許明盈　李勝　何芝　皋學宏　劉志文　何淼苗　程德輝
甄進　廖林　韓敬森　黃卓創　梁火　陳行　何章　詹三小
陳如俊　陳昌元　楊阿六　顧西田　陳玉龍　李報生　王子成　謝三
紀純　倪才武　宋萬有　陳心田　盧子祥　楊中源　何榮　吳長清
楊文火　李志遠　侯朝泰　陳玉田　黃林　許昌宗　超功　馬田玉
陳富增　張書申　殷光燦　潘國云　劉之伯　丁儀成　潘兆生　甯逢佳
陳吉初　李壽槐　黃朝　劉得勝　盧勝才　黃得興　易何　陳金榮
周桂林　郭煥標　梁新廷　林表德　彭四　阮錫標　覃建光　温伯成

王新文　蔡迎春　梁守譽　葛　權　陳水桂　劉祝佑　馮洪山　龍　洪　陳　標　鄧少廷　張義順　黎　森　楊　榮

吳志德　文謝培　譚得才　游勝標　段松山　詹心清　楊寶山　冉瑞林　鄧　加　汪金玉　歐陽福　崔金才　孫永祥

梁　英　婁明才　王明初　李富成　陳　秀　徐士高　楊玉山　程興云　張　見　鄧玉祥　高　林　岳金才　阮　海

楊金生　張會元　王光海　吳德輝　陳得修　蔣介鑫　龍福山　吳　福　姜榮生　劉永生　王德明　李金周　冼世忠

郭學海　郭長行　鄧　旺　馮國芳　莫玉林　李文明　詹取昌　區曉初　甘濟斌　董　發　王振泰　李　貴　嚴　榮

申負薪　朱振發　何保桂　梁炳南　黃　德　孫木林　游俊清　陳　坤　王德修　黃　標　連成山　唐　才　陳　初

韓邦玉　李同心　林　得　程有才　梁　炳　姚　坤　范福林　黃　潘　許明台　孫玉桂　徐自連　何照安　鍾　才

李春玉　就　雪　唐　漢　梁成生　黃仲泉　王寶華　連　旺　何　根　王金芝　陶永生　黃　金　余國勛　董金忠

李德全　林漢忠　易松林　龔惠泉　黃海　陳春發　張樹林　宋學崑
鄧金森
楊提山　梁傑　徐祥培　陳春華　劉文斌　黃國強　嚴忠　黃飛洪
丁秀堂　顏珍廷　黃桂　蘇廣　沈福廷　韋德才　曾日初　鍾岳
張權　何文志　胡熾明　許金福　尤渾　陳志榮　張和　姜金
黃得明　黃昭　洪威　曾進南　李金　張風田　嚴富春　黃萃廷
李桂林　梁健　黃常　歐陽富　尹榮卿　盧正　文增榮　王楚
李桂元　梁章　吳昌　黃貴　莫才　朱金才　黃瑞　陳立鴻
陳國興　馬得福　楊震寰　馬振標　陳耀庭　馬如意　趙永貴　趙梅林
趙玉山　黃才　尹德標　張新　黃得標　葉鳴輝　譚義保　廖廣
張珩　葉安　游奇　何就　黎民生　陳德　陸子怡　袁義卿
劉本立　徐國良　馬明德　張滌瀛　徐英　陳勝標　易文武　梁友
王霓　張良　鄧祺　黃順　謝芬　劉來　邱火　蕭松山

周其昌　崔楠馨　陳廣進　林河潘　楊占禮　張遠杰　姜子標　黃球
許祥盛　佘七　鄧明　梁漢英　樊松林　王炳魁　方德　黃光
藍金山　劉寶三　王英　刁治有　羅帶　李學文　陳治生　李得昌
張景六　李文田　馬保深　君道明　候清堂　蒙懷仁　張德尨　馬昌
李庭　黃啓興　陳德法　韋三元　石永昌　孫志　張文　陳秀仁
鄧得標　史漢臣　孫振標　胡金春　牛德元　陳有彬　何德　謝桂標
陳洪賓　鄭得寬　邱益橋　楊文章　張新年　潘長收　王一賓　葉全勝
周游興　汪洪生　李占奎　何金　陳旭　王安順　馮林　林標
劉振芳　梁吉甫　陳輝　林明　潘全發　胡立　李林保　蕭邵清
楊連山　蕭國貢　段東海　李永良　黃安　劉志榮　孫來戍　張明
石國　劉開　王召祥　凌建忠　邱洪　李云　張石達　黃貴倉
張文遠　胡文洲　鍾友泉　張仁和　周耀宗　潘二　章桂林　高廷福
蕭國才　韋應忠　施桂南　譚雄　梁振洪　卜如生　黃振輝　楊洪標

林仲　黃才　余少明　張啓明　羅生　張國安　陳桂　何興
張法賢　馮康　陳德勝　鄭瑞榮　謝繼希　曾進　楊斌　劉濤
楊德　許志標　甘雲卿　明洪卿　趙勝華　金得勝　曾勝　黃祥
劉得祥　朱正月　陳錫　李炳坤　林興　謝桂　楊金德　程學義
黃仁　張福生　馮全　范德　孔祝三　張永伍　陳祺　陳森
李少卿　趙松　王子明　楊全孝　王福初　陳朝生　方標　陳昌
陳華　黎國和　馬鴻飛　戴文彬　梁生　黃阿山　黃昌　王安才
古有金　王文祥　劉鐵生　劉堂　丁得勝　李瑞祥　來謝明　薛立範
杜明義　李尙云　孟清川　周德才　王明山　陳生　陳桂標　杜阿水
管福林　謝勝　林有才　李昇雄　郭子修　黃相　孫得印　丁長海
譚俊　蔣萬年　陳華　徐英　路南桂　丁元章　梁保初　李成番
吳炳南　蘇阿池　毛順東　熊正才　古占元　余長生　蔡云　仲金祥
鄧有福　蔡灑洲　莫炳權　李均照　郭傳當　王明恩　喬玉清　金志云

黃發初　郭占勝　朱恆武　管文章　何東春　袁正山　卓起祥　旦東良
孫廣化　羅少蔚　韓金貴　姚王清　姚占農　倪新根　韓希宗　沈洪明
申鴻賓　吳成貴　鄧士甲　郭有文　朱雄祥　畢金亭　刁介林　粱　振
吳　洪　楊懷坤　杜占元　蔣奇標　張　華　陳正英　鄧　七　李壽發
王光三　何德標　雷光朗　樊玉潔　李正清　劉清祥　朱國英　郭伯勛
陳　順　張啓瑞　劉振標　譚　金　常得勝　張子祥　曹桂林　謝元龍
張勛平　許士志　鄧六標　周　清　楊桂芳　趙材標　胡進標　龍　生
楊蔚關　劉振標　羅　錫　邱　來　嚴德勝　王得友　唐天明　何強興
蕭得標　羅超芬　鄧成甫　陳　榮　林國清　黃德寬　王子才　楊　林
陳　林　趙得勝　郭楷梅　李梅生　尹其生　李秀清　彭保卿　煽熾洪
劉天喜　王　標　朱星橋　曾照明　廖海波　王良彬　林得標　張萬全
劉水城　徐景林　楊得勝　王得貴　陳培玉　陳得勝　鄧有田　高得勝
梁　貴　張　志　秦學清　劉西和　周銀彬　呂錫綸　趙學禮　張玉山

河林清
姚洪浦
孔憲周
潘世基
閻勝海
盧桂廷
洪海祥
彭英傑
龍雨林
王振林
黃英人
何　基
謝國權
吳　福
陳　弈
張子才
王　玉
賞　景
萬煥楊
劉　添
程　貴
聶桂才
呂銀夙
苗長清
葉章南
鄭德平
黃貴林
李志遠
張什興
趙對明
黃廷發
陳福田
李煥然
陳均山
林　生
范樹德
楊春林
劉家錫
牛福勝
李　法
彭承斌
孫儒林
李石秋
李永和
劉　開
蔡國清
陳得勝
蔡有元
曹小生
曹有其
范金明
曹永龍
馬得勝
劉清松
唐德芳
魯松周
王志成
林金高
卜縣中
李金珍
周華安
廖千權
莫飛云
劉善清
宋金元
鍾　勛
鄭　明
杜永貴
劉富林
尹金山
謝廷皆
邢占奎
馬得元
朱文林
李正春
丁福祥
魏得能
張貴芳
陳　四
周得標
趙開憲
楊立平
王子修
黃振廷
許進達
王之信
李新平
羅陳傑
黃　平
曹湘祖
劉春福
嚴金生
駱石根
何　如
賀桂標
曹　有
潘盛益
張占雲
包正棟
白雲生
劉　坤
黃　梁
黃桂林
白明德

魏金函　宋得海　唐　坤　洪金勝　陳永廷　陳海林　曹金光　吳仁樑
張　三　何　二　王登元　莫步雲　黃少良　張應城　蔣漢斌　馬寶珍
王文勝　劉長生　戚志高　徐得福　張桂林　李有成　鄭有明　楊　臣
劉科生　王義德　史慎孔　劉貴榮　高清山　陳　和　王定云　楊根全
齊金甫　潘得標　孫子然　翁得甫　楊公亭　張吉才　姚炳云　楊化云
余裕祥　陳捷三　黃志強　祝錫同　沈振標　吳傅五　張玉華　譚　進
于廣德　河海清　何秋權　趙德勝　李明洲　董與甫　朱飛云　劉云正
李中和　王得勝　米致祥　羅穉勳　田占京　葛金生　王修連　楊其正
陳鳳山　劉正才　李建中　丁起延　時國斌　張文華　宋子彬　張韞林
劉　標　曹正清　王邦立　孔當俸　王有桂　鄭彰才　李先鑫　廉平貴
姜才爲　劉得全　化炳武　胡開山

◎十九路軍補充第一團抗日陣亡官佐姓名錄

補充第一團一員

張鐵民

◉補充第一團抗日陣亡士兵姓名錄

共十七名

楊又才 張錫海 蔡繼福 朱發 衛國才 鄒玉田 蔡三子 沈保華

楊國梁 周道陽 傅又富 趙復君 陳光貴 王有德 張長才 楊春友

朱法海 蔡傳富

▲第五軍第八十七師步兵第二五九旅第五一七團官佐士兵抗日陣亡簡歷表

朱耀章 陳陽屏 蔡策元 劉遠凱 周夢熊 王協民 蕭春林 王殿臣

江景良 勒功德 楊振軍 繆章和 郭成賓 屈庫書 侯榮貞 孟昭才

楊文濟 鄭祥春 任見春 孫壽清 鄭金玉 張雲法 楊鳳祥 蔣雲鵬

沈起龍 周永長 陳發坤 陳兆廷 王洞賓 張復臣 余承昌 程守本
邸金城 宋高升 梁書雲 呂榮祺 曾得明 高楚生 孫文華 閻守林
許鵬程 蔣永勝 劉玉漢 張振德 彭桂林 馬仁祥 徐福祺 劉永福
崔世興 張連清 趙得成 彭萬德 王興隆 傅文四 沈賢省 杜得勝
徐榮勳 張西洪 任傳德 王平安 黃如海 袁桂華 張振 石眞帝
丁守營 趙中文 方雲安 何得才 顧斌 武振森 張寶元 陳貴元
李懷亮 尹得美 趙延明 趙戈春 楊金海 吳祝杯 陳建新 李上保
劉紀周 田紹棟 張明清 王鐵柱 陳樹山 邢得功

▲第五軍第八十七師步兵第二五九旅第五一八團官佐士兵禦日陣亡簡歷表

易育全 趙健 裴福龍 黃宣武 陳勁 陸壽榮 袁漢臣 吳興偉
李敏如 朱明悠 王得和 周義發 陳一林 梁體康 程庚大 潘保林

朱立華 張開太 王福昌 李金波 胡　彪 陳宗澤 劉　俊 郭勉松
張駿雄 孟昭勝 周家駒 朱法愛 梁幹民 王阿太 劉點清 歐長軍
趙正海 張榮林 孫從芝 李仲科 楊遇芝 王汝成 趙洪生 何炳田
梅重武 耿長根 童相木 范　猷 徐保章 張伯岐 李長軒 張漢民
賈錫元 丁佑軍 郝魁武 田起生 莊提多 許成義 杜書生 王永法
蔣海良 王榮全 許成發 孟慶云 寇栁書 馬良福 周亞伯 錢　冲
李國義 蔣洪亮 韓世德 羅福明 朱廷榮 藍天華 王聖元 舒三根
雷永發 孫邦勝 馮金元 聶永陞 唐正法 周　奎 胡正坤 鄭元法
鳳金聖 傅金標 李玉章 高有明 宿仁慶 張關興 劉棲鳳 許宗和
蕭福喜 張　席 張明盛 費海泉 李定才 紀學易 曾　毫 蔣興武
熊鳳起 李金榮 羅泰昌 姜朝鈞 洪紫霞 劉華廷 任伯富 胡利民
李白順 許鳳山 洪方玉 徐財生 孫誠霄 林財隆 趙景山 熊繼善
郭俊修 唐報悅 冒必昌 仇正修 孫學良 徐鳳岡 蘇日新 李智足

黃德福 梅龍鳳 葉桂紅 倪伯鱗 劉丙英 吳宗才 陳樑松 袁少卿
侯永清 丁玉成 周廣文 謝文近 許傳朋 黃邦達 張志堂 胡漢卿
李得勝 董世有 袁 知 馬玉佩 周禎祥 田永生 張春榮 朱信官
馬成修

▲第五軍第八十八師在滬與日寇作戰陣亡官佐姓名簡冊

排長連逸卿 連長許永賢 半排長胡鳳翺 半排長駱雁行 排長鍾筱篙
劉光鑑 連長陳紹筐 營附盧志豪 連長李德富 副官章煦東
代排長陳鎮南 連長唐 鄴 特務長譚維禎 連長馬 驄 排長張 鼎
排長高鵬翼 營附徐 旭 連附趙公毅 排長李公侚 張 展
半排長陳桂鴻 排長朱煥然 排長張 斌 半排長陳 益 連長胡濟川
連附楊學程 連長傅允文 連附許培華 特務長何養新 排長任益珍
連長駱朝宗 排長周桂標 半排長查 英 排連梁修身 排長盧世鍾
排長王倫敦 營附呂義灝 連長駱健郎 排長李 章 連長萬 羽

排長顧　煒　排長張夢文　胡家驊　排長王志英　連附謝樹松
營長唐　循　代排長金雲初　李福光　排長劉伯軒　曹　榮
服務員雷翼龍　排長俞善爲　代排長金玉高　任秀根　代排長蔣炳龍
連長周傳柄　連附錢瀛川　連附陳鼎勳　連附鄭在邦　排長張文良
諜報員吳繼善　排長商文字　林彌堅

◉財政部稅警總團步兵第二團在滬與日寇作戰陣亡官佐姓名簡冊

▲財政部稅警總團步兵第二團第一營第一連在滬與日寇作戰陣亡官佐姓名簡冊

排長李紀常　排長曾冲漢　副排長楊定華

▲財政部稅警總團步兵第二團第一營第二連在滬與日寇作戰陣亡官佐姓名簡冊

連長鄒冠雄　連附江爾雄　副排長王　熹　特務長鞏安邦

▲財政部稅警總團步兵第二團第一營第三連在滬與日寇作戰陣亡官佐姓名簡冊

連長龐子廉　連附譙冠英　連附劉多羣　副排長徐士良

▲財政部稅警總團步兵第二團第二營第五連在滬與日寇作戰陣亡官佐姓名簡冊

連長古　錚　特務長曾志斌

▲財政部稅警總團步兵第二團第二營第七連在滬與日寇作戰陣亡官佐姓名簡冊

連附孟繁琦

▲財政部稅警總團步兵第二團第二營第八連在滬與日寇作戰陣亡官佐姓名簡冊

連附楊景衍　副排長葉思如

◉財政部稅警總團步兵第二團在滬作戰士兵姓名簡冊

▲財政部稅警總團步兵第二團第一營第二連在滬與日寇作戰陣亡士兵姓名簡冊

馬向陽　楊田斌　楊得坡　章記玉　歐陽彬　芮嘉興　王永興　常啓仁

張洪明　黃進生　余濟明　彭福生　方雲生　周森桃　胡光斗　張伯能

王玉山　劉運廷　羅　彪　金振鐸　陳漢忠　孫仲高　黨然信　王　庭

楊傳賓　閻治軒　張明華　王明高　雷鴻聲　周子斌　馮蔭生　劉福蘭

鞠孝元　吳凱勳　汪秀成　王亭傑　岳海桑

▲財政部稅警總團步兵第二團第一營第三連在滬與日寇作戰陣亡士兵姓名簡冊

張文貴　盧國鴻　王松勳　高金山　楊榮軒　劉義廷　王明正　王振武
周子明　項明三　王金標　張進恆　李子源　孫紫雲　孫延亭　郭得標
吳榮清　周京山　宗光祺　陳漢卿　范德和　杜玉廷　翟宗發　周常君
李祥三　劉廣盛　黃漢相　蔣　坤　洪國田　彭秋雲　王松文　王得功
岳懷義　羅潤海　張世忠　李幹雨　胡炳榮　姜正先　文昌高　楊新順
朱炳南　田萬峯　顧德新　梁榮春　向雲卿　張樹榮　王方賢

▲財政部稅警總團步兵第二團第一營第四連在滬與日寇作戰陣亡士兵姓名簡冊

馬澤英　王啓山　孫玉明　陶彥發　張文清　李冠友　陶國聲　化　傑
惠振庭　黃泰祥　朱長迎　李得蘭　馮獻奎　滕佩京　高占奎　錢克功
劉才章　孫有才　阮春發　柏桂青　周季玉　高士山　趙　勳　郭正瀛
陳　明　姚長生　婁成修　陶彥好　王德順　張　雲　翟吉祥　高林生

張　焜　詹有志　文金山

▲財政部稅警總團步兵第二團第二營營部在滬與日寇作戰陣亡士兵姓名簡歷冊

許　剛　熊　飛

▲財政部稅警總團步兵第二團第二營第五連在滬與日寇作戰陣亡士兵姓名簡冊

吳錦雲　歐福廷　吳世龍　葉廣茂　施榮清　程海香　王子元　楊吉林

薛維章　孫煥本　羅少坤　陳元美　陳松亭　劉　坤　張德標　張德星

郭家錢　羅星法

▲財政部稅警總團步兵第二團第二營第六連在滬與日寇作戰陣亡士兵姓名簡冊

陳得勝　賀呈祥

▲財政部稅警總團步兵第二團第二營第七連陣亡士兵姓名簡冊

孫萬良　馬云生　李平安　陶云生　趙榮清　姜志斌　趙寶山　歐鳳林

劉貴云　劉自欽　汪　超　謝慶三　彭海生　張志禮　李知平　李守仁

張印天　程　英　劉心法　石芳明

▲財政部稅警總團步兵第二團第二營第八連在滬與日寇作戰陣亡士兵姓名簡冊

胡裕泰　王錦廷　許世有　徐海龍　慕春田　張鳳岐　譚臣輝　楊　輝

蕭滿林　蔣茂君　吳貴遠　鄢振揚　劉子明

▲財政部稅警總團步兵第二團第三營第九連陣亡士兵姓名簡冊

李本田　王有才

▲財政部稅警總團步兵第二團步兵砲連在滬與日寇作戰陣亡士兵姓名簡冊

張伯勳　王玉祥　賀順恆

▲財政部稅警總團步兵第二團通信連在滬與日寇作戰陣亡士兵姓名簡冊

吳道羊

▲財政部稅警總團在滬與日寇作戰士兵陣亡姓名簡冊

花南謨　劉鴻昌　宋學先　梁海濤　王紹曾　張永祿　倘平安　蔡　字

周長勝

▲陸軍第八十八師獨立旅步兵第二團第三營第十連在滬與日寇作戰陣亡士兵姓名簡冊

李　彪　戴漢廷

◉中央陸軍軍官學校教導總隊在滬與日寇作戰官佐士兵姓名簡冊

▲中央陸軍軍官學校教導總隊步兵第一營第一連陣亡官佐姓名簡冊

連附　劉中柱

▲中央陸軍軍官學校教導總隊步兵第一營第一連陣亡士兵姓簡冊

胡南生　雷勝海　王立行　王湘波　王貴州　段海珊　程保烈　顧烈憲
彭　燦　嚴　明　丘世崇　丘永輝　易克春　李占魁　許克武　趙運生
曹介民　李少田　董興盛　張亞東　李長興　李大明　蒙玉卿　竇世昌

▲中央陸軍軍官學校教導總隊步兵第一營第三連陣亡士兵姓名簡冊

許家椿　衛思秀　陳　明　陳　濤　唐　明

▲中央陸軍軍官學校教導總隊步兵第一營第四連陣亡士兵姓簡冊

王　興　徐得勝　方永新　夏文榮　劉清功

▲中央軍校教導總隊步兵第二營陣亡士兵姓名簡册

張靑雲　徐大發　劉占華　李鐘德　邵德山

▲中央軍校教導總隊第三營第十連陣亡士兵姓名簡册

柏春富　朱熟法　曹開順　張志高　余勝奎

▲中央軍校教導總隊特務排前在大劉宅被日機炸亡士兵姓名簡册

王克軍　劉成衛　單必飛

▲憲兵第一旅第一團陣亡士兵

范占春　黃仁來　程鵬飛　胡伯至　吳家駒　湯文卿　李　震　劉貴璋

▲電雷大隊死難烈士

李明山　楊金才　梁玉山　王文卿　張廣昌　唐錫君　張學忠　苗廷有

聶度坤　葛啓順　孫敦言　楊得山　趙行慶　曹會鵬　李培光　田俊傑

顧貴榮　楊白根　馬福勝　吳得勝　蕭世芳　姬寶珊　李朝進　鄒福奎

武金鐸　陳顯和

▲義勇軍死難烈士

上海救國義勇軍第三大隊九十一名於二月十四晚隨十九路軍六十師赴閘北，天通庵路，任掘戰壕，堆砲壘，樹木柱，張電網等工作，因在最前綫爲敵發覺掃射，當即喪亡十六名其姓名如后，

張仲漢　王得祥　饒瑞生　丁廣太　何傅生　趙月椒　張　塘　周　楚

何阿毛　范有恆　吳　讀　徐長友　王阿根　許金生　錢秉坤　孫玉禮

負傷二名

劉光寶　陸鎮珠

上海傷兵醫院一覽表

醫院名稱	院長或負責人姓名	地址	受傷官兵人數	備考
中國紅十字會第一傷兵醫院	顏福慶	海格路三六三號	二五二	
二	王培元	新閘路八五六號	九四	
三	王一亭	福煦路受仁里末弄	六七	
四	劉鴻生 史量才	西藏路五四五號	九七	
五	俞松筠	静安寺路張家浜六號	九三	
六	張竹君	膠州路健華頤養院	九八	
七	牛惠生	徐家匯路八五二號骨科醫院	五〇	
八	周楚良	南市多稼路公立上海醫院	一八八	
九	陳秋田	蒲石路一一〇號	一八	
十	王一亭	新民路普善醫院	一三〇	

十一	何香凝 郭景鶯	巨籟路公時學校校舍	一二三	
十二	王一亭 翁演初 陳榮章	愛文義路派克路口惠旅醫院	一八八	
十三	葉露	南市大南門阜民路葉露醫院	二八	
十四	金燮章	法租界寶健路十九號	一五	
十五	王漢禮	江灣鎮花園街	四五	
十六	陸伯鴻	南市大南門國貨路新普育堂	一四四	
十七	金伯琴 席云生 顧吉生	嘉定大場	二二二	
十八	S. Reisenthel	法租界呂班路望志路口	六〇	
十九	李元善	赫德路康腦脫路口	六五	
二十	惠主教	法租界金神父路廣慈醫院	五三	
二十一	王蘇香	閔行敏家花園	一〇八	
二十二	莊德	天主堂街類思小學校內	一三八	

二十三	張佩年	貝勒路底恆慶里後華東中學	七四
二十四	俞松筠	靜安寺路梅白克路張家浜十四號	一〇七
二十五	錢龍章	福煦路多福里療養院	二八
二十六	方液仙	梹榔路一五〇號	一〇三
二十七	范守淵	小沙渡路四八五九號	五四
二十八	莊桂生	法租界呂班路震旦大學	一九一
二十九	陸伯鴻	楊樹浦甯國路十四號聖心醫院	一二一
三十		南市董家渡天主堂街對面公教進行會	一八八
三十一	瞿直夫	南市老西門蓬萊路新上海縣東首八十八號	三一
三十二		徐家匯天主堂	四三
三十三	郭守純	膠州路貧兒教養院	二〇二
三十四	張維光	康腦脫路五五號	一七七

三十五	邵聲濤 邊瑞馨	望平街民國報館	七九
三十六	朱世思	新閘路和安學校	六九
三十七	魏鴻文	北浙江路蘿春閣	七十
三十八	顧南羣	天后宮橋北堍	八二
三十九		太倉	四三
四十		膠州路大夏大學	一〇三
四十一	張箴言	恆通路三育中學	九五
四十二	牛惠生	靜安寺路大西路口延哲里一號	二八
四十三	陸伯鴻 周學文	松江西門外馬路橋后毖醫院	
世界紅卍字會臨時第一醫院	夏悟澈	南市斜橋東路	官二 兵六四
二	羅善達	法租界馬斯南路體育會	官二九 兵三〇二
三	何乾仁	甯波路念四號上海銀行舊址	官三 兵一〇九

四	羅道悟	西門外天祥花園徐家匯路六十六號	官七 兵四三	
五	趙贊須	呂班路山東會館	官一 兵四三	
六	江乾六	靜安寺路靜安學校	官二 兵八五	
上海市民地方維持臨時第一醫院	駱傳榮	大統路三十三號培德中學	五四一	爲孔祥熙孫哲生杜月笙夫人等所籌辦
二	湯飛凡	戈登路槟榔路玉佛寺	二〇〇	
三	倪葆春	新閘路八九六號	一〇三	爲倪葆春王昌齡等所籌辦
四	龐京周	善鐘路正始中學	二七五	爲杜月笙個人捐資創辦
第四第一分院	徐季顒	大同公寓	一六八	
第四第二分院	徐季顒	法租界紫來街五號利源公司	五六	
五	謝應瑞	姚主教路大同坊十八號	四八	
六	譚以禮	梅白克路白克登飯店	二一七	爲丁夢星等捐資創辦
七	周誠滸	憶定盤路導育學校	一三四	爲中國銀行所創辦經費全由該行籌募

上海戰區難民臨時救濟會第一醫院		亞爾培路亞爾培坊廿五廿六號	八五	
二		亞爾培路芝蘭坊廿三號	七六	
三		小沙渡路勞工醫院	九四	
國難將士慰勞委會臨時傷兵醫院	招素暉	金神父路法政大學	一五八	
婦女救護傷兵醫院	劉瑞恆	山東路大陸商場四樓	二六一	
國民傷兵醫院		海格路交通大學	四〇〇	宋慶齡女士創辦
臨時殘廢醫院	周誠濟	憶定盤路	一〇〇	
中德醫院	俞松筠	靜安寺路張家浜二號	官 二六	私家醫院
寶隆醫院	柏德（德人）	白克路	官 一六	仝上
廣慈醫院		金神父路	官 一〇	仝上
黃斐醫院	容玉枝	大西路	官 二〇	仝上
健華醫院		愛文義路	官 二六	仝上

骨科醫院	牛惠生	楓林橋	官三仝上
時疫醫院		西藏路	官二仝上

▲達姆達姆彈的毒害

圖爲六十一師少校教官李飛君於二月八日閘北虬江路之役被敵達姆彈創傷的照片，達姆彈射中人體的創口特別闊大，直徑可有四吋之長，這爲殺人的最兇器，被創傷者每受着特別難堪的痛苦，然後中毒不治而死！故這種達姆彈向爲國際公法所懸爲厲禁，而歐西各國僅用之於行獵時射擊野獸而已。至一九一四至一八年歐洲大戰時，德國妄視國際公法，竟敢公然以達姆彈應戰，後爲世界各協約國所公憤羣起反抗，而德之橫暴遂遭失敗而不得逞。無奈日本帝國主義者時至今日，既無理派兵侵我東北暨淞滬，復敢使用國際所厲禁之達姆彈，以殺害我將士，殊屬可恨！

據李營長面語作者，自被達姆彈創傷後之三個星期內，創口時流出深黑色的血水，嗣又續流淡黃色的血水，也達三個星期之久。然後再患耳痛耳聾，幾未又患眼痛，現眼部經寶隆醫院德醫施手術，到底是否盲腸，尚未可知。又據德醫診察，自受達姆彈創傷後，腸內因遇毒自然產生三種蟲類，一爲馬尾虫，二爲瓜皮虫，三爲瓜子虫，勢甚難治云。可見達姆彈實有不可思議的毒害，而日本帝國主義者的陰狠，也可見一般！

作者謹實錄其事，使全國同胞和世界人士皆知曉日本帝國主義者的絕滅人道；至達姆彈的射擊入體所起的種種變化，抑亦足供一般醫學界的研究。

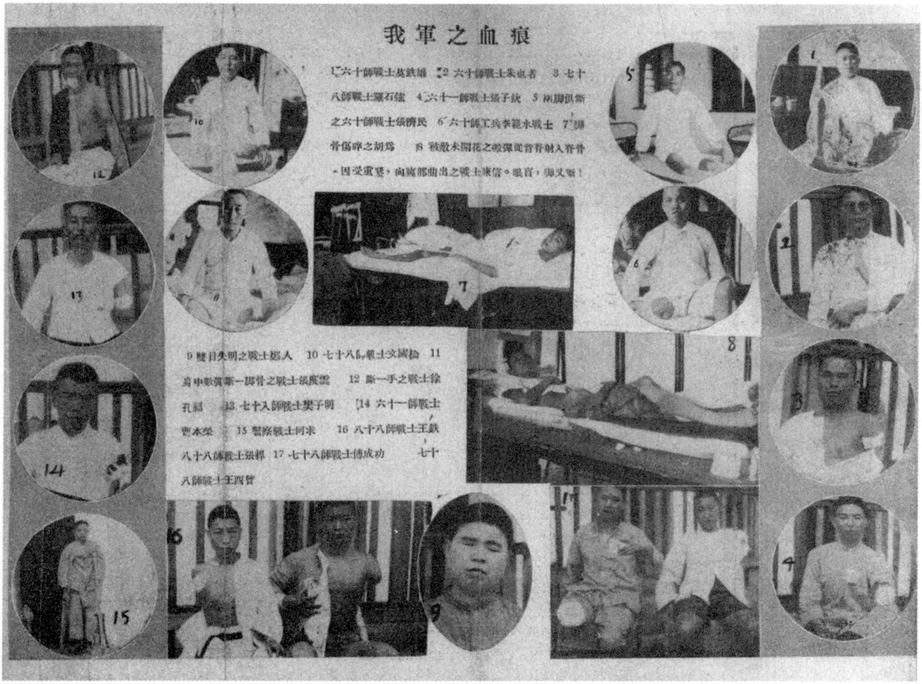

我軍之血痕

1六十師戰士莫鐵雄 2六十師戰士朱也者 3七十八師戰士羅石強 4六十一師戰士張子欽 5兩腳俱斷之六十師戰士張濟民 6六十師工兵李穎水戰士 7腿骨傷碎之胡爲 8被敵未開花之炮彈從背脊射入脊骨，因受重壓，向腹部曲出之戰士陳信。眼盲，與又聾！

9雙目失明之戰士鄒人 10七十八師戰士文國倫 11身中敵彈斷一腳骨之戰士張廣雲 12斷一手之戰士徐孔福 13七十八師戰士樊子明 14六十一師戰士曹本榮 15警察戰士何來 16八十八師戰士王鐵，八十八師戰士張樺 17七十八師戰士傅成功，七十八師戰士王西曾

18 八十八師戰士朱金富 六十一師戰士陳樹玉 19 六十師戰士宋明
七十八師戰士曾得福 20 六十師戰士林肇宇 憲兵第六團戰士林本貴
21 稅警隊戰士簗仁 八十七
師戰士侯道成 22 警察戰
士黃安 八十七師戰士翟勝
六十一師戰士朱子玉 六十
一師戰士巢金鑾 23 新剩簽
脚之兩戰士 24 八十
八師戰士冉家舉 八十七師
戰士黃漢勛 25 八十七師戰
士姜門二 八十八師戰士朱
志雲 26 八十七師戰士顧義
憲兵第六團戰士羅文 27 六
十師戰士熊振全 八十八師
戰士范毛典 28 六十師戰士
古雙 六十師戰士郭選 29
六十師戰士曾得新 七十八
師戰士黃人 30 八十八師戰
士溫海泉 六十師戰士張元
31 八十八師戰士吳金標 八
十八師戰士王斌 32 八十八師戰士李鈞華 八十七師戰士吳得福 33
年皆十五之兩小戰士 34右爲陸善輝 左爲張除奸

傷兵要求歸隊殺敵（右及下）

傷兵數千聞我軍退守第二道防綫紛紛要求歸隊殺敵

（上及左）痊愈傷兵領歸隊證

傷兵之訓練（左及下）

傷兵委員會每日派員向傷兵訓話

傷兵領接慰勞犒賞金（左及下）

傷兵管理委員會派員分發慰金犒賞金時檢驗兵士之番號及士兵之印手指模形情

空前宏偉　空前華麗

淞滬禦日血戰大畫史

十六吋半長十一吋闊洋洋一巨册定價洋六元

發行預約祇售三元五角

九月底截止預約即行出書照碼發售

代寄郵費每册國內二角三分國外一元七角半

本書圖畫　自戰事開端以迄戰事終了爲止。其間所經歷之種種情形。均有實地攝影。價値名貴。得之殊非易易。加以極有系統之整理。前後一貫。閱之對於此次戰事。有如目覩。各圖均列說明。排列力求美化。共三色單色一千餘圖。又兩軍對壘及作戰要圖十餘。由軍部供給大批材料。外間絕難見到。

本書文字　分三大編敘述。由三大編聯合而給讀者以十分明瞭之認識。第一編前編。係數字上之記載。凡我軍官佐姓名。敵軍侵滬實力。我方損失總數。我方官兵傷亡。敵方軍事費用及商民損失。均有詳明統計。第二編正編。係戰事之詳細敘述。自日僧事件起直至D區收還止。分列章節。包括事變活動之全部情形。第三編後編。係重要文電彙集。按照事態進展程序排次。起自日領抗議。凡我方政府軍部民衆敵方政府軍部民衆以及國際聯盟方面重要通電宣言公函決議案等均備。調查團報告書亦全部登載。前正後各編。都屬可靠記載。足供永久參考。

彩色圖照　四十餘幀　單色圖照　一千餘幀

軍事地圖　一十餘圖　文字記載　十餘萬言

本書形式　用重磅銅版紙及上等道林紙。最精良之印刷術印刷。版本極大。封面及書脊均燙金字。封面加印三色版閘北戰後俯瞰圖。硬面精裝。堅牢美觀。

名人題序　吳鐵城市長題序。蔣總指揮蔡軍長暨十九路軍第五軍前線各將士題詞。均用鋅版製印眞蹟。總之本書不論圖畫文字。無不詳確完善。非有限篇幅所可盡述。

上海　棋盤街五馬路口　文華美術圖書公司發行

文華藝術月刊

確為圖畫雜誌中的
鐵軍着着猛進比衆
不同早已風行中外
為中國唯一優美豐
富的圖畫雜誌

每期封面仕女完全以三色版
精印內容極其豐富在國難期
中關于時事銅圖——有三色
二色單色及影寫等版關于文
字——壯烈處令人熱血沸騰
拔劍起舞嫻靜處又能使人意
遠神馳如遊仙境凡關心時局
及愛好藝術諸君不可不讀

每期一册每册四角
全年十二册預定大洋四元
寄費國內加一國外加二元
六角　如須掛號其費另加

文華美術圖書公司出版

揮戈錄

健兒衛國大流血
暴日殘忍總表暴

勇敢——殺得敵人屍橫遍地血流成河
悲慘——同胞受辱宛轉呼號如陷地獄

一看本書熱血和熱淚頓時發生劇烈的交流
書中所述有根據有來歷一言一語均屬信史可供一般人及各學校各圖書館備作永久之參考
編制有系統有秩序從頭至尾歷歷如繪凡我愛國同胞均不可不讀俾知此次刻心之創巨痛深

刺激麻木同胞興奮起來的良藥
宣傳暴日蠻橫滅絕公理的先鋒

淞滬鏖戰鬼哭神嚎暢快慘痛事蹟盡載本書

全書一册實價四角
民聲出版社出版

總經售處：上海西棋盤街五馬路口
文華美術圖書印刷公司

抵抗戰績畫片

每張定價大洋三分每打只收大洋三角寄費加一

是十九路軍抗日激戰中最精彩最光榮的重要照片本公
司擇尤用最精美之三色版印成明信片大小——
俾愛國人士信函之遞寄以見我軍衝鋒殺敵之情形——
倘若配置鏡框懸之壁間更得觸目驚心永誌血戰月餘奮勇
抵抗恢復民族的生存力量

文華美術圖書公司出版

淞滬抗日之血痕

每册大洋五角

版權所有

編輯者 傷兵管理委員會詹寶光
出版者 傷兵管理委員會
印刷者 文華美術圖書公司 上海虹口周家嘴路一五〇號
總發行所 文華美術圖書公司 上海棋盤街五馬路口
分售處 各省大書局

淞沪抗战史料丛书

第一辑：上海抗日血战史／何天言编
第二辑：上海事变与报告文学／南强编辑部编
第三辑：上海市民地方维持会报告书／上海市民地方维持会编
第四辑：十九路军六十一师百廿一旅淞沪抗日战记／张励编
第五辑：淞沪御侮记／沃邱仲子著
挥戈录：上海战事记载／民声出版社编
十九路军血战抗日之真相／抗日急进会编
第六辑：上海抗战／贾开基编
淞沪血战面面观／刘子清编
空军抗战纪略／吴亮夫著
远东第一次空中大战记／战时读物编行社编
第七辑：沪难与日本／佚名著
淞沪和战纪事／佚名著
第八辑：战地摄影／李尊庸编
庙行镇战记／赵寒星编
淞沪抗日战役第五军战斗要报／佚名著
商务印书馆通信录国难特刊／商务印书馆编
第九辑：十九路军血战全史／高慎行编
一二八两路创痕／佚名著
一二八的一些纪念品／淞沪警备司令部编
第十辑：军中随笔／谢冰莹著
东战场上／华之国编
上海前线／李女编
大江南线／曹聚仁著
东线血战记／曹聚仁等著
别动队在浦东／郭兰馨著
第十一辑：沪战实录／杨纪著
上海抗日血战记／李剑翁编
淞沪抗日之血痕／詹宝光著
第十二辑：闸北七十三天／胡风主编
淞沪火线上／范长江主编
上海抗战记／郭沫若等著